大家小像

大家小像

山河为歌

老舍 陈竹隐 等 著

中国文史出版社

图书在版编目（CIP）数据

山河为歌 / 老舍等著．-- 北京 ：中国文史出版社，2020.12

（大家小像）

ISBN 978-7-5205-2722-4

Ⅰ．①山… Ⅱ．①老… Ⅲ．①文化－名人－生平事迹－中国－现代 Ⅳ．①K825.4

中国版本图书馆 CIP 数据核字（2020）第 246603 号

责任编辑：梁玉梅

出版发行：中国文史出版社

社　　址：北京市海淀区西八里庄 69 号院　邮编：100142

电　　话：010-81136606　81136602　81136603（发行部）

传　　真：010-81136655

印　　装：北京新华印刷有限公司

经　　销：全国新华书店

开　　本：16 开

印　　张：19

字　　数：280 千字

版　　次：2021 年 4 月北京第 1 版

印　　次：2021 年 4 月第 1 次印刷

定　　价：56.00 元

目 录

CONTENTS

第二章　朱自清：做这个时代的人

第一章
老舍：抗到底

抗到底

于志恭*

卢沟桥事变数月后，老舍接受前国民革命委员会政治委员会主席冯玉祥的邀请，住在武昌黄土坡千家街福音堂。在这里的作家还有吴组缃、刘思慕、赖亚力等。冯玉祥请老舍和何容办了一个刊物叫作《抗到底》，意思就是抗战到底不投降。冯玉祥还请老舍帮助赵望云搞了个《抗战画刊》。

1938 年 3 月，中华全国文艺界抗敌协会在汉口成立，老舍是主要筹备人之一。这个组织是全国文艺界最广泛的抗日民族统一战线组织，理事有郭沫若、茅盾、巴金、夏衍等，会员包括了全国各抗日阶层的作家。文协的会刊《抗战文艺》号召作家"入伍""下乡"，组织战地服务团和访问团，进行抗日宣传工作。开成立会那天，有文艺演出，由参加大会的文艺工作者登台表演，盛况空前。

老舍化了装，头上围着一块手绢上场，演出了精彩的相声，博得全场喝彩，满堂笑声。他不仅是作家，而且是表演艺术家。他那幽默、严肃、认真的风度，确实有独到之处。

这一次盛会，是萃集了全国文艺工作者在一起团结抗日的盛会。郭老的诗歌，老舍的表演，以及许多文艺工作者的精彩表演，使不会演出的人也

---

* 于志恭，时任冯玉祥秘书。

登台表演了节目，以表达对大会热烈祝贺的心情。冯玉祥先生以文协理事和“丘八诗人”，即抗战诗歌作者的身份出席大会，并登台作了表演。我们见到他手执一块面纱，扭动着身子，唱“泰山之歌”。

当时周恩来总理在武汉领导着大江南北的抗战工作。文艺界的抗日宣传工作，受到周总理的殷切关怀和支持。周总理曾亲自到福音堂看望大家，对大家鼓舞很大。周总理应冯玉祥的请求，曾派人（记得是凯丰、李涛等同志）到福音堂来讲抗战形势和游击战争，并题了词。老舍同志对此感到无比兴奋。当他看到邓颖超同志“精诚团结、贯彻始终”的题词时，深有体会地说：“这是精诚团结、共赴国难的精神，是实行全面抗战的精神。”

但是，周总理的支持，文艺界轰轰烈烈团结抗日的局面，却受到蒋介石的仇视，后来由文化特务张道藩出来挑拨离间，破坏“文协”。这给老舍增加了困难。一些主张抗日的民主人士和社会贤达听到这事也非常气愤，提出非议。冯玉祥和徐谦（字季龙）也都支持文协。这位出身翰林，跟着孙中山先生革命的徐先生，要冯玉祥委屈求全，向蒋面谏团结抗战，不要仇视文协。他还写了一首诗：

一纸行书两绝诗，遂良须鬓已成丝。
何当火急传家法，有见诚恳笔谏时。

他要蒋介石真下决心抗战，不要口是心非，破坏抗战团结。冯玉祥向蒋介石说了这件事。

当时，徐谦和冯玉祥住在福音堂内西楼；老舍住在东南楼，和老舍同住一个楼的还有楼适夷等人；李烈钧住东楼；都是主张抗战的人士。对于这段情况，冯玉祥在他的《我所认识的蒋介石》一书中有这样一段记载：

在武汉这一个地方最好的现象是大家都想团结一致共同抗战。如同汉口成立的抗战文协，是舒舍予（老舍）他们领导的，我听说这些拿笔杆子的文人，平时都是你挑剔我，我批评你，谁和谁都不易在一起。这一次为了打倒日本帝国主义，收复失地，雪我们全民族的耻辱，他们成立了抗战文协，大家都团结起来了，把自己互相指责的精神，集中起来对准敌人进攻。开成立会那一天有几十桌客人，我唱了个歌叫《柴夫的儿子》，还讲了一段话。假如在政府里的人和党里的新贵族，他了解到这一点，我想后来决不应再弄个张道藩来专做挑拨的工作。虽然那位姓张的努了些力，到底也没有破坏文协的团结，也可见不以最大多数人的利益为利益，而以很少数人的利益为利益，永远不会成功什么事体的。

冯玉祥直接指责蒋介石“弄个张道藩来专做挑拨的工作”，可见当时文协的处境是如何困难的了。

上海孩子剧团流亡到武汉，老舍参加了在汉口举行的公演和义卖等活动，还请孩子剧团到福音堂来演唱《东北流亡曲》和《大刀进行曲》等抗战歌曲，并且照了相。济宁大会战，老舍以“张自忠打垮坂垣”为题材，给一位河南艺人编成地方戏词，在当时的中央广播电台向战地播送，收到良好效果。

老舍在武汉这段时间精神振奋，每日鸡鸣即起，和同志们一起大唱抗战歌曲，为宣传抗日而勤奋地写作。

（选自《忆老舍与文协》，载于《不因畏难而搁笔：回忆老舍》，刘未鸣、韩淑芳主编，中国文史出版社 2019 年版，题目为编者加）

斗争在重庆

于志恭

1939年，文协迁到重庆。《抗到底》继续出刊。老舍开始写剧本。1939年下半年，“战地慰劳团”访问延安及解放区，老舍代表文协参加。9月15日，延安《新中华报》刊载了全国慰劳总会北路慰劳团到达延安的消息，上面有毛主席致欢迎词。同年12月9日，慰劳团回到重庆，文协在重庆青年会举行招待会，招待从战地归来的作家，听取参加访问团的作家报告途中观感。到会者有郭沫若、邵力子等。老舍的观感大意是：西北地广人稀，许多财富亟待开发。各种干部尤感缺乏，希望后方大量供给。在文艺活动方面亦极贫乏，但一般将士都自觉需要读书，而且都能接受，但望文化工作者设法解决西北文化恐慌问题。以上观感在重庆《新华日报》上刊登后，接着《新华日报》又发表了题为《积极加强战地文化工作》的社论（见1939年12月26日重庆《新华日报》）。

老舍访问延安回来后，在陈家桥完成了他的长诗《剑北篇》。与此同时，他写的剧本《残雾》、《面子问题》（与赵清阁合著）、《国家至上》（与宋之的合著）、《大地龙蛇》、《张自忠》、《归去来兮》等先后脱稿发行。《残雾》和《国家至上》等剧在重庆上演，马彦祥、应云卫等导演，参加演出的文艺工作者有魏鹤龄、白杨、张瑞芳等，由于写作水平和演出水平都相当高，当时是轰动山城的。《残雾》一剧揭露和讽刺国民党贪污腐化，引起蒋介石的仇视，老舍也受到国民党《中央日报》的攻击，一些进步作家则积极支持他，一时论战激烈。

在周总理的关怀鼓舞下，当时的文艺界出现了生动活泼、团结抗战的新局面。老舍负责文协工作期间，关心文化界人士生活，有时尽自己的力量帮助文化界人士解决生活上的困难，有时吁请社会贤达和民主人士帮助。他曾请冯玉祥从募款中提出200万元帮助文艺界生活困难的人。郭老建议从这笔款子中提出50万元办个刊物，一面宣传抗战，一面维持文艺界人士的生活。后来决定每人帮助二万元，直接送到生活困难的文艺工作者手中，经手的有王冶秋、冯纪法同志等。当时有一些文化界人士或有关人士被捕，也是在周总理的亲切关怀下，通过老舍等的奔走，冯玉祥从中斡旋，营救出来的。如孟克从北方回籍治病，经过重庆，在从文协到重庆机场上飞机时被蒋特逮捕；骆宾基在酆都教书，因批阅一个高中学生的卷子是唯心论被捕，都是由老舍请冯玉祥设法营救出来的。骆宾基回到重庆后，冯玉祥请他在两路口巴县中学楼上吃饭以示慰问，在座的还有郭老、以群等人。

（选自《忆老舍与文协》，载于《不因畏难而搁笔：回忆老舍》，刘未鸣、韩淑芳主编，中国文史出版社2019年版，题目为编者加）

抓我，我是头

于志恭

皖南事变后，重庆文化界举行纪念鲁迅的活动，先是在百龄餐厅开会未成，后改露天集会，周总理也参加了。国民党警察干涉，并且要抓人，老舍挺身而出，说："要抓人吗？抓我，我是头。"后来发生臭名昭著的大砸沧白堂事件、较场口事件等。特别是较场口事件，郭老的头被打肿，眼镜被打碎，李公朴的头部受重伤，李德全的腿几乎被打断，劳动协会一工友几乎被打死，陶行知、沈钧儒也几乎被打。事后蒋介石造谣说是陶行知的育才学校学生打的，后来报纸登出真相，是蒋介石的特务刘野樵雇打手打的。

（选自《忆老舍与文协》，载于《不因畏难而搁笔：回忆老舍》，刘未鸣、韩淑芳主编，中国文史出版社 2019 年版，题目为编者加）

尽心竭力办“文协”

杨昌江

1937 年七七事变时，老舍先生在济南齐鲁大学教书。后因战事紧张，校里的教员和学生都陆续疏散走了，老舍先生抱着“一个教书人最珍贵的东西是他的一点气节，我不能等待敌人到来，把我那点珍宝夺了去”的心情，也赶紧出走。11 月 18 日夜，他离别妻子和儿女，自己提着一个小箱，好不容易挤进了人满为患的火车，流亡到当时成为抗战中心的武汉。到 1938 年 7 月 30 日，老舍先生在武汉生活了八个月。

当时集中在武汉的文艺界人士人数不少，国民党很想罗致这些人为自己所用，但文艺界的人不上这个当，国民党无法把这些人组织起来。共产党驻武汉的代表，认为应该在抗日民族统一战线中组织一个包括各方面力量的文艺团体，但这个团体的领导权不能落入国民党手中，他向文艺界推荐老舍先生来主持这个团体的日常工作。因为老舍先生不是共产党员，国民党方面能接受，共产党和左翼进步文艺工作者对老舍先生也是信赖的。老舍先生说“我不是好事喜动的人，可是大家既约我参加，我也不辞谢”，于是，他就参加了这个团体的筹建工作。

这个团体便是 1938 年 3 月 27 日在汉口成立的“中华全国文艺界抗敌协会”，简称“文协”。“文协”是整个抗战时期文艺界最大的统一战线组织，推举郭沫若、茅盾、夏衍、田汉、巴金、郁达夫、朱自清、冯玉祥、邵力子、胡秋原、张道藩等 45 人为理事。周恩来、孙科、陈立夫等为名誉理事。为了让这个组织显出民主精神，“文协”没有会长和理事长，只规定了常务理事分担各部的主任，老舍先生是总务部主任，事实上，就是对外的代表，和理事长性质差不多，主持全协会的日常工作。

成立大会是 3 月 27 日上午在汉口商会召开的。中午在汉口普海春餐馆聚餐，饭后即在普海春继续开会，气氛很热烈。忽然日寇的飞机二十多架来空袭。警报器响了，高射炮也响了，但大家都没有动，照旧开会。解除警报时，正在选举。5 点多钟散会，可是老舍先生和其他被推为检票、监票的人还继续工作，一直干到深夜。

“文协”成立以后，有很多活动都要老舍先生出面张罗，如在冯玉祥家开“文协”理事会，安排郁达夫等人代表“文协”到台儿庄前线劳军，与其他“文协”作家联名发表了《给周作人的一封信》，出席对外国作家阿特丽女士的欢迎会，等等。他的事情很忙，但工作很主动。有一次“文协”举办欢迎四位外国女作家（美国的斯特朗、史沫特莱，英国的厄特莱，日本的绿川英子）的招待会，会上原由叶君健担任各种语言的翻译，后来老舍先生看出叶君健精力有些不济，主动要求把英语让他来译。他的英语译得漂亮极了，因为他曾在伦敦的大学里教过汉语。

“文协”的一个主要任务是编印机关刊物《抗战文艺》。这是全国唯一一份贯穿抗战始终的文艺刊物，从 1938 年 5 月 4 日到 1946 年 5 月在重庆终刊，共出了 71 期，全是由老舍先生负责。其中从第 1 期到第 16 期是在武汉出的。起初是三日刊，工作太紧促，于是出了五期就改为周刊。老舍先生和楼适夷、姚蓬子、孔罗荪、蒋锡金几位为办刊物通力合作，昼夜奔波，组稿、看稿、编稿、校稿，印出来之后发行，还要结算账目。许多杂务都是老舍先生自己干，但干得井井有条，一点也不杂乱，往往那几位年轻同志想到还有什么事要干时，他早已干好了。有的稿子已经编定了但未送来，他就亲自跑路去取来，勤勤恳恳。因为这是国共合作统一战线的文艺团体办的刊物，左中右各方面的人送来的稿子都要妥善处理，既要达到宣传抗战的目的，又要避免彼此的口角或恶意的批评，还要保持相当高的文艺水准，这样主持人老舍先生的工作是十分艰难的，但在武汉编的16期从来没有脱过期。

“文协”和抗战文艺在汉口同一地方办公，老舍先生住在武昌千家街，故经常从武昌坐小划子过江到汉口去。小划子过江是很费事的，遇到有风浪或下雾的时候，过江就更作难了。最难的还是筹集“文协”的经费。国民党中宣部本是答应每月给“文协”办公费的，但这只是一句空话，他们看出“文协”是他们拉不拢的，就不想给钱。老舍先生经常去中宣部坐索，还是要不到，他只好自己掏腰包，四处奔走，找冯玉祥、邵力子等爱国人士借，说“文协”的经费若能发下来就还，发不下来就不还。每次借50元，老舍先生把账记得清清楚楚，还时常拿出来给别人看。

（选自《抗战初期老舍先生在武汉》，载于《统一论坛》1999年第4期，题目为编者加）

文艺“下乡”

杨昌江

在忙着“文协”的工作和办《抗战文艺》的同时，老舍先生与许多过去相识或不相识的同道都成了朋友。召开了各种座谈会和联谊会，那真是快活的日子。在这样的会议上，他和大家谈得最多的问题就是如何使文艺“下乡”与“入伍”，有效地向农民和士兵宣传抗战。比如说，1938 年元旦，在冯玉祥将军的提倡下，老舍先生和何容、老向在武昌创办了当时很有影响的通俗文艺半月刊《抗到底》，以普通老百姓与士兵为读者对象；5 月上旬，老舍先生出面邀约田汉、冯乃超、老向等 19 人举行了一次“怎样编制士兵通俗读物”的座谈会；5 月 15 日，抗到底社与其他刊物在武昌青年会召开“通俗文艺座谈会”，会上讨论拟成立一个“经常研究通俗化问题”的组织等。

老舍先生说：“在抗日战争以前，无论怎样，我绝对想不到我会去写鼓词与小调什么的。抗战改变了一切，我的生活与我的文章也都随着战斗的急潮而不能不变动了。”（《我怎样写通俗文艺》）他又说：“在战争中，大炮有用，刺刀也有用；同样的，在抗战中写小说戏剧有用，写鼓词小曲也有用。我的笔必须是炮，也须是刺刀……我不因写了鼓词与小曲而觉得有失身份。”（《八方风雨·写鼓词》）

正是在如此热烈的爱国激情鼓动下，老舍先生在武汉的八个多月时间里，就写了十篇鼓词、六出旧戏、一篇旧型通俗小说和好几个小曲、快板。

还在济南时，老舍先生就想到要学习用民间文艺形式作抗战宣传，曾随宣传抗战的青年们去看鼓书艺人表演，讨论鼓书的写法。到汉口后他又遇见鼓书艺人富少舫先生（艺名山药蛋）、董连枝女士和她丈夫郑先生。这三位都能读书写字，爱国心也比一般的艺人强烈，他们的眼睛也不全看着生意，只要有人提供给他们宣传抗战的新词儿，他们就肯下功夫去琢磨腔调，去背诵，去演唱，所以老舍先生在向他们虚心学习鼓书声韵唱腔等艺术形式的同时，为他们创作了宣传抗战的鼓词《王小赶驴》《新"拴娃娃"》等作品，由他们及时到民间去演唱。《王小赶驴》是老舍先生本人比较满意的一篇，说的是一位名叫王小的青年仇恨日寇暴行，毅然辞别寡母，牵驴投军，他在一次执行侦察任务途中，被日寇擒捉之前，鞭抽黑驴回营报信，引来抗日队伍，全歼敌人，而王小和黑驴却壮烈牺牲的故事。唱词情节完整，细节生动，语言通俗，爱憎分明。

这时冯玉祥将军在武昌约请赵望云等几位画家，绘制了一些大幅抗战宣传画，放到闹市让民众观看，需要一些顺口押韵的解说词来配那些画，于是老舍先生就仿照"看了一篇又一篇、十冬腊月好冷天"的套子，写了《二期抗战得胜图》《西洋景词画》等小曲和《女儿经》《忠孝全》等快板。

在冯玉祥将军家，来了三位避难的乡间集市上唱河南坠子的艺人，老舍先生向他们领教了河南坠子的句法，就写了一大段抗战的故事，三千多句，交给他们，他们把这三千多句长的韵文背熟了，并且上了弦板，在武汉战事危急的时候，返回河南故乡去了。老舍先生推测，说不定这三位艺人真把他写的唱词在民间演唱过了，可惜这部稿子老舍先生散失了。

后来，到了重庆，老舍先生将这些在武汉用"旧瓶装新酒"的办法写成的通俗文艺作品，选出了三篇鼓词（《王小赶驴》《张忠定计》《打小日本》）、四出"二簧戏"（《新刺虎》《忠烈图》《王家镇》《薛二娘》）、一篇旧型通俗小说（《兄妹从军》），汇印成册，共六万字，取名为《三四一》。这本书在重庆三个月内竟连出五版，足见很受欢迎。

老舍先生是穷苦人家出身，从小在北京大杂院里长大。在武昌时，他的个人收入只是 5 元、10 元的零星稿费，吃的是大锅饭，穿的是从济南随身带来的几件旧衣服。他在国外生活过那么多年，但身上没有洋气，倒像乡下出来的三家村学究。他自己只抽廉价烟，但有朋友来，就到武昌街头找熟悉的小饭馆吃小吃，一面吃一面聊天，最后由他掏腰包。

那时候经常有空袭，遇到夜间的空袭，老舍先生和别人必定“登高一望”。看到敌机被打伤，曳着黑烟逃窜，或被击落的情景，老舍先生感到兴奋，痛快！

到了 7 月份，武汉局势紧张，空袭也更凶了。邵力子先生劝老舍先生和别的文艺界朋友快离开武汉，理由是：“到了最紧急的时候，你们恐怕弄不到船位，想走也走不脱了！”于是，7 月 30 日，老舍先生、何容、老向与肖伯青（“文协”的干事），便带着“文协”的印鉴与零碎东西，辞别武汉，到重庆去筹办“文协”和《抗战文艺》了。

（选自《抗战初期老舍先生在武汉》，载于《统一论坛》1999 年第 4 期，题目为编者加）

文笔报国

李萱华 *

1934 年夏天，老舍来到北碚，决定写一部小说，名叫《火葬》，这是他以抗战为题材的第一部长篇小说。

老舍来北碚，住在中华全国文艺界抗敌协会北碚分会，地址在蔡锷路 44 号，即今天生新村 63 号附 16 号，他每天早起打太极拳，上午写作，写一阵就自己拿扑克牌玩一阵，休息休息，然后又写。中午睡一小时午觉，过午即不再写作，或读书，或看朋友，参加一些社会活动，生活很有规律。北碚的夏天很炎热，他便早晨 5 时起床，写到 8 时即止，每天写千多字。原计划写中篇，但写到五六万字，仍然收不住笔，遂改作长篇。到 9 月底，已有八万多字，打算 10 月中旬完稿回渝。

谁知，由于长期吃平价米，米中稗子、石沙很多，加上空袭频繁，每每刚端起碗警报就响了，只好很快吞咽一碗饭或粥，顾不得细细挑拣，终于得了盲肠炎。10 月 4 日入江苏医学院附属医院割治盲肠，20 日出院，仍须卧床静养。11 月中旬，老舍夫人胡絜青带着三个子女，由北平逃来北碚。从此，这个被战争分离了六年的家庭，重新在北碚团聚了，住在文协分会楼上。

---

* 李萱华，1931 年生，重庆开县人，中国作协会员。曾任重庆《工人文艺》杂志编辑、北碚区政协文史委员会副主任、北碚文学协会副主席兼秘书长等职。

11月23日，老舍带病继续补写《火葬》。决心以文笔报国，他要用《火葬》动员人们关心战争，并用《火葬》告诉人们，“在战争中敷衍与怯懦怎么恰好是自取灭亡”。一天写三五百字或七八百字，尽力而为，从不松懈。12月11日完稿，全书共11万字。老舍在该书序言中说：“这不是文艺创作，而是由夹棍夹出来的血！”

（选自《老舍究竟何年定居北碚》，载于《重庆师范大学学报》1982年第3期）

《四世同堂》

李萱华

1944年，当日寇进占贵州独山和都匀的时候，重庆震动大，许多人准备再逃难。老舍是无处可逃的。文协分会肖伯青问他："你打算怎么办？"老舍说："我已下定决心，如果日寇从南边打来，我就向北边走，那里有嘉陵江，滔滔江水便是我的归宿！我决不落在日寇手里，宁死不屈！"他仍然呕心沥血写自己的新作。

原来，去冬胡絜青来北碚后，许多新老朋友，纷纷前来看望。尤其是一些家在北平，或者有亲友在北平的朋友，迫不及待地来打听各种情况。当胡絜青一次又一次地叙述日本侵略者对沦陷区人民，特别是对北平人民的奴役和蹂躏的时候，老舍总是坐在一旁，静静地听着，思考着。就这样，在他心目中的旧北京，又增添了沦陷后的创伤和惨状。于是，以"沦陷了的北平"为主题，他构思了一部长篇小说《四世同堂》，共分三部，计100万字。于元月开始动笔，计划两年写完。1944年写了30万字，完成了第一部，11月起开始在报上连载。1945年又写了30多万字，完成了第二部，两部共约67万字。第一部于1946年1月由良友公司在上海出版，书名为《四世同堂》。以后改为晨光公司出版，第一部改名《惶惑》，第二部取名《偷生》，连同当时还没有写的第三部《饥荒》，全书总名仍为《四世同堂》。

《四世同堂》写的是沦陷了的北平，小说中的主人公是整整一条胡同的居民。它涉及十七八个家庭和130个人物。其中有名有姓的就有60多人，他们中有教授、老诗人、中学教员、拉车的、唱戏的、剃头的、看坟的、“摆台”的、“打鼓儿”的、“窝脖儿”的、棚匠兼要狮子的、老寡妇、开布店的、巡警、税务局长、英国外交官员、流氓、妓女、汉奸、特务，等等。通过这些人的故事，描写了北平人民的爱国激情和崇高的民族气节，揭露了日本侵略者及其走狗的凶残、虚弱和无耻。

《四世同堂》是老舍“从事抗战文艺的一个较大的纪念品”。

（选自《老舍究竟何年定居北碚》，载于《重庆师范大学学报》1982年第3期）

黄金魔影

李萱华

1945年重庆发生了一件有名的黄金案。重庆中央银行有个黄金储蓄办法，就是你交给银行多少法币，半年后可凭据领取黄金一两。有次，当局内定黄金储蓄增值，决定在第三天执行。可是，当晚内定机密被泄露，第二天五更时银行门前已排成了长队，办理黄金储蓄。这一天大小储户，共储蓄黄金若干万两，引起轩然大波，议论纷纷。

就在这次事件中，报纸公布大储户名单内，居然有“舒舍予”这个名字，储蓄数目是“黄金一百五十两”。于是，在重庆到处都传开了，都说作家老舍有这么多黄金，真猜不透，他平常衣着朴素，还会有这么多钱，不仅口耳相传，报上也有文章，张恨水在《大公报》上发表文章说：“不管怎么说，老舍这一次为穷作家吐了口气。”等等。可见，都把这当成了真事。4月20日《新华日报》以“黄金案中的舒舍予与老舍先生无关”为题辟谣：“关于黄金案昨日各报所披露的大户名单中，有舒舍予买黄金一百五十两，据文协负责人此事与名作家舒舍予老舍无关。老舍先生仍然在乡下过着贫作家的生活，靠着卖心血及衣服杂物维持全家衣食，与黄金案中舒舍予其人，毫无关联之处。”老舍对这谣言也一笑置之，他说：“在重庆名叫舒舍予的人，就有六个之多，怎知舒舍予就是我？”

老舍不仅多次遭到造谣诽谤，国民党文化头子张道藩说：“老舍叫共产党包围了。”长期派有特务对老舍暗中监视，随时都有被特务抓去的危险。有一天，老舍在街上，发现有人老跟在后面不放，老舍走着走着突然折回身，一本正经地对那个特务说：“老兄，你每月拿几块钱？我替你写我的报告好不好？”那特务遭到这突如其来的反问，被刺得火辣辣的，不知所措，只好狼狈而去。《新华日报》的报童，给老舍送报纸，都是到了晚上从门缝中塞进屋去，怕被特务盯着，给老舍带来麻烦。老舍外出，家里不放心，只好叫还不满十岁的儿子——舒乙，远远跟在后面，以便发生问题时，有人报信。

1945年11月13日晚，复旦大学三十多个团体集会，纪念孙中山八十诞辰，老舍在会上慷慨激昂地呼吁，要大家联合起来，用口用笔，用一切可能的方法，来制止内战，争取和平！他在谈到文化工作者的苦境时，沉痛地说：“我是中国人，我爱中国，我不属于任何党派，我没有当汉奸，我八年来的言论作品没有一篇不是为了抗战，而我后面却一直跟着一个黑影。”

（选自《老舍究竟何年定居北碚》，载于《重庆师范大学学报》1982年第3期）

胜利思乡

李萱华

老舍在八年抗战中，用那支永远发光的笔，不知疲倦地和敌人战斗。从1938年初发起、组织和领导了“中华全国文艺界抗敌协会”，在极端困难极端复杂的情况下，坚定地领导了全国文艺作家，为抗战，为团结，为人民大众的利益，为民主，为反法西斯，都起了很大的作用。然而，抗战胜利了，老舍还是一个平平凡凡的老舍，连复员的条件都不具备。一无官方照顾，二无钱去买黑票。八年流浪，到处为家，胜利思乡，毫无办法，只好写了一首《乡思》以抒发思乡之情。

1946年2月5日华盛顿宣布：“美国务院宣布，中国两驰名作家已应国务院之请，来美一年。《骆驼祥子》作者老舍，将于初春来美，继续研究写作。万家宝（曹禺）将于3月来美，他除考查美国戏剧及电影事业外，将在美讲学。”2月8日晚，张治中举行联欢晚会“庆祝政治协商会议成功”，会上宣布主要是欢送老舍和曹禺赴美讲学，并首先邀请老舍在大会上讲话。老舍深有感触地说：“这次能够有机会去美国，应该感谢五四以来的新文艺运动。在抗战八年中文艺界的努力，未被政府与社会重视，今天政治协商会议成功，中国已现光明，今后国家建设，文化建设应该与其他建设同样重视，不要再让作家们因贫困而死去。”同时，他又以无党派人士身份，向各政党要求尊重人民爱国的忠诚。最后，他希望将来回国时，在中国自己想要写什么就能写什么，不管在南京或延安，都能自由发表。

1946年3月5日中午，老舍和曹禺，在上海乘美轮“史葛将军号”，离沪驶美。

（选自《老舍究竟何年定居北碚》，载于《重庆师范大学学报》1982年第3期）

到檀营去

王敬魁 *

1964年初春，桃花刚刚吐蕊，现代小说家、戏剧家、中国作家协会副主席老舍先生，不顾66岁高龄，自己带着行李，拄着手杖，来到我县城关公社檀营大队。

檀营在我县城东三里，原是一处清代八旗驻防营城遗址（因密云古称檀州，故称檀营)。《密云县志》载：此营于清乾隆四十五年（1780年）移驻。从北京调来满、蒙古族兵二千余人，另有马甲（军营家属）人口七千人（当时两千户)。檀营人生活来源靠军饷，邻村人称之为“铁杆庄稼”。1925年北洋军阀政府完全断绝了驻防营的供给，自此驻防营瓦解了，从此，檀营满、蒙古族人饥寒交迫、四处逃亡，临解放时这里仅剩二百多户九百多人，被邻村称作“叫花子村”。

老舍先生来檀营前的一段时间里，正写着长篇自传体小说《正红旗下》。到檀营后，他还要写新生的《正红旗下》。

“为什么要到檀营去？”因为这里有不少满、蒙古族人，老舍在《下乡简记》一文中，记述了来檀营的原因。他之所以到这里来，不仅因为自己是

---

* 王敬魁（1943— ），北京人。曾任密云县政协文史委员会办公室副主任。著有散文集《密云往事》《碧水壮歌》等。

满族人，主要是“我要去看看他们今天是怎样活着”。

老舍在这个满、蒙古、回、汉等民族杂居的地方住了四个多月。白天走家串户，察看当地的名胜古迹，有时采一把野花插在住处瓶子里；晚上便和县社队的干部座谈，或与社员、业余作者、学生聊生产、生活、学习、创作的情况，总也不闲着，同这里的群众相处得十分融洽。老舍穿着褪了色的蓝布裤褂，脚蹬半新的圆口千层底布鞋，手里拄着黑油漆的拐杖。从外表看，不相识的人谁都不会想到这就是大作家老舍。

老舍住在王敬之家，这是一排五间的北房，老舍住在靠西的一间。当时房东王大娘说：“这间房的大柁坏了，用木头支着，还是住别的房间吧。”老舍说：“住这间吧，不会有危险的。”

院子四周有桃树、杏树，中间支着瓜棚豆架，晚饭后老舍在桃树下接待来访者。客人一进门，老舍就起身、让座、倒水，特别平易近人。他对业余作者非常热情，只要拿来作品，总是一字一字认真地看，然后提出修改意见。县文化馆王明仁，写了几篇小说，请老舍过目。老舍花了七八个晚上，仔细看过后，给王明仁指出了优点和不足。老舍还送给明仁一本自己谈创作经验的书《出口成章》。老舍说：“热爱生活，才能使我们的笔端迸出生命的火花，燃起革命的火焰。生活是五光十色、万紫千红的，设若我们只了解某一方面的生活，而不把它与时代潮流结合起来，我们的作品就必然不会光芒四射。”

最近几年，不少国内外专家、学者来采访老舍当年的居住地和生活情况。王大妈告诉我，前年，北京一位剧作家和日本学者一起到她家，请她按照老舍的布鞋样子在村里找一双布鞋。“我找遍全村也没有，”她深有感触地说，“现在生活好了，谁还穿那种鞋子？”

檀营的扬水站离村五里，在周文郁的陪同下，老舍拄着手杖，一步一瘸地步行，走一会，便在小路边坐下，揉一会腿再走。周文郁嗔怪道：“您腿不好，多少次劝您不要来。我会详细介绍的。”老舍说：“要了解一个单位的一切，就会有用不完的写作资料。”来到扬水站，老舍看到水渠里清清的流水流入整齐的梯田，好像一幅山水画。当老舍得知这是开挖二十多华里修成水渠后引来密云水库的水，便问：“听说修水库之前，潮白河两岸人民受害不小？”周文郁介绍了这村几次大水灾后说：“我们这有一首民谣，您可听说过？”“说说看。”“潮白河水滚滚流，流不尽的泪水，流不尽的愁。冲走了多少平川地，卷走了多少房子牛，要了多少人的命，害得多少人家妻离子散，漂流在荒丘。”老舍听后，过一会说：“修了密云水库，人民安居乐业了。”老舍在文章里这样记述：“开了一道大渠，可以灌田增产。”

老舍在这里体验生活，到各家吃派饭。他为多了解普通群众，不在干部家吃饭。开始吃派饭，群众把老舍当贵客，由长辈陪着先吃。老舍坚持与家人一起吃饭。他曾去一百多家吃饭、聊天，和社员一样吃玉米饼子、玉米面粥、白薯干，很少吃上几顿白面。有的满族人家，专门做了豆汁来招待老舍，算是改善伙食。每当老舍交给粮票和饭钱时，社员总不肯收，老舍便不依。社员们不愿意让老舍心里不痛快，只好接过粮票和饭钱。老舍在走家串户时得知，檀营村从1917年到1921年，饿死六百多人，有时一天死三十多人。冯大纯父子三人，少衣无食，柴尽米绝，活活冻死在火盆旁。当时有一百多家卖儿卖女。到1948年解放时，檀营村的九百多口人里，有72条光棍，18个一口人的单户。新中国成立后“汉人教给了他们耕作技术……他们由会劳动变为热爱劳动”。这里办起了“互助组与公社，年年增产”。老舍在《下乡简记》中详细记述了这里的变化。“老的营房或加以修补，或另建新房，新房都既坚固又敞亮”，“在公社制度下，只要肯参加集体生产劳动，全家全族就都能吃饱穿暖，幸福日增”。他十分高兴地“向全世界说：看！在中华人民共和国”这个民族大家庭里，“我们满、蒙旗人……活得愉快，有意义”。老舍在感慨中这样记载：“铁杆庄稼并养不活一家人……社会主义才是真的铁杆庄稼。”在一次干部会上，老舍在谈体会时说：“中国这么多民族能和睦相处，只有共产党能做到，其他政党都做不到。”

老舍在这个满人聚居的地方，同这里的群众建立了深厚的友谊。老舍走后，还与这里的不少人有书信来往。1965年春节前，老舍把自己的题字邮给杭万庆、周文郁、王敬之、郭甫志四位社员。信封是老舍亲笔书写，下款是“老舍自北京东城乃兹府丰盛胡同十号寄”。信封上还用红笔写了“轻拆”两字，在“轻拆”两字下面还画了红圈。可见老舍对群众的诚心诚意。在周文郁的弟弟那里，我见到了老舍的题字，有一尺来宽，三尺多长，娟秀中带着刚劲的字迹，墨香犹存，清晰如初，可能因为长期在箱底珍藏，略有些褶皱。书写的是毛主席词《菩萨蛮 · 大柏地》：“赤橙黄绿青蓝紫，谁持彩练当空舞……”末尾工工整整写着“文郁同志嘱录毛主席词，即乞正字益祝春吉”。落款是“一九六五年春节老舍”（盖章）。给郭甫志的题字是毛主席词《清平乐 · 会昌》：“东方欲晓，莫道君行早……”后面工整地写着“甫志同志正字”，落款是“一九六五年春节老舍”（盖章）。郭大娘说，老郭原名叫郭普治，当时是大队治保委员，公社交给他的任务是照顾老舍先生。有一次陪老舍先生爬村北的冶山，坐在冶仙塔旁的一块岩石上小憩（当初塔上有灯，又叫冶塔仙灯，是密云县外八景之一，《日下旧闻考》载：“县东北八里为冶山，上有塔，有石洞深邃，水四时不竭。东有草洞，昔人淘金址尚存。”密云县志也记载，冶仙塔初建于辽代重熙八年。清光绪七年，八旗兵重修冶仙塔，镌刻了“高插云汉文人笔，重领檀营武士冠”的对联，老舍说：“把你的名字改下吧？”老郭说：“行啊！”后来从北京邮来的字上才知道改成了“甫志”这两个字。我家得到题字，就到北京城里裱了一下。我孙女在小学读书，课本中读到老舍的《草原》《趵突泉》等文章，为使学生加深对作者的了解，老师让我孙女把题字拿到学校，有人要出高价买这张字画，我们没有卖。老郭病重时，在弥留之际还嘱咐我，一定要把老舍先生的题字保存好。

这朴素的语言，真挚的感情，充分显示了老舍先生在人民心中所占有的位置。

老舍在檀营的垄头阡陌里留下了足迹，在农家土炕上留下了音容。尽管当时没有留下一张照片，但是，老舍那和蔼、谦逊、朴实的形象，却永远印在檀营村乡亲们的心里，永远留在冶仙塔旁的岩石上，与日月同辉，与山河同在。

（选自《老舍先生在檀营》，载于《不因畏难而搁笔：回忆老舍》，刘未鸣、韩淑芳编，中国文史出版社 2019 年版，题目为编者加）

附

下乡简记

老 舍

地点：密云县城关公社的檀营大队。檀营位于密云县城外东北，约五里。

原因：为什么要到檀营去？因为这里有不少满、蒙旗人。在辛亥革命以前，满、蒙旗人以当兵吃粮为主要出路，往往是一人当兵，全家都吃他的那一份钱粮，生活很困难。赶到辛亥革命以后，旗兵钱粮停发，生活可就更困难了。旗兵只会骑马射箭，不会种地，没有手艺；钱粮一停，马上挨饿。他们的子弟呢，只有少数的念过书，或学过手艺，可以找点工作；大多数的青年既无文化，又不善于劳动，只好去做些小生意，往往连自己也养不活。原来，清朝皇帝对旗人的要求，就是只准报效朝廷，不许自谋生计。这就难怪他们不善于劳动了。辛亥革命呢，又有点笼统地仇视一切满人。这么一来，整整齐齐的檀营就慢慢地变成“叫花子营”了！有的人实在当无可当，卖无可卖，便拆毁了营房，卖了木料；有的甚至卖儿卖女！拆典当卖，死走逃亡，悲惨万状。这里原有满、蒙旗人二千户，是乾隆四十五年由北京调拨来的，担任皇帝到承德去避暑或狩猎的中途保卫工作。到解放时，只剩下了二百多户，都极穷困。因此，我要去看看他们今天是怎样活着呢。

今天的情况：解放后，他们分得了土地，由无业变为有土地的农民。这是个极大的变化！分得了土地，他们可是不会耕种。汉人教给了他们耕作技术，政府帮助他们添置了农具，买了牲口。他们逐渐掌握了技术，由不会劳动变为会劳动。随着农业合作化运动，他们先后办起了互助组与公社，年年增产，有了信心，由会劳动变为热爱劳动。

那些位孤苦的老人，因壮年时贫困，无力结婚，没人照应，今天都得到照顾。孩子们呢，村里有两处小学，可以去读书。大队里人多地少，就搞些副业，增加收入。政府又帮助开了一道大渠，把水库的水从山后引进来，可以灌田增产。老的营房或加以修补，或另建新房，新房都既坚固又敞亮。我所访问到的农家里，都养着鸡、猪；院里种着玉米、白薯，或果木青菜。村里有了电灯。

感想：上述的一点很简略的事实，却含有极深刻的意义。劳动救活了一大群已快饿死的人，起死回生！在辛亥革命以前，满、蒙旗人以当兵吃粮为业，管钱粮叫做铁杆庄稼。事实上，服兵役的才有一份钱粮，当不上兵的并没有收入，铁杆庄稼并养不活一家人。现在，在公社制度下，只要肯参加集体生产劳动，全家全族就都能吃饱穿暖，幸福日增。社会主义才是真的铁杆庄稼!

有一位七十岁的满族老人说得好:“在解放前，我看不到任何活路儿，只好等死！可是，从第一回看到解放军，我就看明白：我又活了！从那天起，我就决定听党与毛主席的话，叫我怎办我怎办！”是的，这位老人便是办互助组与公社的积极分子之一。现在，他已年高体弱，不能劳动了。可是，他的声音还是那么响亮，时常用他的话鼓舞社员们积极生产，爱护集体。我想，他的话实在是说出了大队中所有的满、蒙旗人的爱党与感激毛主席的心情。

在北京城里，我看到了许多满、蒙古族的亲戚朋友，如何在解放后由失业而就业，由无衣无食而吃饱穿暖。可是，这些人与事都是分散的，东一个西一个的。虽然由每一个这样的人与事上，都能使我联想到分散在全国各地的满、蒙旗人全会得救，可是我心中到底似乎缺少一个更具体更鲜明更大一些的事例。在檀营，我找到了这样的例子。这里还有二百多户满、蒙旗人，有的还住着二百来年前建造的营房，有的老太太还梳着旗髻。有了这个较大的事例，我就能够更具体地向全世界说：看，在中华人民共和国里，我们满、蒙旗人又都活了，而且活得愉快，有意义，因为我们是在民族的大家庭里同各民族的兄弟姐妹一齐劳动，一齐建设社会主义！这是多么了不起的事啊！

好，就要再多去看看，据说在西山面前，在东陵……也有满、蒙旗人在公社里劳动，过着幸福的生活。就要去看看，并希望写出些文章来，证明新中国各民族的人民如何团结，如何平等，如何欢快，如何热烈爱戴党与毛主席！

（选自《不因畏难而搁笔：回忆老舍》，刘未鸣、韩淑芳编，中国文史出版社 2019 年版）

第二章
朱自清：做这个时代的人

心系学生安危

陈竹隐 *

佩弦是个感情内向的人，平日话不多，但内心是很热的。他不仅牵挂着自己的妻子儿女，而且时时关心着国家的命运，关心他的学生。1935 年冬天，北京爆发了有名的“一二 · 九”运动。12 月 16 日，北京三万多学生举行了大规模的示威游行，反对日本帝国主义进一步侵略华北，反对冀察政务委员会的成立。头天夜里，佩弦对我说，他担心学生又要流血。想起过去反动政府的种种暴行，他很为学生的安全忧虑。但是他痛恨日本帝国主义的侵略，他认定学生的行动是爱国的、正义的。第二天，他便同学生一道进城参加了游行。当听说许多学生在城里受伤时，他深感反动政府的残酷，很难过。

后来，佩弦还到百灵庙去慰问抗日部队，途中，认识了后来成为党的负责干部的一位共产党员，回来便对我说：“看来，这个青年人可能是共产党员。他很有见解，中国要强起来，还要依靠这样的青年；要这样，才是真有作为的青年。”佩弦从这位青年的身上看到了中国的希望，我们也正是怀着这种希望，度过了八年艰苦的抗战生活的。

---

* 陈竹隐（1904—1990），四川成都人，朱自清第二任妻子。毕业于北平艺术学院，为齐白石、溥西园弟子，善书画，善度曲。1932 年 8 月，与朱自清在上海结婚。婚后育有二子一女。曾在清华大学图书馆工作，任清华大学工会副主席、北京市政协委员。

共同的生活，使我深深地感到佩弦的爱是广博的，他爱自己的事业，为此他一生精雕细刻，锲而不舍；他爱自己的故乡，无论走多远都怀念着它；他爱自己的亲人，是那样质朴、挚诚；他爱自己的学生，为他们的安危焦虑不安。他的感情像一池深深的潭水，沉静而深邃……

在回到北京后的这几年里，佩弦看到国民党的统治越来越腐败，看到社会那样混乱黑暗，心情很不好。他这个从来不会感情冲动的人，变得很容易动感情了。他的思想感情已经进一步和人民的命运联系在一起了。1947 年 2 月，佩弦在抗议当局任意逮捕人民的“十三教授宣言”上签了名。此宣言在报上发表时，他的名字排第一个。国民党特务也三次“光临”我家，但佩弦一点也不怕。他没有退却，他坚定地站立着。

那时，国民党特务也常在清华园里逛，并常在清华抓人。每次抓人，佩弦都很为学生担心，我们家也成为一些进步学生躲避抓捕的地方了。一次，佩弦犯胃病躺在床上，听到外边又在抓人，便很着急地对我说：“你注意听着门，怕有学生要来躲。”我们在屋里紧张地听着外面的动静。

忽然响起了敲门声，我马上去开门，果然来了一个女学生，便躲在我家里。那时，还有一个进步学生要到解放区去，他来找佩弦借路费。当时我们手头真是没多少钱，但还是从保姆那儿借了点钱，凑了 20 元，送他走了。佩弦对进步学生也是很信任的，他曾介绍一个进步学生到通县潞河中学教书。当时潞河中学行政上是被国民党控制的。不久，这个学生就到解放区去了。后来就有人扬言：这个学生领了一个月的薪水没工作就走了。佩弦听到后，很生气地说：“要是他领了一个月工资没工作就走了，我赔钱。”他专门派居乃鹏去潞河了解情况，结果证明根本没有这回事，原来是别人故意伤害他的。终于澄清了事实，批驳了谣言。

佩弦的正义感和广博的同情心，使他对相识的或不相识的人，都能伸出热情援救的手。今年（1981 年）9 月 24 日我接到王志之同志的来信，信中写道：“我在抗日同盟军战败归来，为了逃避叛徒的搜捕，未敢贸然进城，在清华园站下车，冒昧到府上投宿。朱自清先生并不嫌我蓬头垢面，更不怕我

‘犯上作乱’而受牵连，殷勤接待，加以掩护。”这封信使我想起了那天的情景：佩弦非常热情地接待了他，严肃地倾听他叙述山西的抗日救亡工作和沿途脱逃的情况，并一再嘱咐我：“他是山西做地下工作的，沿途很辛苦。把床被准备得舒服点，我们要让他好好休息一下。”由于这样，几乎国民党每次抓人都有学生来我家躲避，其中有的人我们根本不认识，只是他们信任佩弦而来的。

（选自《忆佩弦》，载于《新文学史料》1978 年第 1 期，题目为编者加）

八年离乱

陈竹隐

1937年7月7日，抗日战争终于全面爆发了。中国人民经历了八年的艰苦抗战，我们的生活也是颠沛流离、极不安定的，但这却使佩弦更加振奋了，他随着战争的形势而忧喜，表现出崇高的民族气节。

抗战初期，有个名叫“三室三良”的日本文化特务到清华做研究生。这个人时常请客，校长、院长、系主任、知名人士他都请过。每逢请客时，佩弦总是推说有事，一次也不去参加。一天，三室三良又请他，并说：“你哪天没事就哪天请，下礼拜没有事吧？”结果到了请客那天，佩弦找了一辆车，把全家人都拉到大觉寺去看玉兰花了。这样就得罪了这个日本人，后来一个人告诉我说：“竹隐，日本人可注意佩弦了。”北平沦陷后，梅贻琦校长带一些职员南下长沙，不久来电报叫佩弦也去，于是佩弦马上南下了。走的那天，他戴着一副眼镜，提了一个讲课用不显眼的旧皮包，加上他个子也不高，没有引起日本人的注意，总算躲过了日本人的搜查。

佩弦南下到长沙，主持由清华、北大、南开三校组成的“长沙临时大学”中国文学系。此校后又改为“西南联合大学”迁到云南蒙自，以后又迁到昆明。抗战的第二年，我也随清华、北大的一部分家属离开北平南下。

那时日本人的吉普车在城里横冲直撞。在告别北平时，我差一点叫日本人的车撞上，结果我坐的三轮车翻了，车夫受了伤，我的脚也蹩了，我就是一瘸一拐地启程南下的。在南下的船上，我们还遇到日本人的搜查。日本兵把全船的人都轰到甲板上，排成一队，挨个检查。他们认为可疑的人便用装水果的大蒲包把头一裹就拉走，完全不由分说。看着这蛮横的情景，真使人体会到亡国的痛苦。

船快到越南的海防时，又遇到了台风。大风大浪打得船上下颠簸。大家都翻肠倒肚地吐呀，吐呀！放在格子里的暖瓶全被摔碎了，人也根本无法躺在床铺上。我的大女儿在隔壁舱房里边吐边哭喊着："娘啊！我冷啊，冷啊！"而我身边还有两个小孩子，我在舱里死死用两手抓住栏杆，用脚抵住舱壁，挡着两个孩子不让他们掉下来。听着隔壁女儿的哭喊声，我心里真是难受极了。大风浪整整折磨我们一夜，第二天风浪小了，可厨房里的盘碗餐具都打碎了，大家都只好饿肚子。

船到海防靠了岸，佩弦等人都已在那儿焦急地等着我们了。那地方风景可真美呀！到处都是绿树，绿叶中间花儿是那么红，红得艳极了。可那时越南是法国殖民地。这美丽的土地是在殖民主义者铁蹄的践踏下，越南人也饱尝着亡国的痛苦。越南老百姓连房子开个窗户都要经过法国人批准。在码头上，穷苦的搬运工人为了生活拼命地抢着搬行李。在旅馆里，法国有钱的人常常用鞭子抽打这些穷人。佩弦有时见到这情景，便气愤地制止说："你不要抽他，他是中国人！"佩弦还很动感情地对孩子们讲："我们要亡了国，也会像他们那样！"

佩弦的心与抗战的局势是紧紧相连的，他为中国的抗战而振奋。在"七七"抗日战争两周年时，他写了短文《这一天》，热烈地歌颂抗战。他写道："我们惊奇我们也能和东亚的强敌作战，我们也能迅速地现代化，迎头赶上去。世界也刮目相看，东亚病夫居然奋起了，睡狮果然醒了。从前只是一大块沃土、一大盘散沙的死中国，现在是有血有肉的活中国了。"他对抗战抱着极大的希望，他相信中国会有光荣的将来，他认为"新中国在血火中成长了"。他听说共产党收复失地，情绪可高了。佩弦的乐观情绪和自信心与当时的一些失败主义者的表现成了鲜明的对比。

佩弦对当时国民党的“不抵抗主义”和掩盖事实真相的手段很气愤。他曾为《云南日报》写过一篇社论，题目是《新闻用字之巧妙》，抨击所谓“有计划的撤退”的报道。国民党当局把不战就逃跑说成是“我军有计划地撤退转移”，说成是“为了更好地有计划地进攻”，佩弦一针见血地指出这种报道不真实，是国民党封锁消息的手段。

在云南蒙自和昆明的时候，日本飞机常常飞来轰炸，生活也很困难。但佩弦仍是兢兢业业地工作，每天夜里12点钟以后才休息。对学生严格要求，对自己毫不放松。他工作起来乃是说到做到，一点也不容拖延。有一次佩弦得了痢疾，可是他已答应学生第二天上课发作文，于是他便连夜批改学生的文章。我劝他休息，他只是说：“我答应明天发给学生的。”他书桌边放着马桶，整整改了一夜作文，拉了三十多次。天亮后，我看他脸色蜡黄，眼窝凹陷，人都变了相，而他却脸都没洗，提起包就去给学生上课了。抗战胜利后，他病重时还提起这事说：“我的身体不行了，悔不该那次拉痢疾熬夜，使身体太亏了。”

佩弦一辈子做事都是言而有信的。只要是他答应的事，过多长时间他都记得，多么艰苦都要做到，而且大事小事都一样。记得我们刚结婚要回扬州老家时，他对我讲：“回去可得磕头呀！”我便笑着说：“好，到你们家磕头可以，那你到我们家也得磕头呀！”谁知这一句玩笑话佩弦却记了近十年。抗战时我们逃难到成都，他一到我姐姐家，便给祖宗牌位磕头。我姐姐拉他说：“哎呀，不要磕头。你穿的是西装。”佩弦说：“以前说好的要磕头。”他就是这样认真的人。他对教学更是一丝不苟，认真负责，给学生改作文都是字字斟酌的。有一回他给一个学生的文章改了一个字，过后他又把那个学生找来说：“还是用你原来的那个字吧，我想还是那个字好。”

抗战期间，我们辗转搬了几次家，生活很不安定，住房也困难，但无论如何我都要给佩弦安排出一间书房，让他能安心读书、写作，从事他所喜爱的事业。

1940年，国民党的统治更加腐败，物价飞涨，民不聊生，一些人却大发国难财。眼看着生活愈益艰难，没办法，我便带几个孩子回成都了。那时我又怀了小女儿，身体也很不好。一路上不断遇到日本人的飞机轰炸。一天，在快到重庆的路上，忽然飞来大批日寇飞机，一下子天黑暗了。当时，卡车一停，别人都跳下车到路边树下躲了起来。我一个身体不灵活的女人，又拖着一个四岁多、一个六岁多的孩子，怎么下得去呢？孩子们吓得直哭，喊着："妈妈，我们怎么办呢？"我真是万般无奈，只好安慰孩子："不怕，有妈在，他们不敢炸。"幸而那天没扫射，我们才得以活了下来。

佩弦一个人留在昆明，生活贫困，饮食低劣，加上他仍是拼命地工作，就生了胃病，常常呕吐。人也日渐憔悴了，虽然才四十多岁的人，但头发已经见白，简直像个老人了。1942 年冬天是昆明十年来最寒冷的一冬。佩弦的旧皮袍已破烂得不能穿了，他又做不起棉袍，便趁龙头村的"街子"天，买了一件赶牲口人披的便宜的毡披风，出门时穿在身上，睡觉时当褥子盖着，仍旧不断地著书、写文章。

随着形势的紧迫，成都的生活费用也一天天上涨了。成都的穷苦人饿得没有饭吃，只好一群一群地起来"吃大户"。这惨痛的情景给佩弦留下了深刻的印象。在《论吃饭》一文中，佩弦写出了自己对穷苦人的深切同情。这时佩弦的钱要分往昆明、扬州、成都三处花。我们的生活更窘迫了。有时，我只好一天吃两顿饭。但佩弦每次回成都，我都要尽力把生活安排得好一些，饮食调配得可口一些，使他衰弱的身体得到些补养和休息。所以他每次从成都回昆明，同事们都说："朱自清总是很瘦弱地回去，白胖白胖地回来。"听到这样的话，我心里也得到了极大的安慰。1944 年，四川麻疹流行，我的三个孩子都一齐病了，小女儿住了医院。我往来于医院与住家之间，照顾着三个孩子。多亏朋友们的帮助，孩子们才得脱险，我的身体却垮了。佩弦在昆明非常惦念家里的情况，想回成都又没路费。后来还是徐绍谷说："你拿点东西我给你卖了。"结果卖了一个砚台、一幅字帖，朋友们凑了些钱，才买了飞机票回来。那天正是我的生日，见他回来了，心里真是高兴得很。因为孩子病时，他的胃病也犯了，脚都肿了。我想到"男怕穿靴，女怕戴帽"的老话，正放心不下呢！

时局动乱，生活艰苦，但佩弦忍受着病痛和贫困，他认为抗战第一，生活苦一点不要紧。只要抗战胜利，什么问题都可以解决。所以他仍致力于做学问搞创作，埋首研读。这一时期虽然他很少直接参加中国共产党领导的民主运动，但他对于中国共产党领导人民坚决抗战，蒋介石对日妥协退让、积极反共反人民的现实深有感触。高度的正义感，使佩弦断然拒绝了国民党反动派高官厚禄的收买和拉拢，躲开了国民党在昆明的“司令”“要人”的拜访，不与他们同流合污。他在那些趋炎附势、巴结官场的文人面前，在那些对抗战悲观失望的颓废文人面前，高洁地站立着。他已经开始认识到应该选择好道路。他曾对我说：“以后中间路线是没有的，我们总要把路线看清楚，勇敢地向前走去。这不是简单容易的事，我们年纪稍大的人也许走得没有年轻人那么快，但是，就是走得慢，也得走，而且得赶着走。”这是佩弦思想明确转变的初期。

（选自《忆佩弦》，载于《新文学史料》1978 年第 1 期，题目为编者加）

关心国家的命运

陈竹隐

1945 年 8 月，日本帝国主义投降的消息是深夜传到我家的。那天佩弦正在成都，听到鞭炮声才知道我们终于胜利了，他兴奋地走到大街上和老百姓一起狂欢了一夜。回来后，他很担心地对我说："胜利了，可是千万不能起内战。不起内战，国家的经济可以恢复得快一些，老百姓可以少受些罪。"

中国人民经历了千辛万苦的八年抗战生活，多么渴望和平安定啊！但蒋介石却在美帝国主义的支持帮助下发动内战，对人民横征暴敛，对民主运动残酷镇压。1945 年 12 月 1 日，几百名国民党军人和特务用棍棒、短刀、手榴弹镇压要求民主、反对内战的学生，造成了有名的"一二 · 一"惨案。这件事使佩弦进一步认识了国民党的反动面目，他亲自到西南联大的灵堂向死难的四烈士致敬。

1946 年 7 月，李公朴、闻一多先生相继被国民党特务杀害的事实，使佩弦觉醒了。闻一多先生是佩弦多年同事和挚友，闻先生的死使他特别感到悲痛和激动。他大声责问："此成何世界？"他虽已十多年不写新诗了，但为此他写成《挽一多先生》一诗。他热烈地赞颂闻先生"是一团火，照见了魔鬼，烧毁了自己！遗烬里爆出个新中国"！此时佩弦正在成都，他不怕特务要捣乱会场，毅然出席成都各界人士举行的"李闻惨案追悼大会"，并做了报告，介绍了闻一多先生的生平，向国民党提出了抗议。他的报告不但多次博得全场的掌声，而且使听众纷纷落泪。佩弦的强烈的正义感，使他在国民党的迫害面前挺起了胸膛。佩弦在给雷海宗的信中说："一多的事我要负责。要出版他的著作，照顾他的家属。"佩弦并在他最后几年的时间里践行了自己的许诺。

1946年10月，我们全家终于回到了阔别八年的北京。我们是非常喜爱北京的，在城里走一走、看一看，深感战后的残破不堪，穷人更多了。日本人走了，但国民党的宪兵警察却蛮横地欺压老百姓。有一次，我们看到他们殴打抢生意的三轮车夫，这不禁使我们联想到在海防时看到的情景。佩弦很气愤，他便高声地喊："你打他做什么！他是为了生活！"他也常常激动地说："八年沦陷，难道他们还没有吃尽敌人的苦头吗？"

（选自《忆佩弦》，载于《新文学史料》1978年第1期，题目为编者加）

一条路是向下的

陈竹隐

过去也曾经有人几次劝佩弦加入国民党，他都严词拒绝了，后来又有人拿来一张可以成为“特别党证”的党员表让他填，他仍不加入。他向孩子借了通俗的革命宣传的小册子来看，还借来了艾思奇的《大众哲学》看。他也曾多次和进步学生谈话，非常细心地倾听他们的见解。他对解放区作家赵树理“与人民共同生活，打成一片”、为工农兵服务的作品，给予肯定的评价。他的思想在踏踏实实地追求着进步。

抗战胜利后的生活仍是很艰苦的。国民党滥发钞票，物价一日几涨。人民在饥饿和苦难中挣扎，教授阶层的生活也到了山穷水尽的地步。我们家人口多，尤其困难。为了生活，佩弦不得不带着一身重病，拼命多写文章，经常写到深夜，甚至到天明。那时家里一天两顿粗粮，有时为照顾他有胃病，给他做一点细粮，他都从不一个人吃，总要分给孩子们吃。

这期间，佩弦进一步与中间道路划清界限，拒绝了中间刊物《新路》的邀请，并在“知识分子今天的任务”的座谈会上讲道：“知识分子的道路有两条：一条是帮闲帮凶、向上爬，封建社会和资本主义社会都有这种人；一条是向下的。”向下就是向人民大众，他正是沿着这后一条道路前进的。他在许多反对国民党黑暗统治的宣言上签过名。当时，他的病情已经很严重了，呕吐很厉害，体重只有45公斤，医生说应尽快动手术。1948年6月9日，北平的学生举行了“反美扶日”的游行。佩弦以实际行动站在人民一边，他在《抗议美国扶日政策并拒绝领取美援面粉宣言》上签了名。他拒绝了美国侮辱性的施舍，并且让孩子立刻把配给证退了回去。他在日记中写道：“此事每月须损失六百万法币，影响家中甚大，但余仍决定签名。因余等既反美扶日，自应直接由己身做起，此虽只为精神上之抗议，但决不应逃避个人责任。”此时佩弦的身体已很虚弱了，脸色苍白，脊背也更弯了，走路都需扶手杖了。但他的精神是伟大的，他在中华民族的敌人面前傲然挺立着。

这时佩弦仍常常参加各种集会，并发表演说。他要编辑《闻一多全集》，要编写教科书，他要写论白话文的文章，他还要参加招生及学生毕业的各种会议，要与同事们讨论学术问题……有多少他热爱的工作需要他去做呀！但他深感自己已体力不支，深感身体重要。当时他已不能到医院去看病了，大夫来家看病时对他说：“营养全在菜里。”他便认真地遵照医嘱，大口地吃菜。虽然并不爱吃，但他仍是强迫自己吃下去。他在为生命的延续而挣扎着。为了完成《闻一多全集》，他在日日夜夜赶编着。他衰弱的身体已难以支持下去了。我特意在他的书房里支了一个行军床，书桌边放了一个痰盂。他要吐便吐，身体实在支持不住了，便在床上躺一会儿。在他有生之年，终于完成了《闻一多全集》的编辑工作，了结了自己的心愿。

1948年8月4日早晨4点多钟，佩弦突然胃部剧烈疼痛，大口地呕吐。送到北大医院后，医生立刻让他住院，开刀做了手术。我非常着急，痛苦地守候在佩弦的身边。三四天后，佩弦的神志清醒了，在病床上嘱托研究院的试卷请浦江清先生评阅。他还嘱告我：“有件事要记住，我是在拒绝美援面粉的文件上签过名的，我们家以后不买国民党配给的美国面粉。”8月12日，佩弦病情突然恶化，昏迷不醒……他与世长辞了。是被黑暗统治逼死的！是被旧社会杀死的！

13日上午，佩弦的遗体在广济寺下院举行了火葬。我与孩子们都感到无比悲痛，佩弦就这样永远地离开了我们。他的遗骨安葬于北平西郊的万安公墓。

（选自《忆佩弦》，载于《新文学史料》1978 年第 1 期，题目为编者加）

始终不渝的赤子之爱

朱国华 *

1903 年全家定居扬州后，家父特意将自清送到双忠祠小学，因为该校校长李佑青以治学严谨、执教有方闻名遐迩。当时，生额已满，但李先生很欢喜大哥，亲自在课堂前面加放一张板凳，当即收下了这个全班最小的学生。李先生上单级很有本事，在一个课堂中，同时教授一、二、三、四年级的课程，大小学生竟能各得其所、齐头并进。在他的启蒙下，大哥很快成为全级最优秀的学生。在此后的岁月中，大哥始终惦记着这位启蒙老师，每年暑假回扬州，都要去探望李先生并邀他到"绿杨村"品茗小聚、促膝长谈，从嘘寒问暖、谈古论今一直到互相激励、探求人生……李先生曾欣慰地说道："佩弦最重情义，真正是文如其人啊！"

大哥的青年时代，以文会友，与俞平伯、郑振铎、叶圣陶、余冠英等建立了很深的友谊。记得有一年冬天，他回扬州度假，刚踏进家门，便有传呼电话接踵而来：友人请他去茶室小聚、共叙友情。在白马湖时，郑振铎先生更是常客，不仅和大哥推敲诗稿，切磋文学，而且常常饶有兴趣地与先母聊天。记得有一回，郑先生摇头晃脑地背出《红楼梦》中的两句话，"世事洞明皆学问，人情练达即文章"，引得她老人家开怀一笑。一个炎炎夏日，我

* 朱国华，1907 年生，朱自清三弟，江苏扬州人，毕业于厦门大学法律系，曾任无锡地方检察官。

和大哥正在天井里忙着晒书，忽然有客来访，是大哥过去的学生，想托他介绍工作，解决生计。大哥马上合上书箱，亲自沏茶让座，仔细倾听了那位学生的要求，并作了记录。学生一走，自清便端坐桌前，动笔写信，并赶忙上街付邮。在他的帮助下，那位学生终于找到了工作，成为一名教员，摆脱了失业的困窘。

20 世纪初叶，曾是人才辈出的时期，郑振铎、俞平伯、叶圣陶、余冠英……一代学者卓然成家，大哥也以《背影》蜚声文坛。他们相知相交，互相勉励、互相切磋、互相帮助，他们之间只有真诚的心的交流，却从来不懂得妒忌，不懂得倾轧，也不懂得所谓的文人相轻。当时，我家由于祖父失业，家道中落，债台高筑，给自清心中投下了一片阴影。然而，共同的志向、炽热的友谊，使荒芜破落的庭院充满了欢声笑语，洋溢着勃勃生机。

大哥不论是对待师长、对待学生，还是对待朋友，一腔热情，始终不渝。1946 年，闻一多先生死于国民党的枪弹之下，大哥义愤填膺，悲痛不已。他在重病之中承担了《闻一多全集》的主编工作。在此以前，他曾花费了多年心血，准备了很多材料，立志以新的观念编写一部中国文学史。为了亡友的遗著，他毅然放下了自己的书稿，把闻先生的遗作从昆明运到清华园，有些已被水浸过，粘成一块，大哥请人仔细地逐页掀开，为校勘一个字、一条注释，常常四处奔波查考，不肯马虎，他不辞辛劳，以羸弱身躯中的全部心血付给了这项工作。在他的不懈努力下，《闻一多全集》终于出版了。1948 年 7 月 15 日晚，在纪念闻先生遇难两周年大会上，自清以平静的语调向与会者报告了《闻一多全集》的编纂过程。会场上没有灯，只点着蜡烛，挂着长髯飘拂的一多画像。烛光中，人们看到，自清大哥的眼中闪烁着泪光。不久，大哥就远去了，他终于没能完成那部新文学史稿。

大哥曾送我一根榆木手杖，这根平常的手杖却记载了一段难忘的往事。1938 年抗日战争爆发后，他带领清华学生，千里迢迢来到云贵高原创办西南联大。那时，他住在昆明乡下，每天步行十几里路到学校上课。有一次，刚下过雨，大哥一不小心摔倒在泥泞的山路上。一位老农从茅舍中闻声而出，扶起大哥，并请他进屋喝一碗热茶，为他擦拭身上的泥浆。老农关切地说：“先生该买个手杖，走山路就稳当多了。”大哥听从老农的话，果真买了根手杖。1945 年，抗战胜利了，在离开昆明的前夕，他忘不了那位憨厚的农人，又一次来到那所简陋的茅舍，再一次感谢老农，他俩喝着淡淡的清茶，品味着人生的甘苦，依依惜别……

在自清大哥短暂的生命中，充满了爱的阳光——对学生、对友人、对师长、对人民、对祖国。始终不渝的赤子之爱，铸就了他的高尚人格和不朽文章，谱写了他生命的华章。大哥永远活在我心中，永远活在人民心中。

（选自《难以忘怀的往事》，载于《荷塘边的不朽背影：回忆朱自清》，江苏省政协文史资料委员会、扬州市政协文史资料委员会编，中国文史出版社 2019 年版，题目为编者加）

坚持“五四”新文学的方向

朱乔森*

1920年5月，父亲从北京大学毕业。同年11月，“文学研究会”正式成立于北京，他是这个研究会的早期成员之一，并长期参加了它的活动。

这年暑假后，他开始了教书生涯。当时，军阀混战，教育事业凋敝不堪，不少学校竟一连多少个月发不出工资来，教师也备受蔑视。父亲遍尝了“漠视的滋味，感到莫名的孤寂”；他为生活和战乱所迫，有时是由于太认真而同校方意见不合，不得不辗转于江浙一带的扬州、杭州、吴淞、台州、温州、宁波和上虞白马湖之间，在许多学校教过书。虽然如此，他教课却从不马虎凑合，始终“亲切而严格，别致而善诱”，每每讲得满头大汗，并且坚持鼓励学生“多读多作白话文”，因而和同学们建立了十分良好的关系，到处受到学生的挽留。在很多学校，“或是凉风吹拂着的清晨，或是夕阳斜睨着的傍晚，或是灯光荧荧的良夜”，同学们时常找到父亲宿舍里来求教和谈心。正像一位当时的学生回忆的：“他把自己的生命全献给了教育青年的工作。”

就这样，父亲“过了五六年转徙无常的生活”。“转徙无常，诚然算不到好日子，但要说到人生味，怕倒比平平常常时候容易深切地感着。”这“感

* 朱乔森（1933—2002），朱自清三子，著名中共党史专家、学者。曾任中央党校党史教研部常务副主任、教授、博士生导师。

着”的结果便是诗文。他的绝大多数新诗都是这个期间写的，其中包括著名的长诗《毁灭》《赠 A.S.》《送韩伯画往俄国》等。散文《匆匆》《桨声灯影里的秦淮河》《温州的踪迹》等，也在这些年里写成。这些诗文，为“五四”前后开始的我国新文学增添了新的内容，并以其“漂亮和缜密”的文字与结构，尽了对封建的旧文学示威的任务，表明了“旧文学之自以为特长者，白话文学也并非做不到”。

在此期间，父亲曾主张一种“刹那主义”，并表现在他的文学作品中。这不是那种“只求刹那的享乐”的颓废主义，对于当时曾经流行过的这种人生观，他是很不以为然的；他倒是“深感时日匆匆的可惜”，自觉从前只看到了大处、远处，“却忽略了近处、小处”，而“不曾作正经的功夫”，因而主张“第一要使生活的各个过程都有它独立的意义和价值——每一刹那有每一刹那的意义和价值”。“丢去玄言，专崇实际，这便是我所企图的生活。”“我的刹那主义，实在即是平凡主义。”[1] 他的散文诗《匆匆》和长诗《毁灭》，都体现了这种思想。也就是《毁灭》最后所说的：

从此我不再仰眼看青天，
不再低头看白水，
只谨慎着我双双的脚步；
我要一步步踏在泥土上，
打上深深的脚印！
……
别耽搁吧，
走！走！走！

[1] 朱自清 1922 年 11 月 7 日和 1923 年 1 月 13 日给俞平伯的信。

这是不是针对宣传革命理想的先行者呢？当然不是。同一时期，他在南京见到邓中夏后，写了有名的《赠A.S.》，其中热烈地歌颂中夏同志"要建红色的天国在地上"，并且说："你的血加倍的熏灼着，在灰泥里辗转的我，仿佛被焙炙着一般！"对于那种不得不为小家庭奋斗的生活，他是感到羞愧的。但是，在反对说空话、唱高调和主张一种脚踏实地的人生态度时，却忽略了理想的意义和作用，因而，他又"在行为上主张一种日常生活的中和主义"。

1925年，清华学校开始从留美预备班改革成一所大学，设立大学部，特别是增设了学习、研究中国传统文化的课程。这年8月，父亲来北京，开始在清华国文系任教，从此，把研究中国古典文学作了他毕生的事业之一，终于成为有名的学者和教授。

父亲的文学创作也从这时起，进一步转向散文；1928年出版了第一本散文集《背影》，开始成为文坛上著名的散文作家。在他写过的诗歌、小说和散文中，散文的成就最高，影响也最大。他的散文，富有一种"至情和风趣"，[1]"风华从朴素出来，幽默从忠厚出来，腴厚从平淡出来"。[2]而这一切，又是和他的人格分不开的。当我们阅读这些作品时，就仿佛感到一个诚恳、正直、谦虚而又认真的作者站在面前，就仿佛看到他由"狷者"而斗士的坦荡历程。他的作品所以使人感到极其优美，也正是这种小矫饰、小撒谎的朴素自然的美，和经过认真提炼的群众口语谨严质朴的美。他的散文一直保持和发扬了这种特色，因而长期受到广大群众的喜爱。正如李广田同志所说："在当时的作家中，有的从旧垒中来，往往有陈腐气；有的从外国来，往往有太多的洋气，尤其是往往带来了西欧中世纪末的颓废气息。朱先生则不然，他的作品一开始就建立了一种纯正朴实的新鲜作风。"[3]正是这种"纯正

[1] 李广田：《朱自清先生传略》。

[2] 杨振声：《朱自清先生与现代散文》。

[3] 李广田：《〈朱自清选集〉序》。

朴实的新鲜作风”，使他的散文在创建我国民族风格的全新的白话文学的过程中，做出了重要的贡献。

（选自《父亲永远活在我心中》，载于《荷塘边的不朽背影：回忆朱自清》，江苏省政协文史资料委员会、扬州市政协文史资料委员会编，中国文史出版社 2019 年版，题目为编者加）

他看到了力量

朱乔森

1931 年“九一八”事变后，日本帝国主义对中国的侵略步步深入，国民党则步步退让，民族危机又一次笼罩了全国。父亲在伦敦的时候，就和北大校友等在一起多次讨论和交谈过九一八事变后的国内形势，对日本的野蛮侵略和国民党的不抵抗政策深表愤慨。“九一八”后的第三天，他在给母亲陈竹隐的信中说：“阅报知东省事日急，在外国时时想到国家的事，但有什么法子呢？”

民族危机的严重，使中国革命又开始高涨起来。1935 年 12 月 9 日，北平万余学生游行示威，反对日本帝国主义侵略华北，抗议设立变相的伪政权冀察政务委员会，要求“停止一切内战，共同对外”，爆发了震动中国的爱国示威运动。16 日，3 万多学生举行了更大规模的游行示威，“反对华北自治，争取民族解放”，国民党当局竟下令军警“自由行动”，游行队伍和大刀、水龙进行了英勇的搏争。这天，父亲又一次跟学生们一道进城参加了游行。他认定学生的行动是爱国的、正义的，虽然很担心他们流血，仍然真诚地支持他们的行动。

不久，国民党的军警特务到清华进行搜捕，六名同学一整天躲避在他家中。他热爱这些学生，热爱这些爱国青年；并愤于反动当局“对爱国学生之手段，殊过残酷”；抗日战争前和抗战胜利后，曾在自己家里多次掩护过进步学生。

1936年10月，伟大的文学家、思想家和革命家鲁迅先生在上海逝世。清华学生举行追悼会，父亲出席演讲，并于11月16日“进城拜访鲁迅夫人”，进行慰问。次日，他到绥远百灵庙去慰问抗日部队，“对前线抗敌官兵致吾人之赞扬与敬意”；途中，结识了不久成为共产党员的范长江同志。回来后，对母亲说：“看来，这个青年人可能是共产党，他很有见解。中国要强起来，还得靠这样的青年；要这样，才是真有作为的青年！”

12月12日，发生了西安事变。15日，清华举行教授会要求“明令讨伐张学良”。父亲由于不明了事情的真相，曾被推举为通电起草委员会的召集人。当时，他还不了解这个事变是由我党领导的，和它对扭转时局、形成全国抗战局面的伟大意义。

这年，散文集《你我》出版。同时，父亲开始讲授“中国文学批评”课，在他的散文里也出现了文学评论的文章，开始表现了他对文学作品的深邃眼光和分析能力。如论《子夜》，就对茅盾这部名著作了公正、简明而又中肯的评论和介绍，认为它是当时“真能代表时代的”一部长篇文学作品。

1937年7月7日，抗日战争爆发。9月，父亲只身南下，经天津、青岛、济南、武汉，于10月4日到达清华、北大、南开合并组成的长沙临时大学，任临大中文系主任。11月，到临大文学院所在的南岳，1938年春，又迁至云南蒙自；临大改为西南联合大学后，才与不久前赶来的夫人、孩子一同移居昆明。这期间，他辗转万里，颠沛流离，生活极不安定，但却非常兴奋，因为中国终于抗战了。“七七”抗战两周年的时候，他写了短文《这一天》，热烈地歌颂抗战。其中说：“东亚病夫居然奋起了，睡狮果然醒了。从前只是一大块沃土，一大盘散沙的死中国，现在是有血有肉的活中国了。从前中国在若有若无之间，现在确乎是有了。……我们不但有光荣的古代，而且有光荣的现代；不但有光荣的现代，而且有光荣的将来无穷的世代，新中国在血火中成长了。”在人民的奋起中，他看到了力量！他对祖国的前途，抗战的前途，充满了信心。

（选自《父亲永远活在我心中》，载于《荷塘边的不朽背影：回忆朱自清》，江苏省政协文史资料委员会、扬州市政协文史资料委员会编，中国文史出版社 2019 年版，题目为编者加）

在困苦中著述

朱乔森

生活的困苦和极不安定非但没有阻滞父亲的学术研究和文学创作，20 世纪 40 年代以后到抗日战争胜利的那几年，倒是他将多年的研究心得加以整理并取得丰硕成果的时候。

父亲一贯对人对事非常认真，对学术研究更是如此，他要求自己不断有新的研究成果，在此基础上，每隔两三年甚至每年都要开设新的课程。他初到清华时讲授李杜诗和国文基础课，1929 年就开设了“中国新文学研究”和“中国歌谣”两门崭新的课程，“在当时保守的中国文学系课程表上，很显得突出而新鲜，引起学生浓厚的兴趣”。以后又陆续开设了“古今诗选”“陶诗”“李贺诗”“中国文学批评”“宋诗”“文辞研究”“谢灵运诗”等许多新课。“文辞研究”这门课是 1942 年开设的，“当时听课的只有两名学生”，但父亲仍按时上讲堂，在黑板上认真写笔记，如同对着许多听众一样，使学生深为感动。

为了教好中国古典诗词，父亲认为自己必须要能写好旧体诗词。作为了解、研究古代诗词的一种方法，他从逐句换字的模拟入手，逐渐在这方面取得了很深的功力和造诣；特别是抗日战争以后，写了许多清新朴素、自成一格的旧体诗。这些诗词，收入他后来自题的《敝帚集》和《犹贤博弈斋诗钞》中。40 年代初，他又写完了《诗言志辨》一书。这是他多年来研究我国古代诗歌的结晶，其中，对有关古代诗歌的一些基本概念作出了新的、正确的解释，廓清了过去许多错误的观念。

同时，父亲将他多年来研究我国古代典籍的心得加以综合整理，写成了《经典常谈》一书。这是概括而又比较系统地介绍我国传统文化的一个尝试。它力求采择新的观点，又力求通俗化，为青年和一般读者了解我国传统文化提供了便利。

他又与老友叶圣陶合作，将他们多年从事中国语文教学的经验加以整理，写成了《精读指导举隅》《略读指导举隅》和《国文教学》等三本书。1941年以后，他重新研究新诗，1944年又写成了《新诗杂话》一书。

父亲这个时期的散文，不但在艺术风格上继续发扬了过去的特色，在内容上，在反映时代上，较之过去也前进了一步。如同他在《语文影及其他》一书自序中所讲的："这个世纪的20年代，承接着第一次世界大战，正是玩世主义盛行的时候，也正是作者的青年时代，作者大概很受了些《语丝》的影响。但是30年代渐渐的变了，40年代更大变了，时代越来越沉重，简直压得人喘不过气，哪里还会再有什么闲情逸致呢！"他一直是爱国的，热烈期望着"一个理想的完美的中国"。"可是理想上虽然完美，事实上不免破烂；所以作者彷徨自问，怎样爱它呢？真的，民国革命以来，特别是'九一八'以来，我们都在这般彷徨的自问着——我们终于抗战了？"这是说闻一多先生的，也是说他自己。是的，在抗战中，他们进一步认识了时代，发现了"大众的力量的强人"，因而使自己的作品采取了更严肃的态度，并开始自觉地"诉诸大众"，面向大众。他们前进了！

（选自《父亲永远活在我心中》，载于《荷塘边的不朽背影：回忆朱自清》，江苏省政协文史资料委员会、扬州市政协文史资料委员会编，中国文史出版社2019年版，题目为编者加）

在李、闻被害的日子里

朱乔森

1945 年 8 月 15 日，父亲在成都听到了日本投降的消息。他兴奋地走上大街，和老百姓一起狂欢了一整夜，回到家里，却心情沉重地对母亲说：“胜利了，可千万不能起内战。不起内战，国家的经济可以恢复得快点，老百姓可以少受些罪。”

但是，美国政府帮助蒋介石发动内战，很快就把这点希望也打碎了。几个月之后，国民党军警特务就在昆明惨杀了要求民主、反对内战的学生，制造了震惊全国的“一二 · 一”惨案，父亲“悲愤不已”，“肃穆静坐二小时余”，深自谴责过去的错误的认识和习惯；并亲往西南联大图书馆灵堂，向死难的四烈士表示诚挚的哀悼和敬意。

1946 年 6 月，父亲最后一次到成都，准备举家迁回北平。这时候，又传来了李公朴、闻一多相继被国民党特务暗杀的消息。闻一多和他虽然说不上是挚友，但他了解闻先生是一个爱国诗人、学者和勇猛的民主战士。闻先生的死，特别使他悲愤和激动。他在日记中写道：“此诚惨绝人寰之事：自李公朴被刺后，余即时时为一多之安全担心，但绝未想到发生如此之突然与手段如此之卑鄙！此成何世界！”他接连写了两篇悼念文章，介绍了闻一多在学术上的成就，指出“他要的是热情，是力量，是火一样的生命”，可是竟在不满 48 岁的年纪，

“惨死在那卑鄙恶毒的枪下”！“唉！他是个甘心的，我们也是不甘心的！”[1]最后这句话一再被写进父亲当时和后来的文章，说明他已经下了同反动法西斯统治作斗争的决心。

他已经20年不写新诗了，强烈的愤慨使他又拿起笔来写了一首。这首诗歌颂闻先生是“一团火”，“照彻了深渊”“照见了魔鬼”的火；相信在这火的“遗烬里”，必将“爆出个新中国”！

8月18日，成都各界人士举行李、闻惨案追悼大会。事先就传闻特务要捣乱会场，许多人不敢参加了。父亲毅然出席大会做报告，介绍闻先生的生平业绩，正面向国民党提出抗议。这个悲愤、真挚的报告，深深地打动了听众，全场多次鼓掌，许多人都被感动得落泪了。

（选自《父亲永远活在我心中》，载于《荷塘边的不朽背影：回忆朱自清》，江苏省政协文史资料委员会、扬州市政协文史资料委员会编，中国文史出版社2019年版，题目为编者加）

[1] 朱自清：《中国学术的大损失——悼闻一多先生》。

做这时代的人

朱维之*

抗战兴军之后，敌人的炮火把他逼出了象牙之塔，离开了清静的清华园，而漂泊在西南天地间。从此他胃病加深，胖胖的身体渐次瘦削；但他认真、诚挚的心，却有加无减，服务别人的精神，也更加显示得明白了。在肉体方面虽然是辛苦备尝，终于积成不治的病症；但在思想方面反而扩大了，前进了。他的视野从此扩展得很广，因为在抗战的大洪流中接触到广大的民众和实际的社会，并且过着民众的生活，领受人民的心声，于是他的文学观点也转移了一个很大角度。

佩弦先生决不是赶时髦，人云亦云地去学作民主八股，革命试帖。他的转移是由于诚挚的努力。他一向是"谨慎着双双的脚步，一步步踏在泥土上，打上了深深的脚印"的。他说:"知识阶级的文人如果能够自觉地努力发现下去，再多扩大些，再多认识些，再多表现、传达或暴露些，那么他们会渐渐地，终于无形地参加政治社会的改革的。那时他就确实站在人民的立场，做

* 朱维之（1905—1999），浙江苍南人，著名学者、作家、翻译家、教育家。1928 年翻译出版爱尔兰作家叶芝的诗剧《心所向往的国土》。1930 年赴日本中央大学和早稻田大学学习，回国后曾任沪江大学中文系教授、系主任。新中国成立后任南开大学教授、中文系主任，相继翻译弥尔顿三大诗作《复乐园》《失乐园》《斗士参孙》。皇皇巨著《失乐园》凡十二卷，一万多行，是国内最早一部，也是迄今唯一的一部全译本。

这个时代的人才了。”这是他自然地觉醒。“虽然这迟迟的行步，不称那迢迢无尽的途径，但现在的平常而渺小的我，只看到一个个分明的脚步。”

他做了“这时代的人”以后，更能领导青年。但他觉得自己的脚步太慢了，愿意和青年共同生活，向青年学习。他自己从青年时代起就为人师，晚年却转而以青年为师，更求猛进，这精神是值得一切为人师者学习的。

（选自《向佩弦先生学习》，载于《荷塘边的不朽背影：回忆朱自清》，江苏省政协文史资料委员会、扬州市政协文史资料委员会编，中国文史出版社 2019 年版，题目为编者加）

走出书斋

刘北汜 *

朱自清先生是在抗战爆发后，离开北平南下，于1938年间经滇越铁路到达云南的蒙自，停留一些日子之后，于同年9月间携眷迁到昆明的。

朱先生一家在昆明最初住在哪里，我不清楚。我1939年间第一次看见朱先生之后，才听同学说，朱先生一家住在昆明北郊的黎院村，是不久前才搬去的。

这时，抗日战争已开始进入第四个年头。由于沿海和津浦、平汉两路沿线许多大城市的沦陷，很多著名文学教授、作家、诗人、戏剧家等文艺界人士，纷纷迁来昆明。到了桂林沦陷，撤退到昆明的文艺界人士就更多了。我能记起的，朱自清先生以外，就有闻一多、杨振声、冯至、沈从文、卞之琳、李广田、张光年、赵沨、高寒、魏猛克、李何林、石凌鹤、曹禺、凤子、孙毓棠、韩北屏、施蛰存、穆木天、彭慧、雷石榆、李长之、常任侠、方敬、吕剑、魏荒弩、刘澍德等人，有的在西南联大、云南大学教书，有的编报纸副刊，有的做其他工作。有事到昆明、住过一个短时期的有巴金、萧

* 刘北汜（1917—1995），原名刘惠民，吉林延吉人。作家、历史学家。1939年进入西南联大历史系学习并开始创作。抗战胜利后，任上海《大公报》编辑，主编《文艺副刊》。新中国成立后任故宫博物院研究室主任、北京史研究会副会长等职。

乾、钱锺书、田汉、安娥、老舍、周钢鸣、孟超、章泯、洪道、金克木等。

文艺界人士的大量增加，昆明的文艺活动也随着活跃起来。1938 年 8 月，成立了中华全国文艺界抗敌协会昆明分会，朱自清、杨振声、高寒、穆木天、徐嘉瑞、彭慧等当选为理事。

文协昆明分会成立后，出版了 32 开本的《文化岗位》月刊，作为分会的会刊。1941 年 2 月，改出 16 开本的《西南文艺》。巴金在昆明写出的长篇小说《火》四到七章的第五章，就发表在《西南文艺》创刊号上。巴金的散文《废园外》，发表在时隔近一年才出版、改为 32 开本的《西南文艺》第二期上。《西南文艺》只出了这两期，就因为经费没有着落、印刷困难、出版费用高涨而停刊，但分会的其他活动，在分会成立之初，还是比较活跃的：办过文学讲习班，召开过座谈会、研究会，讨论有关抗战文艺的问题；办过画展；为前线战士募集寒衣；鲁迅逝世三周年时，开过纪念会、鲁迅著作展览会；办过音乐演奏会，募款援助贫病作家；开过诗歌座谈会和朗诵会。一时，昆明文艺界很活跃了一些日子。

1941 年初皖南事变后，文协昆明分会的活动被迫停顿了一个时期，直到 1944 年 5 月以后，分会增选了张光年、李何林、李广田、赵沨、石凌鹤、吴晗等人为理事，分会的活动才又重新活跃起来。

朱自清先生是中华全国文艺界抗敌协会总会理事，又是昆明分会理事，他在昆明居住期间，除了在联大教书以外，分会组织的不少活动他都参加了，甚至远距昆明百里外的晋宁昆华师范学校请他对全校师生演讲新诗，他也欣然前往，会后部分师生举行的文艺座谈会，他也参加。他已不再单纯埋头做学问，而是逐步走出书斋，离开正统的大学中文系课堂，转向社会，转向群众性的文艺活动中。西南联大一些爱好文学的同学组织的冬青文艺社、新诗社，云南大学以及一些中学同学举办文艺座谈会、演讲会、文艺晚会，甚至文艺以外的集会，只要邀请到他，他大都应邀参加，直率地讲出他对一些问题的看法。1944 年秋，在西南联大学生饭厅举行的一次文艺晚会上，朱自清先生还亲自参加了诗朗诵，朗诵了田间的《自由向我们来了》。也在同一次晚会上，闻一多朗诵了艾青的《大堰河——我的保姆》，张光年（光未然）朗诵了他自己的诗作《民主在欧洲旅行》。

朱自清先生是五四时期的著名诗人和散文作家。他以多病之身，在教学、写作以外，又参与了这么多的社会活动，是十分难能可贵的。

（选自《忆朱自清先生》，载于《荷塘边的不朽背影：回忆朱自清》，江苏省政协文史资料委员会、扬州市政协文史资料委员会编，中国文史出版社 2019 年版，题目为编者加）

万里入滇

李为扬*

1937年夏，卢沟桥事变突起，全面抗日战争爆发，我正处在毕业班，9月，清华、北大、南开三校会合起来，先迁到湖南长沙，成立“国立长沙临时大学”，借小吴门外韭菜园一号圣经学院旧址，临时上课，1938年春节后，战局吃紧，三校决定西迁云南，成立“国立西南联合大学”，由于校舍一时不能解决，理、工学院先到昆明，文、法学院暂迁蒙自；候昆明房舍建成后，蒙自师生再迁昆明，作为一位正直爱国教授的朱自清先生，不甘心当亡国奴，家眷留在北京，他只身一人随校迁徙，和清华师生一道共同跋涉万里征途。

1938年2月，迁校“大军”南下了。当时交通情况是：粤汉铁路刚建成不久，纵贯我国南北交通的大动脉才形成，西南各省主要仍靠公路。因此迁校的行进路线，决定“兵”分两路：一路是走“陆路”，组织“国立长沙临时大学湘黔滇旅行团”，沿湘黔公路和滇黔公路，步行入滇。另一路走“海路”，我属于此路。

朱自清先生等几位教授，则乘长途汽车经桂林、柳州、南宁，出镇南关到越南河内，转乘海防来车入滇。当他们所乘汽车经过广西边城凭祥时，因

---

* 李为扬，江苏文史馆馆员、扬州清华大学同学会名誉会长。

城门太窄，恰巧冯友兰先生将胳臂横搁在车上，不料被城门一撞，受伤骨折，只好留在河内治疗。朱自清先生便留下照顾。三周以后，冯先生的弟弟赶来替换，朱自清先生才到云南。朱自清先生和我都是 4 月份最先到达蒙自的。蒙自文法学院暂称“西南联大分校”，校本部则设在昆明，我和朱自清先生又在分校重逢了。

我们到蒙自后，受到地方政府和李县长热情欢迎和协助。他们特地把过去海关一带旧址拨给我们。原来蒙自海关、法国领事馆、法国东方汇理银行，毗邻而建，联成一片。蒙自商业萧条后，海关、领事馆关闭，银行停业，当地居民对这一带则统称为“海关”，正好拨给我们作为分校校部、教室、图书馆等用途。

蒙自地方绅士对分校赞助支援，亦极具盛情，纷纷让出房屋一两间，提供应用。

（选自《我和朱自清先生交往的点滴回忆》，载于《荷塘边的不朽背影：回忆朱自清》，江苏省政协文史资料委员会、扬州市政协文史资料委员会编，中国文史出版社 2019 年版，题目为编者加）

中间路线是没有的

李为扬

大约是1946年底，我听到一个消息，说是闻一多先生的遗稿在从昆明运回北平途中，箱子进了水，受到损失。我作为教育记者，当然关心这件事，骑上自行车便出城到清华园北院16号访问朱自清老师，想探听一个究竟，在报纸上报道一下。

朱自清老师是清华大学中国文学系主任，和闻一多先生是亲密的同事，又于1946年11月被清华大学校长梅贻琦聘请为“整理闻一多先生遗著委员会”的召集人，对这件事一定清楚。见面后，我一问，他果然十分了解情况，说是装遗著稿件的箱子运到北平以后，确实发现途中进了水，稿子发霉，有些已揭不开了。委员会发现了这种情况，认为让外行人乱揭怕揭得面目全非，于是请了专门的人来揭，虽然有的揭破了一些，但重要的稿件都还比较完整无缺，即使有些水渍斑点，并不妨碍整理工作。朱自清老师深情地说：“闻一多先生的手稿都用工楷写成，内容非常丰富，见解尤其新颖。学术价值很高，是国家的宝贵财产；现在全部遗著都由我亲自保管。这一段时间，我把手稿仔细地阅读了一遍，真有点如入宝山的感觉。为了便于整理，我已经拟好了一个目，供委员会讨论。”

我们的话题自然转到闻一多先生的死。朱自清老师说，1946年6月，西南联大正式解散，分别恢复为北大、清华、南开三校以后，他本来准备回北平的。可是，他的住在成都的夫人陈竹隐女士因心脏病住院，他得知消息后，便由昆明赶到成都探视。就在他离开昆明期间，全面内战爆发，昆明形势紧张，国民党特务向反对内战的民主人士下了毒手。先是中国民主同盟云南分部负责人之一的李公朴于 7 月 11 日被特务暗杀，仅隔四天，即 7 月 15 日，闻一多先生也倒在了特务的枪口之下，壮烈牺牲。朱自清先生是在成都报纸上得知这一噩耗的，当时惊呆了，万分悲痛。朱自清老师心情沉重地说："李公朴先生被暗杀以后，我就有点提心吊胆，担心闻一多先生的安全。因为他也是民主同盟云南分部的负责人，但是我没有想到事情会发生得这么快，手段又是这么卑鄙无耻。闻一多先生的牺牲，是民主主义运动的巨大损失，又是中国学术界的巨大损失，使我们每一个善良的人都要好好想一想：这是为什么？从我得知闻一多先生牺牲那时起，我就有一个迫切的愿望，把他的遗著编辑出版，这是最好的纪念。"

转过年来，大约是 1947 年 4 月，我接到电话邀请，到清华大学参加一个名叫"诗与歌"的晚会。在会上，意外地见到了朱自清老师，而且听了他作的《闻一多先生和诗》的讲演。他热情称赞闻一多先生为"爱国新诗人"，详细介绍了闻一多先生对诗歌创作的伟大成就和理论主张，强调诗人应该成为人民大众的号手。他的讲演受到与会同学的热烈欢迎，掌声持续了好几分钟。

散会后，我和朱自清老师一起走出会场，想跟他商量一下暑假过后复学的事，他感慨地说："抗战胜利以后，我以为人民的生活应该过好，内战也应该不打，可是，我过于乐观了；现在，时局比闻一多先生牺牲时还要糟，物价一天涨几次，特务到处抓人，内战越打越凶，看来，中间路线是没有的，只有以闻一多先生为榜样，用不怕烧毁自己的精神去斗争，才能实现一个美好的世界。"接着，他的话题一转，替我设身处地想了个主意，"你虽然在报社工作，也不会有多少钱能存下来的，跟去年一样，生活困难问题还是解决不了。我现在赞成你半工半读了，不过，一年的学分可以分两年念，上课的时间少了一半，你便有多一点时间工作了。"我听了，高兴地说："朱老师，你这个主意真好！我还为这事发愁呢！”就这样，我决定 1947 年暑假后复学，把毕业年限由 1948 年延长到 1949 年。

（选自《我和朱自清先生交往的点滴回忆》，载于《荷塘边的不朽背影：回忆朱自清》，江苏省政协文史资料委员会、扬州市政协文史资料委员会编，中国文史出版社 2019 年版，题目为编者加）

第三章
张伯苓：有一天中国，便有一天南开

悲甲午之痛，誓言弃武从教

张锡祚 *

清室大臣李鸿章，因对外军事、外交的屡次失败，为挽救当时国家颓势，乃在天津成立北洋水师学堂，建立中国的海军基础。这个水师学堂，请的是洋教授，教的是新学，用的是洋文，念的是洋书，开洋船，使洋枪、洋炮，总之，到这里来上学，叫作上洋学。当时一般人的思想还不大开通，清政府为了多招学生起见，不但学费全免，管穿管吃管住，而且每月津贴每人白银四两五钱。先生不满 14 岁时，考入了北洋水师学堂，在校五年，学习驾驶，每次考试，都是名列第一。那时，因久庵公年事日衰，生计越感艰难，先生一方面要念书，一方面还要依靠津贴来养家，其负担是不轻的。

光绪二十年甲午（1894 年），先生以优等第一的名次，毕业于北洋水师学堂。时值朝鲜东学党之变，清政府出兵平乱，日本也乘机出兵寻衅，遂引起中日甲午战争。战事既起，清政府的海陆军全部被击溃，清政府又急调北洋水师增援，先生参与了这一战役。第一艘兵船才出海，就被日舰击沉。消息传来，我全家大惊，久庵公为此茶饭不思，后来听说议和了，先生也满怀激愤地返师归来，全家惊惧心情虽得稍安，但先生的爱国赤诚却受到第一次

* 张锡祚（1908—1963），张伯苓三子，天津人。毕业于南开大学，曾任天津文教工业公司财务科科长，1949 年后在天津财务学校从事教学工作。

打击，时年方 19 岁。

是年冬，娶宜兴埠安氏女。原来安氏女素患痨疾，病已垂危，安家为了冲喜，急于将女儿带病嫁出，进门来才五天就去世了。当时我家本已十分窘困，偏偏又增添了这一娶、一葬之累，旧时陋习，实属害人匪浅。转年来，先生奉派到通济轮上实习。这年又续娶王夫人，夫人生性勤劳，好整洁，对先生也深相器重，一生情好无间。

光绪二十三年（1897 年），承甲午败绩，国事日颓，英、德、法、俄、日等帝国主义列强，纷纷染指亚洲大陆，妄想瓜分中国，于是德、法、俄等先后强租了我国的胶州湾、广州湾和旅顺大连，又割台湾，让朝鲜给日本。英帝国则借口利益均沾，除强租我九龙之外，还要强租我威海卫。唯威海卫因甲午战败，已被日本占据，英帝乃约集其他各列强，强制日本先将威海卫交还中国，再由中国转租给英国。帝国主义强盗的协议既成，清廷乃派大员乘通济轮去山东，办理接收和转租手续，先生也随轮前往。船到威海卫的头一天，降下日本的太阳旗，升起中国的青龙旗；第二天，降下中国的青龙旗，升起英国的帝国旗。先生亲身参与了这一丧权辱国的接收和转让的仪式，真使他目击心伤，悲愤欲绝。

先生随通济轮自山东归来后，纵观当时世界大事，深深认识到祖国若不力图自强，就无有自存之道，然而国事日非，也绝非一人之力、一事之功所能挽其危亡。我国人口有四亿五千万，但深病于“愚”、于“私”，纵然有广土众民，唯不去掉“愚”“私”，依然会受欺侮。今日要复兴中国，百年大计，在于创办新学，培植新人，非如此，“愚”“私”不能去也。于是，先生下定决心，毅然退役于海军，转而献身于教育事业，立下了兴办新学、复兴祖国的宏愿。

那时，天津有一位严范孙先生，名修，是清末翰林，道德学问颇为时人所景仰。戊戌变法前，曾任贵州学政，政绩斐然，以奏请废科举，开经济特科，闻名于时。政变后，辞官退隐家居，素慕先生之名，特设塾馆，礼聘先生，以新学教授严家子弟，是为严馆。先生平素敬重严先生之为人，视严先生为师，严先生也待先生如友，宾主之间，志同道合。从此，为南开学校之创办奠定了基石。严馆自光绪二十四年（1898年）起，到光绪三十年（1904年）南开学校成立，这六年的期间，是南开的胚胎时期。

那时，先生因积劳罹伤寒疾，病愈后又复发两次，后虽好转，唯身体虚弱乏力，久庵公曾劝先生吸食鸦片烟，以提神补气。三个月之后，先生体力康复，断然禁绝吸食鸦片，其果决坚强之处，实非常人所能及。先生的伤寒病刚好，适值义和团变起，八国联军于庚子年阴历六月十八日，攻破天津县城，侵略军兽性发作，肆行烧杀抢掠，城门内外，死人遍地。先生侍奉着年迈的父母，率领着幼弱的弟妹，王夫人怀抱着一子一女，全家徒步逃往严宅避难。由于先生能通晓外语，遂留在严宅，支应寇兵的骚扰。直到北京议和，天津出榜安民，秩序才逐渐恢复起来。城陷时期，因死人太多，掩埋不及，曝尸日久，引起痨疫流行，先生全家先后均染上了瘟疫。痨疫流行初时，还能请得到医生，买得到药，到仲述叔染病时，就只能煎服久庵公的剩余药渣，幸尚痊愈。王夫人所生之一子一女才四五岁，后来也传染上瘟疫，卒以无医无药，均不幸先后死去。

变乱的次年，天津邑绅王奎章先生也设馆延请先生教授他家子弟，是为王馆。王氏本为天津盐商，即所谓益德王家。这时，严、王两馆共有学生十余人，先生分在上下午两处授课，这是南开中学的前身。

（选自《张伯苓先生传略》，载于《天津文史资料选辑》第8辑，天津市文史资料委员会编，题目为编者加）

南开兴学，蒸蒸日上

张锡祚

光绪二十九年（1903 年），先生与严范孙先生东游日本，参观博览会，同时考察该国的教育发展情况。先生和严范孙先生回国后，一致认为：要想富强中国，必先兴办学校，推广新学，启发民智，建设国家，遂决心创办中学。

光绪三十年（1904 年）秋，先生合并了严、王两馆，借用严宅偏院，辟住宅为教室，办起中学。当年招收学生 70 余人，初名“私立中学堂”，后改名“敬业中学堂”，次年又改称“私立第一中学堂”。经费由严、王两家拨助。中学之外，为培植师资人才，又设立师范班。两年以后，师范班学生毕业，学校从中挑选成绩优秀者四人，资送日本深造，为学校未来的发展做准备。光绪三十二年（1906 年），邑绅郑菊如先生捐助地名南开的空地（坐落在天津城西南）十余亩，作为扩建中学之用。后由严、王二氏，及徐菊人（世昌）、卢木斋、严子均几位先生，共襄义举，集银二万六千两，建起新校舍，因地处南开，故改“私立第一中学堂”为“南开中学”。转年，复得袁慰亭先生捐助，又修建了一座礼堂。到此，南开中学已粗具规模。

先生既决心献身于教育事业，曾对王夫人说道：“现在我决心终身从事教育事业，办教育是清苦事，事繁而收入少，家务之事，你能相助吗？”王夫人坚毅地答说：“你能为国为民，办此大事，我岂不能克勤克俭地持家吗？

不必担心。”先生得以专心从事教育事业达50年之久，夫人是颇著劳绩的。

南开中学建立后，以倡办新学，很有成效，一时社会上热心教育人士纷纷解囊捐助，因此，校舍得年年扩建，学生也年年增多。光绪三十四年（1908年），先生被推举为直隶省代表，去美国参观渔业博览会，同时参观美国教育的兴办情况；后又便道赴欧，考察欧洲各国教育发展情况，次年回国。

同年冬，久庵公逝世，先生哀痛倍加。久庵公因一生困顿，很想借先生的将来，一伸自己的平生志愿，所以对先生的爱抚、教诲，不遗余力，有关人生处世之道，对先生指点尤多，常说：“人越是在倒霉的时候，越要勤剃头打辫。”先生平生也常引用这句话来鼓励自己，在遇到任何困难或挫折时，从来不气馁。久庵公的教育方法是：重实践，贵启发；循循善诱。先生的一生，受到久庵公的教导和影响之处为最多。

宣统三年（1911年），天津提学使傅沅叔饬令将天津客籍学堂和长芦中学堂，并入南开中学。原来两学堂的经费，每年白银8000两，也一并拨归南开中学支用，校名改为“公立南开中学堂”。同年，先生的好友范静生出任北京清华学校总办，约请先生兼任该校的教务长。先生到任后，对清华学生的课业多有改革，深为该校的一些外籍教师所敬佩。半年后，先生为专心致力于南开教育，乃辞职回津。是年九月间（阴历）武昌起义，学生纷纷请假回家，学校课业因此停顿。1912年，民国建立，颁布改元，采用公历，时乃旧历正月十三日，恰好是公历3月1日，而3月2日，天津发生了兵变，到4月里，变乱平定后，南开才得开学。学校经费，月需银币1060元，由学务公所补助，学校还规定了每年10月17日，为南开中学的校庆日。

民国3年（1914年），直隶省工业专门和北洋法政两校的附设中学班，同时并入了南开中学，于是学校经费又有增加，校舍又有扩建。是年，先生兼任北洋女子师范校长。民国6年（1917年），先生鉴于中学既已建立，并且逐渐有所发展，遂下定决心，创办大学教育。以前曾试办过专科学校和高等师范班，均因种种困难而暂时停办。先生为进一步研究大学教育，乃第二次去美国，入哥伦比亚大学师范班。同时，遍游美国各地，考察美国各私立大学的组织和设施。翌年冬，先生回国后，就开始筹备大学部。民国8年（1919年），北京各学校爱国师生，发起了五四运动，天津各校学生纷纷响应，其中以南开中学学生和先进的教职员为主干，组织请愿和游行示威。那时的天津警察厅长杨以德，竟派军警围捕请愿的代表，拘捕示威的爱国群众。南开中学的学生周恩来、马骏等和教师时子周、马千里等四十余人被捕，后经先生设法营救，才获得释放。

就在这年的秋天，南开中学校舍之旁建起了一座楼房，随即聘请教授，招收学生百余人，设文、理、商三科，是为南开大学的雏形。那时，江苏督军李纯（字秀山，天津人），久慕故乡南开学校之名，后因病笃，遗嘱以家产之四分之一（折合当时银币50万元）捐赠给南开大学。先生得此巨款，即在天津城南八里台附近购地四百余亩，建造大学校舍，两年后落成，南开大学乃迁入八里台新校址。继李纯督军之后，响应捐款的社会名流，大有人在，李组绅先生捐助矿科常年经费，袁述之先生捐助建筑资金。即便异邦人士，闻名捐款者也颇不乏人。秀山堂、思源堂等之命名，皆为纪念捐资助学的诸位先生。

民国12年（1923年），先生应社会人士之要求，增设南开中学女中部，在中学附近，租用民房一所，招收女生七十余人。二年后，又经各方人士捐助，在男中部操场之南，购地十亩，建筑了女中部新校舍。

民国16年（1927年），先生鉴于东北各省蕴藏丰富，而东邻日本谋我甚急，于是在校内组织东北研究会，先生并亲去东北黑龙江考察，回来又组织东北考察团，到东北做实地调查，搜集资料，编写教材，作为中学部的地理课本。为此，深遭日本人的嫉恨。后来，1937年7月28日的天津事变，南开学校惨遭日寇炮火轰击，被夷为废墟，实肇因于此。

民国17年（1928年），又成立了南开小学。同年冬，先生第三次出国考察教育，周游世界，环绕地球一周。所到之处，深受热烈欢迎，留学各国的南开校友，也都分别远道赶来，与先生欢聚，无论到哪里，都能看到南开的学生。先生最爱学生，爱青年人，他常说：“我看见了青年人，就忘记了自己的老了。”这一年，先生得卢木斋先生资助，修建了一幢规模宏大的图书馆，可供藏书30万册，命名为木斋图书馆，以资纪念。

民国18年（1929年）严范孙先生逝世，享年70岁。严先生虽然生当清季，唯其思想之开明，迥非常人所能及。时先生在美未归，惊闻噩耗，倍感伤痛，盖先生受严老人格道德熏陶之处甚多。那时奉军少帅张学良，敬礼社会贤达，与先生颇有交往。张学良在沈阳设立东北大学，规模很大，聘请先生为董事。先生推荐东北籍学生宁恩承君为该校秘书长。又派专人去东北，对东北大学之校务整顿，多所擘划。张学良氏也虑及南开大学经费支绌，特捐助20万元，南开学校因此得力不少。

民国19年（1930年），在女中部对面，购地十亩，起建小学部校舍。到此，南开学校的大学部、男中部、女中部和小学部，全部建成，规模齐备。各方社会人士，慕名捐助者更多，如陈芝琴先生捐建南开大学女生宿舍楼；章瑞亭先生捐建南开中学部礼堂；还有傅宜生（作义）先生将小站营田一千顷，拨归南大经租，所有租金，作为南大常年经费。这时，南开中学部由于连年购地扩建，中间又开辟了大运动场，连接着女中部，对面又设立了小学部，校舍绵延达一里，蔚然成为一片文化区。大学部自校门起，大道笔直，两旁绿树成荫，曲池芳荷，红楼相望，已成为津南的风景区了。先生平生殚精竭虑，为祖国之复兴，创办南开学校，培植人才，到此，已初见成效。平居时常对我们说：“我死后，一定要葬在南开大学，我永远看着南开学校的存在和发展。”

（选自《张伯苓先生传略》，载于《天津文史资料选辑》第8辑，天津市文史资料委员会编，题目为编者加）

在抗战的疾风骤雨中

张锡祚

民国 20 年（1931 年）9 月 18 日，日本侵略者在东北发动了事变，进占了沈阳，不久日军又北上，攻陷了吉林，吞占了黑龙江。继而寇军占锦州，侵山海关，犯热河，于是我东北大好河山，全部沦为敌有。日寇掠夺东北得逞后，进而窥伺华北，经常在天津编组便衣队，用以滋事骚乱。那时，日本租界里的海光寺兵营，正处在南开大学部和中学部的中间，日本侵略者常常以军事演习为名，越出租界，一直跑进南开学校来打靶，对准教室楼架设机关枪，肆行寻衅，制造骚乱。南开师生早已识破日寇的伎俩，置之不理，照常上课，日寇虽恨之入骨，也无可奈何！

南开学校虽处在疾风阵雨之中，但仍然在不遗余力地发展着。是年，大学设工科和化学工程、电机工程两系。为了进一步提高学术研究，又增设经济研究所和化学研究所。

民国 23 年（1934 年）是先生与王夫人结婚 40 周年的纪念。先生尝说：“我的一生事业，得助于夫人处良多。我每逢困难时，夫人则劝我不要气馁；遇有挫折时，夫人必鼓励我，有一番挫折，学校会有一番发展。”因此，在结婚纪念日的那天，先生邀请故旧友好，学校同人，各偕夫人来舍，举行茶会，以资庆贺。王夫人共生过七子一女，其中三子一女夭折，余锡禄、锡羊、锡祚、锡祜兄弟四人。时国民党政府初建空军，航校设杭州笕桥，在全国各地招生，四子锡祜应试被录取，同年毕业后，回津省亲，先生为引证岳母训子故事，勉励锡祜“尽忠报国”。

次年，清明日为先生六十寿辰，南开校友和亲戚故旧们齐来为先生祝寿。因这年又是南开学校成立30周年，校友会乃发起“三六”奖学金为先生寿。奖学金额预定为3.6万元，结果，共募得6.9万元，远远超过了计划数，即以此款全数，作为清寒学生奖学金。就在这年冬天，先生到四川游历，见到蜀中真乃天府之国，人文荟萃，物产丰饶，于是先生有在川省建立南开分校之意。先生又看到当时的华北局势日趋紧张，应早做准备，为未来后撤时留有回旋余地。

民国25年（1936年）春，先生派中学部主任喻传鉴到四川，视察川省教育。4月间，在重庆沙坪坝购地八百亩，随即鸠工破土。8月间一部分校舍竣工，招录新生200余人，9月间正式开学，定名为南渝中学。当时一般社会人士，莫不惊奇于建校之神速。到此时，南开学校由五名学生的严馆，经过40年来的苦心经营，已经发展到大、中、女、小、渝五部，在校学生3000多人。这一成绩，纯属时间的堆积而成，绝非一朝一夕之功。

民国26年（1937年）7月7日，日本侵略者仍沿用其一贯的侵略伎俩，挑起了卢沟桥事变，7月28日，战祸延及天津。在前一天（即27日）下午，有日本军车一辆，满载日寇侵略军，自津南驶来，到八里台南大校门刹车。几个兽兵把校门外悬挂的抗日标语牌，用军刀砍下来拿走，临上车时又大声嗥叫，还有一个兽兵从车上扔到校内一支枪，然后狂傲地乘车散去。当时先生在南京，校内各部负责人见日本侵略兵来意不善，情势危急，时值暑假期间，校内仅少数住校生，还有部分教职员及其家属。学校紧急通知，限他们在当晚前离开学校，迁往安全住处。学校虽已早在迁移，这时尚有部分图书仪器未及迁出，乃紧急转移。当夜即28日凌晨，日寇果然在津发动了事变，由28日午夜到29日，日寇从海光寺兵营，用密集的炮火轰击南开大学彻夜未停。第二天寇机又来投掷大批炸弹，之后，有军车开进学校，把未炸平的楼房泼油纵火烧毁。中学部也遭到同样厄运。事后查明：大学部的秀山堂、木斋图书馆、芝琴楼女生宿舍、单身教授的宿舍楼和大部平房，均被夷为平地。中学部的西楼、南楼和小学部的教室楼，也化为一片废墟。大学部有大钟寺赠送的一口大钟，重1.8万斤，钟面镌有全部《金刚经》，是罕见的一件历史文物，也被日寇拉走，熔作枪炮子弹，用来屠杀中国人民。

当日，日本特务率领几个朝鲜浪人，还到先生家捉人。且幸家人已事先逃离，特务们只把未搬走的衣物抢掠而去。是时，先生适在南京，惊闻南开四部校舍被毁，异常愤怒，念及四十年来惨淡经营，一草一木，莫非亲手建树，今朝日寇入侵，一旦化为灰烬，不禁悲从中来。去见蒋介石时，蒋曾安慰他说："有中国就有南开。"这样就更触动了先生衷曲，但另一面也助长了他对蒋介石的迷信。先生的秉性毕竟是刚强的、乐观的，当时他坚毅地说："我深信中华民族是不会灭亡的。南开学校是为复兴祖国而产生，必然遭到日寇所嫉恨，其被炸、被烧，固意料中事耳，只要中华民族存在，南开也必存在！我们继续努力吧！"

先生的精诚感动了当时的社会人士，于是，大家都争先恐后地为重庆南渝中学捐款，在很短的时期内，添建了南渝校舍，学生名额迅速增加到1500多人。为了保存南开的传统精神，并符合各方人士和南开校友的心愿，把重庆南渝中学改名重庆南开中学。这个南开中学，成了战争时期中国学校的典范，它是战后中国复兴的象征。那时，所有到重庆来的国外人士都争先参观重庆南开，会会张伯苓校长这个人物。

"七二八"天津事变之后，"八一三"上海事变发生，我中华民族的全面抗战开始了。王夫人偕三子锡祚和长孙元竞，辗转逃到南京。因南京也是天天受空袭，先生决定入川，到达重庆后，定居重庆南开中学里的津南村。蒋介石听说先生抵达重庆，就把先生四子锡祜牺牲的消息，电报通知了他。先生看过电报后，递给我，并神态镇静地说："你看看，老四殉国了。"接着又语气缓慢地说："我早就把他许给国家了，遗憾的是，他还没有给国家立功。"先生在敌寇入侵、国家危困、南开被毁和幼子牺牲等沉重打击下，没有屈服，没有悲痛，而是化悲痛为力量，努力发展重庆南开中学，实现其教育救国的夙愿。

民国27年（1938年），南京国民党政府迁移汉口后，成立了国民参政会，公推先生为副议长。先生力主国难当头，同舟共济，消弭内争，团结抗战。

同年，国民党政府教育部命令，南开大学、北京大学和清华大学迁长沙，合并为临时大学。继又迁往昆明，定名为国立西南联合大学。北京大学校长蒋梦麟系先生的老友，清华大学校长梅贻琦，是南开中学第一班毕业生。先生与蒋、梅二氏，共任西南联大常委，先生力主合作到底，直到抗战胜利，三校复校时，三常委始终是和衷共济的。

原在塘沽的永利碱厂、久大精盐厂和黄海化学研究社，以及南京的硫酸铔厂，同在抗战中被敌摧毁。他们的总经理范旭东先生乃当时的民族工业巨子，也是先生的老友。三厂一社的负责人和工程技术人员以及一些老技工，统由范旭东率领，远程跋涉，来到重庆。先生为了给国家保留这些民族工业力量，特拨南中芝琴楼教室一部分和部分住宅宿舍，作为这三厂一社撤退后的集散处所，徐图恢复生产，免致人才星散。那时，全国各省各界的后撤人员陆续来渝，因而学校里学生日益增多，教室、宿舍都已不敷应用，校方颇感困难，先生唯勖勉同人："要从大处着眼，从全面抗战看问题，困难总会得到解决的。"

抗战期间，先生在重庆专心致力于南开中学的建设。几年的工夫，他把沙坪坝800亩荒地建成为一座大花园。他修建的计有：教室楼二，图书馆一，男生宿舍三，女生宿舍一，其余如医院、饭厅、浴室，以及教职员工住宅等，样样齐备。另外，依山地起伏，开辟了一座雄伟宽阔的运动场，两旁砌有石看台，坡下凿有养鱼池，环绕池边，遍植蜡梅和栀子花，阵阵清香，熏人欲醉。图书馆前，一片青翠的柏树。外来参观的客人，无不惊奇道："沙坪坝变了，南开学校焕然新貌，张校长是一个魔术师啊！"先生听了微笑着说："不是魔术师，我是一个不倒翁。日本人把我打倒了，我随手又起来了，而且，今天我在建设一个雄伟壮丽的教育基地，准备建设新中国。"但是，日本侵略者对于这个民族教育基地更加嫉恨，愈逞凶残，于民国29年（1940年）8月间，又以几十架寇机，围绕着这个毫无军事设施的教育基地，投下了大批巨型炸弹。日机撤离后，南开学校的损失虽很严重，但先生毫不在意，立刻派工整修，迅即复原，学生课业照常进行。当时，有人忧心如焚地说："日机若再来轰炸，怎么办呢？"先生坚毅地说："再炸再修！"先生的确是个不倒翁。

抗战初期，先生热心襄赞国事，几有利于抗战之事，莫不大胆为之。那时有些南开同学和校友向往延安革命圣地，请先生代为介绍。先生无所顾忌地一一给他们写了介绍信。中国的抗日战争，初时还得到过苏联空军的支援，后来却在独力作战了。而美国帝国主义者则助纣为虐，屡屡将大量军火和废钢铁转让给日本，使他们肆意屠戮中国人。为此，先生于1940年元月间，发表了对美国人民的广播讲话，他郑重地声明："1. 中国为自由生存而战，准备一切牺牲，抗战到底！2. 日本如无国外的军火供应，它对中国的侵略力量，必将大大减小。3. 美国对于停止供应日本军火的任何行动，都将有助于远东局势的安定，维护世界和平。4. 美国与中国，有着传统友谊，美国又是爱好自由、民主，主持正义的国家，深信中国必会得到美国的援助。"先生的四点声明，获得美国的一般有识之士的深切同情。

抗战时期，先生的家就住在津南村三号，那是一所四开间的小平房，设备简单而朴素，经常有南开校友、老朋友和慕名人士来看望或访问他，先生总是盛情接待。国共合作时期，周恩来、邓颖超二同志就是先生家的座上客，周恩来同志与先生有师生谊；邓颖超同志于五四时期，在北洋女子师范读书，当时先生兼任该校校长，故与先生也是师生关系，彼此间有着深刻的认识和深厚的情谊。后来毛主席到重庆时，周恩来同志陪同毛主席曾来拜望先生，会面后，相谈甚欢。次日，先生还带着我们进城，到上清寺张治中宅回拜毛主席，适值主席外出，不遇而返。先生老友谭仲逵先生，是蚕丝专家，民初曾任北京大学教务长，与李大钊先生同时，当时任经济部技监，其夫人陈淑君，与汪精卫的老婆陈璧君是姊妹。谭先生携眷抵渝后，借住沙坪坝南开中学里，白天进城办公，晚上必来看望先生。先生惯例每晚必听广播，有时也和王夫人玩纸牌，谭先生每来，就喝茶闲谈或看报。后来汪精卫投敌，曾邀请谭先生出走，谭耻于当汉奸卖国贼，断然拒绝，先生大为赞许，并说："好的！好的！你自管在这里住下去！有什么事，我与你同当。"

自从国民党政府迁到陪都之后，日寇的机群就追踪而来。民国28年（1939年）5月3、4两日，寇机编队来袭，那时，我国既无空军阻击，几门高射炮又何济于事？敌机对准这个山城，狠狠地投下来无数的爆炸弹和硫黄弹，引起了全市大火。远在40里之外的沙坪坝，遥望山城火海，满天通红，当时被烧死的人，要比被炸死的人多得多，真是一场浩劫！此后敌机天天来袭，重庆日日被炸，更有甚者，敌机一次连续轰炸了八天八夜，警报一直未解除。就这样，我们抗战了八年，敌机轰炸了八年，直到最后两年，重庆的空袭警报次数才渐渐减少了。敌寇虽然如此凶残，但中国人民战志弥坚，每当解除警报时，人们便走出防空洞，一切工作照常进行，谁也没有因空袭而影响了自己的工作和生活。中国人民坚持对日抗战，引起了世界各国对中国人民力量的重视，美国总统私人代表威尔基和由吴努率领的缅甸访华团，先后到我国访问，他们抵渝后，都参观了南开中学，会见了先生。威尔基回国后，著有《天下一家》一书，书中极力推崇先生，他写道："他（指先生）气宇轩昂，有严肃、沉思的学者风度，但又具有爽朗的幽默感。……无论我们谈到战争或美国的大学，他的知识和判断，美国人士都是难以望其项背的。"这表明了友邦人士对先生的钦敬。

在日本侵略者发动了太平洋战争之后，美国对日本正式宣战，国际条件对中国的抗战非常有利，我们已不再是孤立作战了。先生看到当时国际形势的发展变化，精神非常振奋。有一次先生在校友会上讲道："当前国内形势很好，我精神倍感兴奋。我要为祖国、为南开再干12年，到80岁退休。"先生并常常告诫校友们说："我还没有老，希望你们谁也别说自己老！"当时先生已是68岁，将近古稀之年，但他的精神，却是旺盛的，贯穿着南开精神。

国民党政府，以先生终身从事于教育事业，功在国家，于民国 33 年（1944 年）特颁布给予一等景星勋章。

（选自《张伯苓先生传略》，载于《天津文史资料选辑》第 8 辑，天津市文史资料委员会编，题目为编者加）

抗战胜利，南开复校

张锡祚

民国 34 年（1945 年）8 月，日本侵略者战败投降，我国宣布抗战胜利。先生闻讯后的喜悦心情，自不待说，更重要的是他早已预做准备的大事——南开复校工作到来了。先生立即召集在校的基干同人，开会研究复校工作的安排、经费的筹措。大学部已改为国立，经费可由政府拨给，而中学部仍是私立，一切经费均须自筹，因此，这项复校工作不是一件小事，既要人力和物力，更要紧的是财力。且幸先生凡事机先，他深知南开的建立，全仗社会人士的帮助，南开的复校，也离不开社会人士的支援，所以他早已尽力联络各方面人士，吁请支持。他更明白，南开校友遍布国内外，这是很大的力量，所以他平日极关注校友会的活动，经常把复校计划详细地告诉校友们。今日复校工作开始了，只需再作一番呼吁和号召就行了。

大学部是整个由昆明迁回天津，除整修残存的废旧校舍之外，又由国民党天津市政府在市内甘肃路拨给一所日本学校，作为南大东院，招生开学。先生决定派喻传鉴、丁辅仁和王九龄三位老同人先到天津，筹备中学部的复校，具体工作由丁辅仁负责。在他们行前，先生只简单地嘱咐说："你们只扛着南开这面大旗去干吧！"第二年（1946 年）夏初，我回到天津，丁辅仁先生笑着对我说："你看啊！校长给了我这面大旗，我扛着它真是无路不通。刚回来，中学部这几所楼都破烂不堪，大礼堂里面空洞洞，图书馆被寇兵用来做马棚。现在都修起来了，真是焕然一新。又在甘肃路接收了一所日本女学，作为女中部校舍。一切教学设备也全有了，大礼堂一排排的座椅，能容纳两千人，这些东西单有钱是买不来的，我们只是跑跑腿，动动嘴，全亏这些位社会人士、校友，有出钱的，有出力的，没费什么劲，就把工作全办好了，这不是奇迹吗？”这一段复校史很顺利，大学、男中和女中都已恢复，只有小学部还没有恢复起来。

先生在抗战后期，患有前列腺胀大病，虽经几次手术治疗，终未痊愈，因循到抗战胜利，决心出国做手术治疗。南京国民党政府拨给了一笔外汇，由长子锡禄陪同赴美。到达上海时，当地校友们热情地为他举行了一次盛大的欢迎会，因此天天有客人来看望他，约请他，由于心情兴奋和身体劳累，病势又加重了。先生乃在医院里疗养了一个时期，旋即启程赴美。在美经外科手术，切除了全部前列腺，不久就痊愈了。

先生出院后，住在仲述叔家。仲述叔小于先生 16 岁，幼年即事先生如严师，敬中生爱。成年后学哲学，博闻强记，最擅长演讲，久庵公逝世时，他年方 18 岁，次年就去美国游学，后来，遍历欧洲和美洲各国，通晓各国情况，抗战前夕，曾访问苏联，他和周恩来同志最相契，校友们都称他为九先生。先生在纽约仲述叔家中，老兄弟俩欢聚畅谈，备极愉快。民国 35 年（1946 年）4 月 5 日，是先生的七十诞辰，一些侨居美国的中国社会人士和南开校友相联合，为先生祝寿。席间，贺客联名题词志贺，内容丰富多彩，其中以作家老舍（南开老教师舒舍予）和剧作家曹禺（南开学生万家宝）二位先生的贺词，最能道出先生的生平业绩。原贺词记录如下：

张校长七十大庆

知道有个中国的，

便知道有个南开。

这不是吹，也不是唠，

真的，天下谁人不知，

南开有个张校长？！

×××

不用胡吹，不要乱讲，

一提起我们的张校长，

就仿佛提到华盛顿，

或莎士比亚那个样。

虽然他并不稀罕做几任总统，

或写几部戏剧教人鼓掌，

可是他会把成千论万的小淘气儿，

用人格的熏陶，

与身心的教养，

造成华盛顿或不朽的写家，

把古老的中华，

变得比英美还更棒！

×××

在天津，他把臭水坑子，

变成天下闻名的学堂，

他不慌，也不忙，

骑驴看小说——走着瞧吧！

不久，他把八里台的荒凉一片，

也变成学府，带着绿柳与荷塘。

×××

看这股子劲儿，

哼！这真是股子劲儿！

他永不悲观，永不绝望；

天大的困难，他不皱眉头，

而慢条斯礼的横打鼻梁！

×××

就是这点劲儿，
教小日本儿恨上了他，
哼！小鬼儿们说：“有这个老头子，
我们吃了天津萝卜也不消化！”
烧啊！毁啊！
小鬼儿们连烧带杀，
特别加劲儿祸害张校长的家！
他的家，他的家，
只是几条板凳，几件粗布大褂，
他们烧毁的是南开大学，
学生们是他的子女，
八里台才真是他的家！

×××

可是他有准备！他才不怕，
你们把天津烧毁，
抹一抹鼻梁，
哼！咱老子还有昆明和沙坪坝！
什么话呢？
有一天中国，便有一天南开，
中国不会亡，南开也不会垮台！
沙坪坝，不久
又变成他的家，
也有荷塘，也有楼馆，
还有啊！红梅绿栀，
和那四时不谢之花。

×××

人老，心可不老，

真的！可请别误会，

他并不求名，也不图利，

他只深信教育青年真对，

对，就干吧！干吧！

说句村话：

有本事不干，简直是装蒜！

×××

胜利了，

他的雄心随着想象狂驰，

他要留着沙坪坝，

还要重建八里台，

另外，在东北，在上海，

到处都设立南开。

南开越大，中国就越强，

这并不只是他个人的主张，

而是大家的信念与希望！

×××

他不吸烟，也不喝酒，

一辈子也不摸麻将和牌九。

他爱的是学生，

想念的是校友，

他的一颗永远不老的心，

只有时候听几句郝寿臣，

可永不高兴梅博士的《贵妃醉酒》。

×××

张校长！

你今年才七十，还小的很呢！

杜甫不是圣人，

所以才说：“人生七十古来稀！”

我们，您的学生

和您的朋友，

都相信，您还小的很呢！

起码，还并费不了多大的劲，

您还有三四十年的好运！

您的好运，也就是中国的幸福。

因为只有您不撒手南开，

中国人才能不老那么糊涂。

×××

张校长！

今天我们祝您健康，

祝您快乐！

在您的健康快乐中，

我们好追随着，

建设起和平的、幸福的新中国。

大中华民国三十五年六月九日

学生曹禺
后学老舍　敬祝

纽约城

这首贺词写得非常的妙，也非常真实。先生说：“这首诗写得很好，给我好好地保存着。”先生的一生事业，早已闻名国外，30 年前，先生曾在哥伦比亚大学研究过教育，今天该校为了表彰先生的事业成就，特赠名誉博士学位，以志荣誉。

民国 36 年（1947 年）春，先生病愈回国，乘火车返回故乡。天津的社会人士们闻先生归来讯，都出自本心地到车站欢迎，以至于人山人海，路为之塞。先生这时已是 72 岁的高龄，但仍是雄心勃勃，他认为大学教育可集中在天津办理，而中学教育则宜于分散设立，在全国几个大城市，使学生可以就近入学。他为此又想在东北和上海再设两个分校，得天下英才而教育之。在他的理想中，总是有做不完的工作。

（选自《张伯苓先生传略》，载于《天津文史资料选辑》第 8 辑，天津市文史资料委员会编，题目为编者加）

必须改造人

曹汉奇 *

张伯苓校长一生事业，可归纳为“教育救国”四个字。他常说：“鸦片战争后，祖国屡遭列强侵略，一再割地赔款，奇耻大辱，令人愤慨！”张伯苓早年学海军，希望以武力救国，可是1894年甲午一战，我国费了巨大财力建立的海军，数量质量都不亚于日本，只因清廷昏庸腐化，竟遭到惨败。这次海军大败对张伯苓刺激很大，有一天他在海军衙门前看到一个军官懒懒散散地逗小哈巴狗开心，痛感祖国国土虽大，历史虽久，人口虽多，但是人不行了：“必须改造人！”便决心弃武就文，办教育救国。

张伯苓怀着教育救国的目的脱离海军，到严范孙家塾当了老师。严老先生当时是革新派，他不让他的儿子们专学孔孟之道、五经四书，要学英文、物理、数学等新知识。张伯苓是北洋水师学堂毕业的，正长于这些，在这样的共同新思想和救国志愿的基础上，严、张两人志同道合，成了后来创建南开中学、大学的奠基人。

张伯苓讲授的科目有英文、算术、体操等。他用鸡毛掸子杆作为跳高的

---

* 曹汉奇（1907—1986），又名京实，辽宁昌图人，作家端木蕻良之兄。早年求学于天津南开大学，毕业后在南开中学任高中世界史教员、训育主任。1952年入上海华东师范大学历史系，任中国史教授。

跳杆，让严家子弟把辫子盘在头上，穿着靴子，掖起长袍的衣襟，在鸡毛掸子杆上练跳高。如拍成电影，今日青年看了，必哄堂大笑，可是，这就是我们老一辈革新人物向几千年传统的旧东西做斗争的一个大飞跃！

严氏家塾毕竟容纳不下那些要求愿学新学和新思想的大量学生。光绪三十年（1904 年），将严范孙及王奎章两家私塾合并，成立私立中学堂，这是张伯苓生平事业的发轫。后来又迁到广阔的南开洼。

南开洼是天津旧城西南方的一片洼地，紧靠墙子河，是一片泛着盐碱的荒地，毫无生产价值，故土地的主人才把它捐给学校。经募款建筑校舍，在光绪三十三年（1907 年）落成。对这个新的南开学校，第一个值得提出的特点，就是紧接南开学校西墙外，有个大臭水坑（学生们称之为臭西湖）。它是天津秽水汇聚之区，蚊虫孳生，气味腥臭，特别是一刮西风，阵阵臭气便从西而来，熏得人们难以忍受。当时，社会上的旧势力也用封建的腐朽的臭气向张伯苓进攻，说张伯苓不懂中国祖传的旧学，骂他不学无术，造谣说张伯苓是光棍出身，等等。对此，张校长常常在礼堂做报告时大讲特讲："我们南开精神就是在这种怪味中熏出来的！"校长的话一语双关，确是代表着一种破旧立新的新精神。

五四运动提倡的德先生和赛先生（民主与科学），都为张伯苓所接受，他明确表示要学生会对学校起着监督和协助作用，同时一再强调要加强理科。后来在八里台建了规模相当大的科学馆，他曾谈到南开大学要向工科发展，并计划成立采矿系。这表明在南开初期，张校长确有革新思想和魄力。

大约在 1924 年，天津一些女子要求到南开中学和男生合班上课。此说一经传出，社会上一群封建余孽疯狂反对，向张校长施加压力。但不久，果然有四位女学生进了南开和男生一同听课了！可见张校长在反封建方面是有魄力的，在社会上也起到了一定的积极影响。

不久，张伯苓把原来在南开中学西南门外道边只有一所小楼的南开大学迁到了八里台。八里台校址开阔，大有发展余地。这时张伯苓接受天津一些女学生的要求，又建成南开女中。接着在女中对面建立了南开小学。张校长常常高兴地说："我们南开有了自己的整个教育系统了！这对于贯彻南开精神有条件了！"

据我亲身受的南开教育来说，觉得张伯苓所说的"教育救国"，不过是想通过教育使学生学得到美国学生所取得到的知识，并运用这些知识使中国变成英、美那样的强国。记得张伯苓的弟弟张彭春从美国回来后，于1927年夏秋之际，以南开中学主任的身份在南中礼堂做报告说："我们中国已远远落后于世界强国。我们不应在后面一步一步跟着走，必须把美国的精华吸收过来，迎头赶上去！"他怕学生们不理解他的意思，还特意打个比喻说："就是把美国炼成的仙丹吞在我们肚子里！"

南开中学、大学的课本，除国文、中国历史外，一律是美国中学、大学的原文课本。为了方便学生购买美国出版的书，在南开还设有伊文斯售书处（美国伊文斯书店的支店）。记得我在大学一年级学生物课解剖蚯蚓时，李教授特意告诉我们学生说："这蚯蚓是从美国特意运来的。"（生物学用的是美国大学课本，课本中的蚯蚓和中国的蚯蚓有些不一样）当年有些人认为南开学美国真是学到了家！

（选自《回忆张伯苓先生》，载于《天津文史资料选辑》第8辑，天津市文史资料委员会编，题目为编者加）

东北沦陷，印《东北经济地理》

何炳棣 *

20世纪30年代的中国教育界和国民政府的教育部都有一种极其功利的注重理工的看法和政策。那时一般“关心教育”的人们的心目中，一个中学的“水准”往往取决于毕业生考进清华和上海及唐山交大等大学的人数。南开中学毕业生考进这些热门大学的人数是很可观的，但有时略少于特别加工训练学生做最繁难数学题目的北平师大附中、上海中学、扬州中学。至于南开中学教育的“全面性”，远非当时任何中学所可比拟，这是“有识之士”所公认。

九一八事件爆发之后，不久就发生了土肥原一手制造的“津变”。南开中学的校舍遭到侵扰，学校不得不停课数周。但至迟在1932年年初，学校已经编印好了一本新教材，开了一门新的必修课。这本大约20万言的南开独有的教材是《东北经济地理》，它的编者是校长张伯苓先生的秘书傅恩龄（锡永）先生（傅先生当时在南开大学担任东北研究会主任干事）。傅先生眉浓目秀，灰发中分，和蔼可亲，可惜我从来未曾和他交谈过。他精通日文，

* 何炳棣（1917—2012），浙江金华人。1938年毕业于清华大学，1944年考取清华第六届留美公费生，1952年获哥伦比亚大学英国史博士学位。此后转入国史研究，成绩斐然。1979年，当选美国艺文及科学院院士。代表作有《明初以降人口及其相关问题》《明清社会史论》《东方的摇篮》等。

从当时的“南满铁路株式会社”研究部的大量出版物中，取精摘华，有系统地介绍了东三省的自然和人文地理，特别是各种自然资源。这本教材毫无疑问的是当时国内有关东北地理有限著作之中最好的一部。举国上下悲愤之际，都知道东北地旷人稀、资源丰富，对祖国将来的建设极为重要，但只有南开中学才能以扼要的科学知识和大量的统计数字，教导学生加深了解何以东北对祖国是那样重要、神圣。

空前的困难降临后短短三个月中，包括日寇和汉奸数周的武装干扰，南开中学能如此爱国，编印出专门教材，开一专门新课——这个纪录，可以向近代世界各国所有的中学“挑战”。

（选自《一个可以向全世界挑战的纪录》，载于《天津文史资料选辑》第8辑，天津市文史资料委员会编，题目为编者加）

第四章
曹聚仁：我从光明中来

一个热烈的爱国主义者

夏 衍*

曹聚仁和我同年，也是20世纪的同龄人。五四运动那一年，我们都是中学生，不过，他在浙江第一师范，我在甲种工业学校。浙江第一师范，是和长沙湖南第一师范齐名的进步学校。校长是经亨颐，教员中有前后“四金刚”，前“四金刚”是陈望道、李次九、刘大白和夏丏尊；后“四金刚”是朱自清、俞平伯、刘延陵和王祺。还有知名的李叔同（弘一法师）和朴学家单不庵。

曹聚仁是单不庵的得意门生，单不庵对他的早期思想有很大的影响。在五四运动时期，第一师范是浙江最进步的学校。但是，据我记忆，当我和浙江第一师范的学生施存统等人办《双十》和《浙江新潮》的时候，他没有参加。他读了许多书，在单不庵的影响下，他对于朴学，对于乾嘉学派的考据之学，有了很大的兴趣。

我们这一辈人通过五四运动，向往科学与民主，曹聚仁却是独辟蹊径，他从朴学的角度，正视当时那个半殖民地半封建的社会。他研究中国的哲学

---

* 夏衍（1900—1995），原名沈乃熙，字端先，浙江杭州人，中国近代著名文学、电影、戏剧作家和社会活动家，中国左翼电影运动的开拓者、组织者和领导者之一。创作改编的电影剧本有《狂流》《春蚕》《祝福》《林家铺子》等。1994年被国务院授予“国家有杰出贡献的电影艺术家”称号。

和历史，他自称接受了老庄的影响，但我看，他对世事并不“逍遥”，他没有出世，他始终是一个热烈的爱国主义者。

1920年，我们都到了上海，我们都穿上了中山装和西装，他却一直穿着那一件蓝布长衫。

他的旧学根底比我们强得多，才二十二三岁的人，就把章太炎的演讲整理出一部《国学概论》来，对那样的年纪来说，是很不简单的事。他教书，办杂志，当记者，特别是抗战一开始他就穿上军装当记者，那真是再入世不过的了。

他不参加任何党派，但和左、右两方面都保持着个人的友谊，都有朋友，虽然爱独来独往，但他基本上是倾向于进步和革命的。

他和鲁迅有着良好的关系，常有来往，常通书信。他办《涛声》，鲁迅替他写文章；他和陈望道、徐懋庸合办《太白》《芒种》，鲁迅替他们写文章；他和陈望道等七人提倡“大众语运动”，鲁迅更替他们写了好些篇重要的文章。抗战时期，宋云彬在桂林编了《鲁迅语录》后问曹聚仁：“为什么鲁迅文章中没有骂你的？”这是事实，鲁迅从来没有在文章中骂过曹聚仁。

曹聚仁20世纪50年代在香港出过《鲁迅评传》，60年代又出过《鲁迅年谱》，还因此受过“左”派的批评。他说，30年代初期他在上海和鲁迅谈到，如果替鲁迅写传记，“与其把你写成为一个‘神’，不如写成为一个‘人’的好”。曹聚仁这两部书我都没有看过，但他这“神不如人”的议论，我却认为说得有道理。

曹聚仁常挨骂，一是因为他自比乌鸦。在上海办《涛声》时，他用了乌鸦做标记，意思是报忧不报喜，在当时来说，国难当头，报国家民族之忧，报国计民生之忧，并没有什么不对。

后来到了香港，20世纪50年代中期他开始了一次又一次“北行”，前后六次，最北一直到了鸭绿江边。他是以新加坡《南洋商报》驻香港特派记者的身份“北行”采访。在北京他对朋友说，现在要做喜鹊，不做乌鸦了。这是真话，他的确在海外侨报上说了许多新中国的好话。

1950年他刚由上海到香港，发表《南来篇》，写了一句“我从光明中来”，于是右派骂他。后来他把新中国和蒋经国当年的“新赣南”相比，又以《门外谈兵》评说朝鲜战争，又挨了“左”派的骂。陈毅同志对我说过，曹聚仁偶发怪论，但是他的用心是好的。

据我所知，第一个在海外华文报纸上为新中国系统地作爱国主义宣传的，是曹聚仁。他写了大量的报道和通讯，出了《北行小语》《北行二语》《北行三语》《人事新语》《万里行记》等书。

（选自《怀曹聚仁》，载于《回忆曹聚仁》，上海市政协文史资料委员会、上海鲁迅纪念馆编，中国文史出版社2018年版，题目为编者加）

现代东方一但丁

曹 艺*

半个世纪来，家兄曹聚仁一直在文坛上被视为一个“谜样的人生、谜样的人物”的怪人。尤其是他于1950年8月，离开上海的家人，跑到香港去，更加增加世人的猜疑。

那个年头，中国内地，新中国成立未久，新政权才开始站住脚跟，他这位在上海滩上颇有点名望的知识分子，突然离开内地，往国门之外跑，是个敏感的问题；而他到香港后，在香港发行量颇大的《星岛日报》开辟了《南行篇》的专栏文章，开宗明义头一句话，说：“我从光明中来”，就更让人们摸不着头脑了。

一句“我从光明中来”，激起千重浪，台湾当局下令给他们设在香港以及南洋各埠的御用舆论机器，总动员起来对曹聚仁实施“围剿、讨伐”，延续达五个多月。香港某报资料室的一位小姐，为他设立了专门档案，剪报文章接近千篇。而“左”派在香港的出版物，同样对之冷嘲热讽，斥责谩骂得

---

* 曹艺（1909—2000），原名聚义，浙江浦江人，曹聚仁四弟。中学肄业后入南京中央军校炮科（黄埔六期），在军校中成立中共地下组织，任特别总支部书记。九一八事变后，加入中国第一支机械化部队交通兵二团，历任中国驻印军辎重兵汽车第六团团长、联勤总司令部副司令、南京军运指挥部副指挥，曾率部远征印缅抗日，被史迪威亲荐晋阶少将军衔。解放战争时期任中国人民解放军二野后勤部参议，亲赴金华策动国民党部队起义。1950年后任交通部运输局局长、教育司司长、南京市政协委员等。

更为激烈狠毒，为时也持久不衰。《周末报》很有代表性，于1950年11月14日，刊出《赠乌鸦》七律，仿鲁迅的《无题》诗改成："惯投显贵过春时，颂主心劳鬓有丝；梦里模糊奴才相，文坛高插 × 龙旗。笑看志士成新鬼，跪向刀丛献颂诗。吟罢请封多赏赐，骨头有血染绸衣。"而曹聚仁在左右责难中我行我素，仍旧在香港卖文度日，"曹聚仁之谜"自然更令人如堕五里雾中，捉摸不清了。

笔者是当年伴他南行的唯一亲人。由于笔者前一年有幸参加人民解放军第二野战军后方勤务部的行列，从南京渡江，解放大西南。四川解放后，笔者在改编为西南军区后勤部办的后勤学校任职。办完一期训练班后，奉假东下省亲，顺便接受敌工部老领导的指示，南行策动原联合勤务总司令部几位老上司起义回大陆投向人民。途经上海，乘机看望胞兄曹聚仁。眼看他肩负着一家七口，在解放了一年的上海滩上，尚无固定工作，卖文章出路不宽，一切都在待价而沽阶段。一家人嗷嗷待哺，可靠的收入只有东南亚几家华文报纸给的通讯文稿的稿费。守株待兔的窘态下，正在组织一家人，剪剪贴贴，在编辑一种新词典，准备卖点版权作济急之需。为要过一个比较安定的日子，他正在采纳几位南洋学生的建议，走出国门，去就某报的总编职位。兹事体大，不能草率从事，他向京沪各方师友，投石问路，尚未接到什么不良的回音。看见笔者有南行一转的打算，触动了他的决心，对笔者透露衷曲，表示想趁笔者的这阵东风，走出国门，去"乘桴浮于海"。于是说走便走，两人打点了行装，购到火车票便束装就道（那时从上海往返香港手续简单，没有什么限制）。

天气热，火车上并不拥挤。兄弟俩难得有这样携手同车的长途旅行机会。每逢车抵大站，停下车来，哥哥几乎一次不漏地端起他那个特大搪瓷茶杯，上月台去买白米稀饭。笔者羡慕钦佩他那吃粥的好胃口，百吃不厌！那年头，火车停站，月台上和车站栅栏侧边，都有站里或小贩的白米稀饭出售，秩序井然，看起来也还清洁卫生。一路坐到广州，两人有说有笑，并不感觉过分疲乏。

反正我俩这次南行，并无时间限制，到广州站下得车来，忽然谈起黄埔军校，笔者很想看看新中国成立后的军校状况。哥哥则本着他那新闻记者的习惯，兴致勃勃地愿意同去走走。

很容易地从陆路到了黄埔，岛上驻有少量人民解放军和级别不高的政府机关，一片寻常乡镇景象，我们也没有任何准备，不便进去深入访问，只环岛巡回，遥望近观原来的营房、操场、礼堂、教室、宿舍和辕门景物，物是人非，不免产生淡淡的沧桑之感。两人任意谈论，很自然地谈到这儿虽然是蒋介石的发祥之地，可更加是孙中山领导两党合作的产物。几十年中，国共两党驰驱疆场的风云人物，有几个不是从这儿脱颖而出的英雄好汉！我们兄弟俩感慨于蒋介石这个枭雄的自掘坟墓，毋宁更加向往于廖仲恺、邓演达的英烈楷模。笔者生也晚，未能早一步进入黄埔，没有亲聆到周恩来主任的训导和一大批共产党教官的政治熏陶而引以为憾。哥哥却突发高论，他说："既然孙中山能创建两党合作的革命黄埔，你们黄埔学生也应当完成两党合建的中国；孙中山率领黄埔学生，东征北伐以武力统一中国，然而他同时挺身北上，身体力行地争取从谈判桌上统一中华。你们黄埔学生，各为其党，流够了血，没有完成全国统一的任务，今后能不能够发扬你们黄埔的'亲爱精诚'的校训精神，先把散布在全世界各地的黄埔种子团结起来，抛开党见，团结一致，把祖国统一起来呢？不知道你们黄埔学校是否学过战场上和谈判桌上相辅相成的道理？人世间，战争是经常出现的，但无论哪一场战争，最后总是用议和来宣告结束，战争和议和，貌似相反，而实相成。国共党人以相帮相助开始打交道，接下去势不两立地打了多少年，为了共同对外，携手抗日。又中道仳离，翻脸为仇。大陆都统一了，海岛一隅，却依旧是金瓯之缺。中国人相信合久必分，分久必合，这实际上也是辩证法，历史趋向和人民意愿都向往和平、向往统一，你们这些黄埔学生，在战和问题上，该挑起仔肩了。"他触景生情，一向以书生、土老儿自赏的人，突然发出异常关心国家民族的议论，笔者听了初觉突然，细想又觉自然。但没有想到这是他这次南行埋藏在内心深处的主导思想。

离开黄埔回到广州，不作停留便车到深圳，准备辞别国门。深圳，这个祖国的南大门，荒草离离，房舍零落，几家小店铺，几家餐旅社，组成一条小街道。使笔者回忆起印度边境“列多”那个小镇，何其神似?！乞丐、小扒手、黑帮小喽啰踯躅街次，一双双不安分的眼睛尖视行人，时时刻刻在企图猎取他们的猎物。笔者告诉哥哥，别看这条小街毫不起眼，可是当年省港大罢工，中英关系紧张，黄埔军校第四、五、六期入伍生团，先后在这里站岗放哨。眼望着罗湖桥那头的港英哨兵，武装华贵整齐，武器先进，神态骄横，恨得我方岗哨咬牙切齿，暗暗发誓，有朝一日冲过桥去，收复港九，把英帝国主义者赶下海去，看他们还能张牙舞爪到几时？如今，我们中国人民站起来了，可我俩今日走过那边去，还必须接受英港军警的盘查、刁难，还受着他们包庇着的地痞流氓的骚扰与劫掠。哥哥心中早作准备，有意地在胸口小袋里分别放点小额钱钞，让小扒手尝点甜头。笔者却小气地把几个分子、角票也严严地密藏在最贴身的衣裤袋里，稍为大一点票额的钞票，则藏在紧密的裤缝之中。

经过一番折腾、一些口舌，还算比较顺利，我们进入九龙。第三天傍晚，我们渡海到香港跑马地的老朋友，原在蒋军联勤总部当署长的人家做客。风尘仆仆，到此头一晚宁静地安定下来。朋友殷勤招待，我俩酒足饭饱。哥哥一上床，倒头便睡。笔者则衔命来港策反，两天来初具眉目，下面难度还大，而辗转没有成眠。忽听哥哥笑出声来，接着吐字清晰地说：“想不到这把钥匙会落到我手里来。”说着转个身又打呼噜了。笔者当即摇醒他，问他：“什么钥匙，落到你手里了？”他讶然失笑，睡意惺忪地说：“我说什么了，我做梦，做了个好梦！”笔者是有所为而踏出国门来的，推己及人，直觉哥哥此次南来，不会单求衣食所资，可能还会有更神圣的庄严使命。

当年的香港九龙，在从上海去的人眼目中，算不上繁华的都市，就是港口、车站，秩序比上海更紊乱拥挤一些。由于年余间内地大批华人，带着财富，拥过罗湖桥，人口骤然膨胀起来，旅社、饮食店，生意特别兴隆起来。我们兄弟俩随“寓”而安，在维多利亚海湾两岸两晚换一家旅馆，第四天便在大坑道租下一间民房。别看曹聚仁是位名作家、大教授、大记者，在自理生活方面还是个干家，安排房间，购置食住用品，比我这个当兵的还熟练些，样样自己动手，处处因势利用，一点没有架子。租好房子的当天，就开出午餐，饭后安然午睡起来。等我访亲问友回来，他的《南来篇》就已在《星岛日报》发表，真是随军记者作风，不等写字台摆有定点，随处打开书包，下笔成章。我日夜都在他身边，不知他的《南来篇》是何时写就何时寄出去的。

“我从光明中来”，这《南来篇》开宗明义的第一句话，就割断了他亲台的可能，招来台湾的“围剿”，又招来“左翼”报刊的诟骂，“左右不是人”。在那极左思想占主导地位的年代，唯我独尊的革命家很普遍，不容许曹聚仁那样既跑出国门而又宣告是“从光明中来”的人存在，疾言厉色地把他往台湾推，不由笔者不忧心忡忡，挂虑哥哥在未来的日子里，怎样在港九这特别地区站住脚？笔者办完南来的任务，急乎要辞别哥哥北归。临行的前夕，联床夜话，足足畅谈了一个晚上，直到东方大白，意犹未尽。开头谈的是今后将有相当长时间的单身汉流浪生活，在这个既陌生又熟悉的香港小岛和九龙半岛，资本主义社会里，人与人的关系是冷酷的，出门接触的是利害矛盾；回到家里，又是凄凉冷落，孤独一身，生活般般要自己动手。他说做记者后习惯了，还不难对付。其次谈到妻、子留在内地，时代在突变，在资本主义社会的父辈努力，能不能得到下一代的理解，由隔膜而产生的“代沟”，将怎样来填平？他说，他自信不会做孩子们的绊脚石，不会堵住孩子们进步的道路；再接下去是谈到时代的伟大，世界在突飞猛进，你不作弄潮儿，潮水就会掀翻你，你在香港该不是权宜之计罢？但不带家眷，便是诈降，资本主义制度不会容许你安身立命的。哥哥胸有成竹，但期期不以为答。最后谈到逝者如斯，时不我与，客观规律，是不以个人意志为转移的，生理上既过中年，老之将至，事若不顺心，独居海外，疾病袭来，其将奈何？哥哥忍不住喟然叹息说，人生衣食真难事，为儿女求食四方，何尝不丈夫？个人艰苦一些，让妻、子们相对地安宁一些，从长远计，把妻、子留在上海，接受新中国的新教育，总比带着群雏响响，到海外觅“冒险家的乐园”要高明些。这一点，我们兄弟俩深表同感。事到如今，已是义无反顾，他若负有使命似的嘱咐笔者回国去再读读他前些年推荐给我细读过的波兰作家显克维支的代表作之一：《灯台守》。他俨然在私淑那位叫斯凯闻斯奇的，灯台守，一生风尘仆仆，终于在孤岛上过着灯台守的生活，海浪白鸥，伴着他的宁静，可说是安享天年的理想天地了。可是，人，终于是感情动物，单就怀乡一念，就会激起无限情怀；当时，他舍得半世俗缘，保住清名，来到这黑雾弥天的港湾，及时点起塔上灯光，为海上无数航船，指明航向。这不是一时心血来潮，权宜之计，而是一语承诺，便当五年、十年、十数年、数十年、后半辈子的终身宏愿。等到老了，病了，举举手，移移步，也喘息艰难了，为了许下夙愿，海外飘零，孤独一身，仍得坚守岗位，完其晚节，那种乡愁亲情缠心难袪，就不是一个愁字所能了得了！

笔者现在已经回忆不起来，握别那一刻，我们是怎么想的？怎么说的？只记得离别时，他已接受林蔼民先生的委托，主持《星岛日报》（香港版）的笔政，以《南行篇》这个专栏，代表他的风格，一篇又一篇，鼓足他自信的史笔，写他当世的春秋。笔者离他越远，越担心他孤军作战，时时刻刻要承受四面八方来的明枪暗箭，不但思想上孤立无援，生活上更孤立无援，出门工作遇到的是冷酷无情，回家休息，也得不到丝毫温暖，人的承受力是有限度的，不知哥哥哪来那么多的精力来挺住没完没了的四面楚歌？笔者北返过上海，先后把母亲和母亲安排给哥哥的一个继子随笔者搬到北京安下家来，从生活上减轻一点哥哥肩上的经济负担。但是，他在香港那个万箭齐来，特别是从“左翼”射来的那阵阵毒箭，不是常人所能挺得下来的。笔者从北京中央交通部工作岗位深思之余，给他去信，劝他把屁股挪一挪，更加向革命这一边靠拢点。笔者自作聪明，以一个持正义感的人为例说，在新中国成立前执一条左右扯着的绳的中间偏左处而立，大家都看清楚，那人虽不在左边，可也并不为右边助力。新中国成立了，绳子从中间断了，那个人不是恰巧执其右端，成为左方的对立面了吗？中立是没有的，“中庸”是不可能的，把立脚点移到左端来吧。不想哥哥回信来了，他说：“你寄给我这根绳子很有趣，我收起来作为裤带束在腰间了。”随信，抄示他的一首七言诗：“海水悠悠难化酒，微生有笔曰如刀；战场碧血成虹影，生命由来付笑嘲。”原来他并没有把那些苍蝇蚊虫嗡嗡之声放在心里。

“许多年前，我曾以但丁自比，并非我会那么狂妄，会以但丁的天才及其伟大成就自比，而是以但丁的立身处境自况。但丁的心中，对于社会革命与国家统一这两种工作的先后轻重，常是彷徨苦闷，不知应当把哪一方面看得重要些？后来，他终于为谋国家统一而努力了，这是我走的路子。”

到此，笔者才对哥哥真正有了认识，他冒天下之大不韪，要笔者伴着南行，从当时环境看起来，政治上、生活上都冒着绝大风险，原来并非他一时冲动，心血来潮之举。当时他五十之年既过，是过了知天命之期，行动当是有成熟的主张了。他单身南行，别妻母，抛儿女，原来他是经过深思熟虑的，他舍不得他笃信的自由主义和虚无观点，他不想改变他的信念，但他也不想把自己的信念传之后世，延之子孙，而且决意及身而止，在有生之年，打下一个句号。所以他在南行时把儿女留在内地，让儿女们接受新中国的教育，培养成才，为新中国的建设大业，增一块砖，添一片瓦。他自己则在贯彻自由主义与奔走祖国统一的矛盾中继续斗争，明知单身南行，衣食起住上会有多大苦难，人际关系上会遭受到多少冷落误解，他还是抱着我不入地狱谁入地狱的情怀去接受煎熬。

（载于《回忆曹聚仁》，上海市政协文史资料委员会、上海鲁迅纪念馆编，中国文史出版社 2018 年版，有删节）

我一跨出书斋，便走向战场去了

邓珂云 *

他在《我与我的世界》续篇《军旅之事》一节中写道，抗战开始“我所选择的乃是和军事有直接关系的‘战地记者’这一职业，冥冥之中仿佛命运之神替我安排着，我一跨出书斋，便走向战场去了”。他在“八一三”上海抗战的炮声中换上了戎装，住进了前线指挥所，此后的八年战争风云中，他的战地通讯便在新闻战线上占了它的地位。

上海、南京相继失守，他和我随着战线的变动，也逐日往西往北退去，我们赶上了台儿庄战役和徐州会战。战时当个记者是艰苦的，他说：“我个人的幸运乃是二十多年从事教育工作的成果，当时，复旦、暨南、大夏各大学的友生遍布南北”（《军旅之事》），他们给他的新闻工作以很大的协助和方便。

1938 年初夏，我们到洛阳，我在前线染上伤寒，几乎丧生，无法再随军行动，我只得到武汉经广州、香港，回上海租界养病，他则继续在鄂闽浙赣前线奔波。次年，我们在宁波会聚，又同去赣北战地采访。1940 年初，我快

---

* 邓珂云（1916—1990），上海人，曹聚仁第二任妻子，高中就读于上海市立务本女中（现上海市第二中学）。1934 年秋，曹聚仁到务本女中当国文教师时二人相识，四年后在抗日的烽火硝烟中结为伉俪。

生孩子了。我们打开全国地图，想就近找个地方安家。最后定下去赣南，这不仅因为那里离开东南前线不远，便于聚仁工作；也因为当时在我们心目中，赣南的政治空气或许要比大后方的重庆清新些。“但是朋友们并不知道我心目中所羡慕的是谁，只是珂云，她知道我一心一意要到西北极边去，如瑞典考古探险家斯文赫定那样做亚洲腹地的旅行。我们几乎达成了这一心愿。那时，已经到了洛阳，想出潼关到西安，再作第二步打算。”（《万里行记》前言）只是因为我的病和孩子的诞生，才使聚仁的梦想永无机会实现。

（选自《聚仁和他的世界》，载于《回忆曹聚仁》，上海市政协文史资料委员会、上海鲁迅纪念馆编，中国文史出版社2018年版，题目为编者加）

内战的血，还是要流呢！

邓珂云

我们在赣南青山秀水之间安起了战时的家。聚仁仍是云游四方，无所定踪。但到了1941年后，情况有了变化：蒋经国在赣州办了个《正气日报》，一直搞得不景气。一天，他派了个人来找聚仁，要聚仁去帮忙整顿，聚仁因为战地记者专职在身，答应只去六个月。岂知期限未满，报馆遭日寇轰炸，只得再重新整顿。1943年春，蒋经国要聚仁一起去重庆；一个月后，聚仁回赣南便辞职不干了。其中原委我一直不甚了了，直到1955年，我看到他在香港出版的《采访外记》，才清楚底里：

一九四三年春天，我从赣州到了重庆，在重庆住了一个月。去的时候我是赣州《正气日报》的负责人（主笔、总经理兼总编辑）；后来我回到了赣州，第一件事就辞去了《正气日报》一切职务。朋友们就一直不知道此中有什么道理，我也一直不曾有机会，把这段经过说出来。本来，蒋经国找我办《正气日报》，对于我的一生是件大事：因为，我这个自由主义者，一直不曾和政治发生组织上的关系；这一来，不管我个人如何自处，外间总以为我是太子系的人。泰和（注：战时江西省政府所在地）朋友们，私下总说曹某准备做陈布雷第二了。当彭建华兄代表经国征求我的同意时，让我考虑三天；可是，他又加强语气道："蒋先生已经要我来征求你的同意，就没有考虑的余地了！”这样，我就非接下来办不可了。接办以后，我才知道蒋的左右有着练兵处、留俄派、CC派这样三派的明争暗斗，《正气日报》便成为共同争取的目标之一，成为最粘手的东西。他们争夺不已，乃落在我这个在赣州作客的人的身上。但从CC系和练兵处的朋友看来，我是留俄派的代理人，显然是留俄派的胜利。那时，赣南的行政权和财政权，抓在CC系的手中，他们看明白办报是赔钱的行当，我如要专署的钱，就非听他们的话不可。哪知我接办《正气日报》的第三个月，销数就增到了一万份，不仅收支平衡，而且赚了钱；这一来，蒋的左右要争取这份报，便趋于表面化了。

或许我个人当时的想法是过于天真的，我曾经准备把《正气日报》移到桂林去（总社设桂林，赣州只留下分版，把重心放在桂林），和当时的《大公报》《扫荡报》《大刚报》去争一日之长。这一打算，很合留俄同学派的口味，也配上了经国的雄心；我呢，也可以脱离那个小圈子的斗争了。我们准备请萨空了兄主持社务，大大干一下。哪知，跳出那个小的是非圈，立即卷入更大的是非圈；在黄埔系CC系看来，徐庶走马荐诸葛，曹某已经变成民主人士的工具了。一位在桂林做特务的M某，向中枢主持文化工作的G某上了报告；我乃不得不随着经国到重庆去走一回了。G某的表示很简单，在萨空了到赣州去以前，必须先到重庆去见他一次，否则我的一切打算，都不便进行。这在我，情势显然不能再干下去了，而且，我个人并没有干下去的兴趣。然而，空了兄却以此受累了，M某继续破坏他们的文化工作，因而失去了一段长时期的自由。(《采访外记》)

到了重庆，聚仁“才触到政治斗争的核心”，他对此感触很深。“我从重庆回到了桂林，见了萨空了兄，第一句话就说：‘我先前还以为抗战的血流过了，不会再流内战的血了；此刻，我觉得内战的血，还是要流呢！’这便是我当时的观感。”(《采访外记》)

聚仁在这段时期的思想愿望，了解的人是不多的，一般人只看到他和蒋经国的关系，却不知道他思想的寄托在另一方面：他自幼打下了国学的底子，对史学又有兴趣，战地记者的工作给了他大好机会，使他可到处作实地考察，尤其是闽赣浙皖的山水，本来就是南宋以来中国东南新思潮的摇篮，他作为浙东学派的后继人，自然对那里有更深一层的兴趣。“我自己带到江西去的四个课题：一、弋阳腔之演变；二、太平军与湘军的盛衰；三、宋明理学之发展；四、红军在江西的起伏。经过这一回整理，闲静引我于深思，这才脉络分明，可以说头头是道了。”（《采访外记》）他晚年在香港写的《国学十二讲》和论及戏曲的各种文章，与这一时期的研究不无关系吧！

1944 年冬，赣州沦陷前夕，我们举家仓皇避难，迁至赣东北小城乐平，其地和上饶相近，他与上饶《前线日报》日渐接近。这报是抗战期间第三战区的报纸，社长马树礼（新中国成立前夕去台湾），总编辑宦乡，他们原都是熟朋友。聚仁说：

我个人虽曾替蒋经国办过《正气日报》，我的工作岗位，依旧是中央社的战地记者；和《东南日报》《前线日报》同样是朋友。到了这一段时期，我接上了《前线周报》的编务，这才和《前线日报》发生了进一步的关系。我个人总觉得《东南日报》的 CC 气息太浓，不如马、宦诸兄的自由主义的倾向，容易合作些。这就注定了胜利后，我们到上海去打天下的命运了！（《采访外记》）

这份进步的《前线日报》，它的言论、新闻，时常被重庆《新华日报》所引用，这就不能让戴有色眼镜的人看作自由主义者了。马树礼兄一团高兴从芷江飞南京，从南京到上海，打定了天下；哪知，祸不单行，他自己到了上海，积劳吐血，到南洋医院去医理；而政治性的攻击，密集到《前线日报》身上来，真所谓风雨飘摇，几乎支持不下去。顾将军（祝同）的意思是（他十分契重宦兄的），他要宦兄改变态度，他以为宦兄一定依从他的劝告的。哪知，宦兄于顾将军及进步的前途间作选择，他是选中了后者的。他断定了顾将军这一班军人已经没有前途，他就在顾将军家中吃了一顿午饭以后，便和顾将军分手了。这就是说，他要离开《前线日报》，和马兄也分手了。……马兄病了，宦兄走了，这只石臼就落在我这个半客卿头上，要我顶着做下去的。宦兄希望我不要去（一去就等于拆台）。这样，我也就在上海定居下来，变成《前线日报》的一员了。

我这个满怀壮志的战地记者，原想出关到大连去做博物馆的工作……也想以大连为中心对关外九省，作长期的旅行考察。初不料到了上海，就由于政治情势的恶化，把关外旅行之梦收起来了。(《采访二记》)

我对于局势的演变，比较看得明白，一待《前线日报》的基础稳定了，我就开始和报社的关系疏淡了。我把写通讯的工作移到香港一家日报去，把上海方面的新闻工作，移到上海法学院的报学系和社会教育学院的新闻系去；这一来，便适宜于我静观默察。有一天，蒋经国到南京前线日报分社来看我，我就旧话重提，说："今后六个月，乃是你的最后的考验机会；经不得考验的话，前途是难于预料的！"我认为蒋家政权是经不得考验的，我希望他自己能够离开南京到边疆去打开天下来。这话，当然等于白说，可是，我的南京通讯，居然可以刊在《前线日报》上；那通讯，居然可以让我说"国民党不亡，是无天理"的话，总算对于我是十分宽容了！(《采访二记》)

（选自《聚仁和他的世界》，载于《回忆曹聚仁》，上海市政协文史资料委员会、上海鲁迅纪念馆编，中国文史出版社 2018 年版，题目为编者加）

中国确实进步得太快了

邓珂云

1960年，他在《北行三语》的前言中又说：

过去十年中，大陆中国的社会政治，确实进步得太快了；“快”得使我们来不及追踪，我们报道的文字，有时转眼化为陈迹。幸而，我所报道的，尽可能写得十分真实，虽一时为海外某些读者所头痛，但事实发展的进程，替我们作了佐证，因此，我总有机会来编刊“三语”。

西方国家，一向对我们中国是十分轻视的。第二次世界大战中，我们中国付了那么大的代价，勉强争得“四强之一”的地位，在三强的心目中，中国并不是“强”，而是“弱”加“大”，凭着他们来宰割的。当他们宰割的蓝图已画好，并不让中国知道的。当时，宋子文在华盛顿得了这消息去访问李海上将（罗斯福的总统府参谋长），他既不否认，也不承认。宋子文表示气愤，说“中国人是要报复的”。李海却替中国那支破破烂烂的军队担忧，说：“中国凭什么去报复？”可是瞧吧，这支破破烂烂的军队，毕竟把不可一世的美国兵，从鸭绿江打回三八线那边去，迫着美国人发抖，说中国是侵略国了。（难道我们中国的命运，是该被侵略的吗？）

当国民党政权崩溃的日子，美国当局（那时还是杜鲁门任总统），认为中国这条烂绳子是扶不起来的，那份白皮书中所载的都是绝望的话。1949 年 10 月 1 日，毛泽东氏在北京天安门之上宣告：“中国人民将会看见，中国的命运一经操在人民自己的手里，中国就将如太阳升起在东方那样，将自己的辉煌的光焰普照大地，迅速地荡涤反动政府留下来的污泥浊水，治好战争的创伤，建设起一个崭新的强盛的名副其实的中华人民共和国。”经过了十年的艰苦奋斗，毛氏的话，字字都实现了。毛氏代表东方民族的坚强有志气的性格，我们能不说他是史无前例的伟大人物吗？

有人责难我：“是不是北京当局所做都是对的，如你所赞扬的呢？”我们应该明白，社会政治的改革，如切实去做的话，可能会有错误，有偏差的；毛氏的最大成功，乃在他不停地在全国各地走动，抓实际问题来研究，因此，有了错误，也很快就纠正过来了。至于执行政策的干部，素质不同，成效也有差别。我且引用我十多年前所说的一段旧话：有一天晚上，天很黑，大家只能摸黑路，有人给那一群走夜路的人，一人一盒“火柴”。他告诉他们，你们看不见路时，就刮一枝火柴照照明。那一群人中，也有依着他的话，刮一枝照一段路的；也有一直摸夜，没刮过火柴的，也有刮了一枝火柴点了灯笼走的；也有用那盒火柴去放火，烧得一片野火的。所谓“政治干部”，其不同之点即是如此。这段话，当年颇为朋友们赞许，我想，在今天，还是用得着的。

希望我的“一得之见”会对朋友们有点贡献。

（选自《聚仁和他的世界》，载于《回忆曹聚仁》，上海市政协文史资料委员会、上海鲁迅纪念馆编，中国文史出版社 2018 年版，题目为编者加）

待到抗战胜利，朝野清平……

赵家欣 *

我初次看到曹聚仁是在徐州前线。1938 年春，李宗仁将军指挥的第五战区广西部队，收复战略要地台儿庄。这是七七事变后国民党战场传来的第一个捷报。中外记者从四面八方云集战区所在地徐州，转赴前线采访。当时曹聚仁是中央通讯社战地特派记者，他的夫人邓珂云是香港《立报》通讯记者，随军到达台儿庄。

我读过这位被国民党御用文人骂为“乌鸦”作家的文章，看过他主编的《涛声》周刊和《芒种》半月刊（与徐懋庸合编），对这位文学界前辈，早有印象，只因一向局处海隅，无由会晤，在抗战前线不期而遇，我是十分高兴的。这时曹先生已是年近不惑，我才二十出头，无论是年龄还是学识，他都是理所当然的前辈。但是他平易随和，谈笑风生，我想象中的教授、作家的道貌岸然，在曹先生身上是看不到的。我已记不清谈话是怎样开始的，曹先生是个健谈的人，他谈战地采访的故事，谈当教书先生的甘苦，我听起来都觉得津津有味。印象较深的是谈到教书生涯时，他说：大家都认为教书先生

---

* 赵家欣（1916—　），福建厦门人，记者、作家。1935 年后任厦门《星光日报》记者，1937 年被选为厦门文化界救亡协会执委。1938 年厦门沦陷后，在泉州参加中华民族解放先锋队，任香港《星岛日报》国内特派记者、江西上饶《前线通讯社》编辑主任。新中国成立后，任福州《新闽日报》总编辑。

是春蚕，是蜡炬，随着岁月的流逝，丝尽泪干，只是片面地销蚀自己。我却不以为然，桃李遍天下之说虽属夸张之词，但教了几年书，到处可以遇到学生，则是事实。学生尊敬老师，不仅给你精神上的慰藉，有时还帮助你解决困难。我当了战地记者，足迹所至，就因为到处有“桃李”而在交通食宿上得到不少方便。一朝受教，终身爱师，这是中国人的优良品德，这种情谊并非金钱所能换取的。曹先生说，待到抗战胜利，朝野清平，我还要去教书的。这些话给我留下深刻的印象，善良的人们都希望抗战早日胜利，有个清明的政府，得以各安所业。但是历史的发展是曲折的，人生的道路是不平坦的。抗战胜利，内战又起，曹先生的这一愿望，最终没有实现。

其后，曹聚仁一度应邀到赣南，主持蒋经国创办的《正气日报》，担任这家报社的主笔、总编辑。当时，中国人民对蒋介石的消极抗战，政治腐败感到失望，不少人对曾经留学苏联的蒋太子抱有幻想，希望赣南成为政治民主、动员群众的抗战基地，希望《正气日报》成为宣传抗战、真正“为民喉舌”的舆论工具。曹聚仁是抱着这种热望去的。他就任之初，约我写战地通讯。我写了一篇题为《海上十日》的长篇通讯，在《正气日报》连载。这篇通讯写的是我从台儿庄南下经香港搭乘海轮“芝巴德”返厦门。5 月 10 日清晨，船抵厦门港，正值日寇发动海、空军进犯这个孤悬海上的岛屿，不能靠岸，我随船到上海，搭原船折返鼓浪屿。停留一天，改搭载运难民的“金马”轮重到香港。海上漂泊，来去十天，历经种种险阻的经过。曹聚仁原想以《正气日报》为阵地，宣传抗战，有所作为。但不久后，有感于蒋太子徒具虚名，不足共事，便匆匆离去。我也不再为这家报纸写文章了。

1940 年，曹聚仁 40 岁，写了一篇题为《四十之年》的文章。文章说他虽已年华老大而童稚之心未泯，喜欢到青年群中去。可是有几次，青年们看到他来了，便肃然起敬，鸦雀无声，拘束起来，等着他先开口说话。两代人思想感情上的无形藩篱，使得他，人到中年的淡淡的寂寞之感油然而生，慨叹自己在青年们面前，已经是个“老头子”了。对于这篇文章，我印象颇深，而对于曹先生的心情，当时却无法理解。待到若干年后，自己也进入中年，成为青年人心目中的长者，这才发现，自已虽心情未老，而在处世接物方面，和青年们却有了距离，这大约就是“四十之年”所感受的心情吧！

曹聚仁写的战地通讯，文笔流畅清新，深受读者欢迎。他的通讯往往在国内外几家报纸同时发表。我工作过的《星岛日报》《前线日报》就经常发表他的通讯，在那几年中，我经常读到他的文章，却一直没有机会和他见面。1941 年 9 月，侵占福州的日寇撤离马江。我到福州采访新闻，曹聚仁也后我一天来到。他到福州时已是午夜时分，由熟悉福州的人带领，不去旅社投宿，却到澡堂过夜。福州温泉远近闻名，澡堂有很好设备，曹先生以浴室当旅舍，别有一番风味。第二天见面时，他向我竖起拇指，对福州温泉浴室赞不绝口。这是一位教授、作家在生活上随遇而安的体现。

抗日战争胜利后，曹聚仁所希冀的清平政治局面并没有出现。他仍然从事新闻工作，在迁到上海出版的《前线日报》担任过主笔。国民党发动全面内战，曹聚仁又写起战地通讯。这一时期，他再不是中央通讯社特派记者，而是《星岛日报》《星闽日报》等“星字报”的特派员了。“星字报”是华侨资本家胡文虎创办的，它以民营、侨办面目出现，标榜“为民喉舌”，自不能和国民党《中央日报》唱完全一样的腔调。曹聚仁在福州《星闽日报》发表不少战地通讯。如 1947 年 9 月 4 日的《鲁豫战局》、9 月 26 日的《九月战场》；1948 年 3 月 17 日的《时局漫谭》；等等。当时国民党统治区出版的报纸，在电信、通讯、社论以及其他文稿中，对解放军都用侮辱性的“匪”字，曹聚仁的通讯却与众不同，用的字眼是“共方”或“共军”。1948 年 1 月 22 日，《星闽日报》刊登曹聚仁题为《京沪报界的逆流》的通讯，其中一段说：“戡乱军事开始之时，《大公报》独树一帜，‘共匪’字样绝对不在新闻中出现，家家报纸，都标出了‘共匪’，它独仍‘共军’之旧。这个把柄落在别人手中，王芸生便吃了一下闷棍。其后不久，《大公报》也只好看风使舵，揭出‘共匪’字样……”在国民党反动派的重重压力下，当时坚持不用“匪”字是难能可贵的。随着解放战争的节节胜利，在国统区写如实反映战局的报道就更困难了。曹聚仁有下笔难之苦，因而他的通讯也就渐渐地少了。

（选自《记曹聚仁先生》，载于《回忆曹聚仁》，上海市政协文史资料委员会、上海鲁迅纪念馆编，中国文史出版社 2018 年版，题目为编者加）

贯穿一生的爱国主义情怀

曹 雷*

就在我10岁的时候，我父亲离开家远去香港。这以后，他曾多次回国，因为公务，家庭团聚的时间并不很多。对父亲的了解，更多的是通过他给母亲和我的书信，以及他留下来的大量的文章书稿。这些年来，我一直在做整理出版父亲遗稿的工作，是为了把他文字中一些宝贵的史料保存下来，也为了读者对他有个更全面的了解。而这个过程，也是我和父亲相通相知的过程，使我得以了解贯穿他一生的爱国主义情怀。

父亲早慧，幼年受祖父影响很深。祖父曹梦岐出身贫苦农民，却有很强的反抗压力的精神，耕余读书，应了乡试，并接受了维新志士的变法路向，在家乡办起了新式学校——育才学堂。并一生致力于地方自治的文化教育，身体力行，晚年甚至被当地乡民奉若圣人。祖父所信的是儒家的理想，认为“立志为圣贤，尧舜的己饥己溺，范仲淹以天下兴亡为己任，这都是青年人应有的志向”。

---

* 曹雷，1940年出生，浙江浦江人，曹聚仁长女。1962年毕业于上海戏剧学院表演系，留校任教。1965年入上海电影制片厂任演员，先后在《金沙江畔》《年青的一代》等影片中饰演主角。1982年起任上海电影译制厂配音演员兼导演，为《非凡的爱玛》《爱德华大夫》《国家利益》《最后一班地铁》等译制片中的女主角配音，并担任《斯巴达克斯》《战争与和平》《看得见风景的房间》《柏林之恋》等译制片导演。

父亲在育才学堂接受了小学教育，16 岁时考进杭州第一师范，师从陈望道、夏丏尊、李叔同、单不庵、朱自清、俞平伯等著名进步学者。1919 年五四运动的狂飙也刮到了浙江，杭州一师成了走在革命运动最前列的学校之一。父亲从最早接受革命思想的施存统等同学处第一次看到了《新青年》等进步刊物。他在学校经历了引起新旧思想和势力激烈冲突的“《非孝》事件”（一师同学施存统在革命思想影响下，组织“新生”学会，出版《浙江新潮》周刊，并发表反对片面伦理的文章《非孝》。激进的观点引起校内外乃至全国的辩论。同学凌独见办了《独见周刊》，大骂施存统，引起公愤。学生自治会组织法庭“公审”凌氏，曹也是审判员之一。对凌的批判受到陈独秀的支持）、“留经运动”（“《非孝》事件”在一师爆出，浙江省当局要追究责任，便据此撤了经子渊校长的职，附带要解除刘大白、陈望道、夏丏尊、李次九等四位积极倡导新文化运动的教师的职务，受到了学生和进步教师的反对。这一新旧势力的较量，引发了一师学潮，并受到社会广泛关注）激发起他的关注国家命运，追求进步思想的热情，他投身到学生运动中去，当了学生代表，还继任了学生自治会主席（两主席之一）。同时，他与另外 12 位同学一起办起了《钱江评论》，与施存统、夏衍等办的《浙江新潮》相呼应，是学潮的组织宣传者之一。他回忆一师时期的生活时曾说：“前三年是埋头读书，一意做理学家门徒的后代。后二年，便是束书不观（实在没工夫读书了），到要把‘天下兴亡’的责任担当起来的时期，我们都变成了忙人，天天在十字街头奔走往来，自以为是了不得的——我们觉得救国的工作太重要了，读死书是没有用的。”

同时，父亲也受到他的老师——朴学家单不庵先生的影响，从朴学的角度去研究当时中国那个半殖民地半封建社会，研究中国的哲学和历史。他从一师毕业后，没有考上大学，独自来到了上海，通过陈望道老师的介绍，认识了国民党里的左派邵力子先生，并开始在邵氏主办的《民国日报》副刊《觉悟》上写稿。他写杂文，写新诗，为新文化运动呐喊。同时，经邵力子先生推荐，他到在沪的陕西盐商吴怀琛家当家庭教师。在这期间，他几乎读遍了当时从欧西译介过来的文学名著，旁及社会科学、哲学、史学专著，还开始学习“用现代的烛光来照明中国的古籍”，读了无数种前人的笔记、杂学，打开了他的眼界。他不断把自己阅读学习的心得发表在《觉悟》上，直至章太炎先生举行国学演讲会，他替《觉悟》去笔录讲稿，加以发表，引起了章师的注意，要他去拜门，成了章太炎的入门弟子。这时他才 21 岁。此后，父亲就被民国女中、上海艺术专科学院、上海艺术大学、路矿学院、上海大学附中部、暨南大学等大中学校聘为国文教师。

他始终没有参加任何政党，但他始终关心着国家的命运。那一时期，他接触得比较密切的人是《民国日报》的一群师友：邵力子、陈望道、刘大白、夏丏尊等人。大革命时期，国共首次合作，上海的《民国日报》虽是国民党的机关报，但也是两方合作的一个重要的文化阵地。邵力子先生把他带进了这个“火辣辣的圈子”中，使他结识了国共两党的许多重要人物。他认识了叶楚伧、柳亚子、胡朴庵诸氏，还接触了陈独秀、戴季陶和孙中山先生。对他影响较深的还有当时在《民国日报》编《杭育》周刊的吴稚晖先生（《杭育》乃是提倡现代科学的周刊，“杭育”象征码头工人的劳动号子声）。

1927 年，蒋介石背叛革命，第一次国共合作破裂，国民党内部左、右两派日趋对立，父亲的师友间，也发生了尖锐的矛盾。眼看着自己的同学、国民党右派的陈征德打了被父亲称作“恩师”的邵力子先生；眼看着同学中的国民党杀了同学中的共产党，他受到了极大的震惊，思想极度消沉，觉得这样下去中国无望。这时，他的老师单不庵邀他去浙江省立图书馆西湖分馆（在文澜阁，单师当时为分馆主任）整理《四库全书》；同时，邵力子先生受政府委派，到苏联考察回来，面对国共合作完全破裂的局面，精神上十分痛苦。蒋介石电邀他去溪口，他想邀我父亲同去，我父亲说：“我见了鬼，怕黑，我要到杭州图书馆去做鸵鸟了。”就这样，彷徨苦闷中的父亲，去了杭州，一头扎进故书堆里去了。

在文澜阁半年，虽然让父亲有机会研究文物掌故，也熟读了很多古书，夯实了他以后治史写作的基础，但那时他只有二十多岁，对镜自照，自叹不该终老于斯，在那里过养老的生活，便翩然有去意。第二年春天，又回到暨南大学教书去了。

对那段时间的自己，父亲在他的文章中自剖："1927 年秋天，国共'婚变'，我就远离政治旋涡，躲到文澜阁去钻古书堆，做现代的蠹虫；其后回到暨南大学教书，只是教书而已，不再过问社会问题了。从那时到 1931 年，其间差不多沉默了五个年头。一个社会革命的力量，慢慢从地下成长起来，和我已经没有什么关系了。和我相知的朋友，很多都已在狂潮中死去了。1931 年秋天，'九一八'事变发生了，正是危急存亡之秋，似乎沉默不下去了。几个朋友，开头只是极少数几个人，想写点文章叫喊一番，定名《涛声周刊》……我们之间，只有共同的兴趣，并没有什么政治主张，并也不替什么主义作宣传，我们对一切问题，采取批判的态度。后来，慢慢成熟了一种共同概念，就用'乌鸦主义'作口号（乌鸦主义＝理性主义）。王琳兄替我画了一张图案，下面是海涛汹涌，上面是群鸦乱飞；一面象征时代大变动，一面表明我们为时代而叫喊……"

在那样一个低气压的政治气候中，父亲虽说"不替什么主义作宣传"，实际上，他是鲜明地在做爱国主义的宣传，而且十分激烈。《涛声》上所刊登的文章，不论是他自己写的，还是其他作者如陈子展、黄芝冈、陶行知、鲁迅等写的诗文，都具有强烈的爱国主义色彩。所以鲁迅会说他是爱看《涛声》的，"《涛声》上常有赤膊打仗，拼死拼活的文章"，并且预言在那种政治气候下，它活不长，只能"看一张算一张"。不久，《涛声》果然在创刊一年半后，于 1933 年 11 月被当局封掉了。

《涛声》被封的第二年，父亲心犹不甘，又与徐懋庸一起创办了《芒种》半月刊（《芒种》有着"到农村去"的意义）。还成了陈望道主编的《太白》半月刊的编委之一。提倡大众语，主张战斗的文学，否定自我为中心与闲适的笔调。

这期间，父亲又不断地在《申报 · 自由谈》上写稿，并为陈灵犀先生主办的《社会日报》写社论。因为揭橥抗日，他的文章经常被当局检查老爷开天窗，有的甚至整篇被剪去。他当时写的《松花江时代》《牛兰事件》《总示威的幻灭》《抗议邓演达处死刑》《莫谈国事》《誓言》《论中国之内战》《“开天窗”的演讲》《伪国可否承认》《气节》《说爱国主义》等杂文中，以沉痛、辛辣的手笔，直指国民党当局的分裂卖国行径。

当时，父亲经常为之撰稿的报纸还有《辛报》《立报》《大美晚报》等。

父亲曾将自己这段时期的部分文字收集在《文思》《笔端》《文笔散策》几个集子里。不过，他也承认：“我既立志欺骗死者（按指假造一些时事消息安慰临终时的祖父），却乃不忍欺骗生者，白纸上写黑字，总想忠实一点；因此，屋角上的老鸦，不免惹人头痛。我又转念：金鸡纳霜味苦，外面裹一层糖衣，让人家咽得下去。我又何必不裹一层糖衣呢！删削又删削，凡保留于《笔端》中的，已经没有什么苦味了。”这也是他编集子时的苦衷。

正因为父亲在文章里反抗当时对文化采取高压政策的当局，在国家民族的立场，主张对日本作战，1932 年，蒋介石崇尚法西斯主义，加强特务组织，国民党 CC 派一心控制全国大学，迫害爱国教授和学生，父亲被暨南大学无理解聘。

1936 年 1 月 28 日淞沪抗战四周年纪念日成立的上海各界救国联合会，在上海湖社公开选举，曹以 120 票，被推举为 11 位理事之一（救国会理事中还有沈蘅山、王造时、李公朴、史良、章乃器等），曾在各处作过百多次的讲演，宣传鼓动抗日。他甚至为抗日歌曲写了歌词：“枪，在我们的肩膊……”

在这里要说一件事：那年，父亲曾因救国会理事身份，去无锡讲演，被当局逮捕，幸得爱读他文章的孙元良疏通，才放了出来（当年上海《大公报》曾有文以《捉放曹》为题记述这件事）。父亲说，他当时并不想空言救国，他想投军去。

七七事变，打响了全面抗战的第一枪，继之“八一三”战事爆发。父亲因有了与孙元良的前缘，决定放下教鞭，进住八十八师（孙元良师）师部，做一名战地记者，进行随军采访。这样，他就成了进入四行仓库里的唯一的随军记者。他一面学习军事知识，一面采访各路战情，向外界报道。有一时期，他的报道成了各报和外电争相转载的消息来源。

三个月以后，四行仓库失守，父亲心情沉重，他决心随军撤退，带笔从戎。正因为他在四行仓库时的报道影响很大，国民党中央通讯社也就破例将他这个无党派人士聘为他们的战地特派记者。这以后，父亲得以辗转浙皖、武汉、徐州、郑州、洛阳等地，进行战地采访，并首先报道了台儿庄之捷的消息。抗战期间，他写了大量的战地报道，也有长篇通讯。他对蒋介石的反共行径深感痛心，曾采访过当时任政治部主任的周恩来及新四军的叶挺、陈毅等领导，也受到了亲切的接待。叶挺同志还将南京大屠杀的九张照片送给了父亲，抗战胜利后父亲把照片收进了他编写的《中国抗战画史》中。他曾在《我的自剖》中写道："抗战给我一个新的信念，那时，我相信中华民族有了新的希望。我还相信抗战的血多流一点，或许社会革命的血就可以少流一点了。因此，当时我对中国的前途一变而颇为乐观了。可奈在泥泞长途走了一阵子，那份乐观了的念头，又渐渐褪了色……"

抗战胜利后，父亲回到上海，做了一件他自认是对后人有交代的事：就是与舒宗侨先生合作，编写了那部《中国抗战画史》。他在这本书的扉语——《我们的献词》中写道："我们中国，八年长期抗战的程途，真是崎岖艰苦的；我们在抗战初期，也曾用血肉躯体来和敌人的飞机大炮相抗拒；也曾从肉搏中争取小胜，积小胜为大胜，以空间换时间；也曾临到失败的边沿上，坚忍支持，兀立不屈；我们所付的代价，所受敌人摧残、破毁的程度，远过于这次世界大战中任何国家。我们抵抗暴力，比任何国家都早；有一段时期，几乎被若干国家所出卖；又有一段时期，我们独立支持东亚战争的局面，替盟邦争取准备反攻的时机。可是战争结束了，胜利到来了，大家震于原子弹的威力，几乎忘记了我们千百万将士在前线所付的代价，抹消了我们中国这次战争中所受的牺牲，甚至有人本于'民族自卑的心理'，竟否定了我们对于争取胜利的一切贡献；好似'胜利'的成因，全由于'原子弹'……"所以父亲无论如何要编写出这本书来，如扉语所说："我们所写的虽是关于战争的记录，但希望由此而闪出增进人类幸福、促成世界和平的光辉。"《中国抗战画史》出版于1947年，是当时出版最早也是内容最丰富的一本记录中国人民八年抗战历史的作品。在对日本战犯进行审判时，这本书就放在审判长的案桌上作为佐证。需要说明的是，此书出版之时，正是国民党蒋介石又一次掀起反共高潮之时，但父亲和舒宗侨先生依然用相当篇幅记述了在共产党领导下的八路军、新四军以及敌后根据地人民的抗战业绩，并配有大量照片。为此，父亲还受到国民党上层的压力。

1948年，国民党政权已是穷途末路、风雨飘摇之时。父亲抗战中曾在江西赣州帮助蒋经国办《正气日报》，与蒋经国共事合作过多日，这时，他从民族国家的利益出发，规劝过蒋经国，以《桃花扇》的故事，晓以大义，反复陈词，说到福王的覆辙，谓内战不可不早日停止，并当面直言："国民党不亡，是无天理！"但也自叹："终无以改变当局的意向。"所以，新中国成立前夕，有人把全家去台湾的机票放在我父亲面前，他还是留在了上海。

这以后的两年，可说是父亲思想最矛盾，心理最复杂的时候。他常把自己比作屠格涅夫笔下的罗亭，具有知识分子软弱性。一方面，他热切地盼望社会变革的实现；可是，当革命来临的时候，他又难以承受割舍自由主义的痛苦。新中国成立时，他任校长的前进中学已经解散，当时的他，不属于任何单位和党派团体。他曾在他的《采访新记》中直言当时的心情："那年（按：指1950年）6月，艾思奇在北京大学讲演说：'一块砖砌到墙头里去，那就推不动了，落在墙边，不砌进去的话，那就被一脚踢开了！'这是对自由知识分子的提示。……中共起了带头作用，把民主政团组成一个整体，每一民主人士，也是一个齿轮。于是，全国的学校、报馆、通讯社、书店，都组成一个整体，每一单位都只是一个齿轮；像我这样离开了齿轮的地位，到自由主义的圈子中来，对于我以后的运命，关系是很大的。我也如屈原一样眷怀反顾，依依不忍去，然而我终于成行了，这也是我心理上的矛盾。……"

当然，还有一家老少八口需要养活，也是父亲必须面对的现实问题，这一点甚至比思想上的矛盾压力更大。他在我长大一些后给我的信中曾写道："十几年前我应不应该到海外来闯天下呢？在当时，你妈真有千个万个不情愿，但这一家的担子谁来挑呢？我不能说一句空口漂亮话，说大家一齐挨苦就是了。我咬下牙关，决定到海外来做事，找钱养家，闷声不响，自己多吃点苦。那时，你们年轻，是不懂这番道理的。”

父亲于 1950 年 8 月跨过了罗湖桥，到了香港。

到了香港后，面对那个“自由世界”对新中国的大量误解和攻击，父亲的爱国知识分子的良心，让他不能不说真话。于是，写出了他抵港后的第一篇文章：那篇引起热烈反响同时又遭台湾中宣部一连五个月攻击的著名的《南来篇》，文中开宗明义说的是：“我从光明中来。”当时，他是孤独的。“左”派认为他是从“光明”中“逃出来”的，必定是倾向“黑暗”；而右派则说居然称自己是从“光明”中来，必定是“靠拢”分子（当时指倾向共产党的人）。而他，却始终在寻找着自己的一条报效祖国的路子。他在给我的信中说：

“别人以为，我到了海外，一定会远走高飞了。我一心向往北京，而且慢慢走上为祖国效力的路子，和别人的想法绝不相同。……社会革命，乃是我们年轻人的理想，我为祖国效命，也就是实现自己的理想。”

这儿以后，他在香港生活了二十多年。在这个特殊的小岛上，他利用自己过去做新闻记者、做文人、做教师时建立起来的影响和种种关系，为海峡两岸的和平统一做了大量的工作；并用他的笔，为他热爱的祖国，在海外作了大量宣传。在他留下的香港时期的千多万字文稿和三十多本书中，记录了他的心路历程。

这段时期，他在文章中多次提到两本书中的两个人物：《四骑士》（伊孛涅兹著）中的马尔塞尔和《灯台守》（显克维支著）中的老灯台看守人思凯闻思奇。前者因年轻时远离了祖国，当祖国处于危难中，他却因报效无门，而处于极端的矛盾和痛苦之中。后者是终生漂泊的老人，为了寻求乐其天年的安静的归所，在异国的海边当了灯塔看守者，却因一份祖国来的杂志，使他忽动故国之梦，心事波起，不能自已，误了点灯工作，被解职，复上漂流之道。从父亲晚年钟爱的这两个小说中的人物身上，可以看出他心中深藏的怀念祖国的情愫。

父亲逝世后，遗骨终于回到了祖国，现已落葬在上海。墓碑上，并没有带着伟大光环的头衔；“爱国人士”四个字，实实在在地反映了父亲热爱祖国，并为祖国贡献的一生。

（载于《回忆曹聚仁》，上海市政协文史资料委员会、上海鲁迅纪念馆编，中国文史出版社 2018 年版，有删节）

高山流水　以待知音

曹　雷

在我面前放着父亲留下的一本巨大的书，封面上印着《现代中国剧曲影艺集成——浙东曹聚仁辑》，这是我父亲的手笔。说它“巨大”，并不过分，8开本，是普通杂志的两倍大小，八百多页，彩色厚铜版纸精印，皮制的烫金字封面，厚8厘米，重达14斤！打开这本大书，两千多幅照片、图画，二十多万字的评论记述，汇总了新中国成立以来文艺舞台上、银幕上百花齐放的面貌，介绍了中国艺术大师们的成就，从内容上来说，也称得上是一本“巨书”。

这是1971年父亲拖着他年迈多病的身体，付出了很大的劳动，在香港编辑出版的。不久，他就与世长辞了。病危时，他还曾要求母亲将这本刚出版的书抱到医院，放在他的床前，一页页地翻给他看，他感叹地说：总算了了这件心事。

书的开头，影印了父亲用苍劲的毛笔字写下的“总序”。他写道：“这是一部伟大时代的剧曲艺术图片实录，我先后花了二十多年心力积存起来的……影印出来公之全世界学术文化界……高山流水，以待知音。”

“高山流水，以待知音。”父亲在20世纪70年代初这样一个特定的时期写下这八个字，是赋有深深的含义的。

我父亲不是一个专业戏剧工作者，但他酷爱祖国的戏剧艺术。抗日战争时期，他身为战地记者，每到一处，除报道战场新闻外，只要有条件，总要去看当地的地方戏曲演出。他在战地采访的同时为自己拟定的四个要从事研究的专题中，就有一个是中国戏剧的渊源和发展。多年来，他搜集了不少这方面的资料，也写了不少论述戏剧的文章。新中国成立后，他旅居香港，依旧不断地关心新中国戏剧电影事业的发展。国内的影片在海外上映，国内的文艺团体去港演出，他总是认真地观看，在海外报刊上发表评介。他大量地订阅、剪存国内的戏剧电影刊物，20 年间从不间断。他曾多次回国，受到毛主席、周总理和中央领导同志的亲切接见。他访问了祖国各地，于采访工农业成就的同时，还争取一切机会，看了几十种剧目的舞台演出。看到祖国文艺戏剧的繁荣进步，他难以抑制心中的喜悦和兴奋。他写道："20 年之中，百花齐放，鲜美新奇到这样境界，汤若士复生于今日，亦必啧啧称奇。"每次回到海外，他总热情地介绍所看到的一切，称颂新中国的百花园。他曾写了《地方剧的新生》《新与旧》《推陈出新》《抚今追昔》等文章，评论过京剧《穆桂英挂帅》《杨门女将》、昆曲《游园惊梦》、汉剧《二度梅》、湘剧《拜月亭》、川剧《白蛇传》、梆子戏《孙安动本》、秦腔《游西湖》、陇东剧《枫洛池》、粤剧《关汉卿》，以及越剧、桂戏、眉鄠、花鼓、二人转、梆子等剧种的戏，介绍了新编历史剧《赤壁之战》《孙刘联盟》《藐江南》《借东风》《蔡文姬》《文成公主》……也赞扬了新戏《小二黑结婚》《红霞》《红大院》《茶馆》……还为新中国舞台银幕上出现的一代新人向海外做宣传介绍。他将自己有关这方面的几十篇文章汇编成书，收在他的《人事新语》《北行小语》《北行二语》《北行三语》等等集子中，在海外引起了相当的影响。

不料，事隔没几年，"十年浩劫"开始了。"四人帮"挥舞大棒，文艺百花园遭受狂风暴雨的摧残，父亲所称颂的伟大时代，竟被说成是"黑线专政"的时代；他视若珍宝的名剧名曲，被批判践踏，成了"黑戏""坏戏"。他曾自豪地宣传过的全国 2700 多个剧团 17.7 万多位从事戏剧的文艺工作者，许多都横遭迫害，他曾推崇备至的那么多老艺术家，几乎无一幸免地被批斗关押……得知这样的悲惨情景，对他这样一个身在海外、心向祖国的游子来说，他的痛心是可以想象的。他不能理解鲜花一夜间竟会变成毒草，也不相信祖国戏剧艺术的成就可以就此一笔抹杀。

但是，这时他已近晚年，体力、精力都有限，抚摸着花了20多年心血集下的宝贵资料，实在不舍得让它们散失，于是就有了出版这本大书的计划。这样做，无疑是冒着很大风险的，但他下决心要保护新中国成立以来的文艺成果。鉴于当时国内的政治情况，他很难得到什么支持，相反，还会遭到种种谴责。他身孤力单，只能各方奔走，联系出版。撰写序言，整理篇目，搞图片编排，写说明，一切都自己动手干。最后大书终于在1971年7月得以出版；他却累垮了，病倒了。尽管这样，他仍认为：“把过去20年间的剧曲影艺的史迹编刊出来该是多么有意义的工作。我个人能在这儿脍炙献曝，尽一点微力，实在愉快得很。”

这部书共有52部分，分成甲编和乙编。甲编是图片部分，又分成上、中、下三卷。上卷谈剧曲，内容包括京剧、昆曲、各种地方戏曲、中国歌舞及京剧各名家、各流派的艺术；中卷是介绍话剧，内容有历史剧、现代剧、外来剧和话剧历史；下卷介绍电影，内容有故事片、美术片、纪录片、儿童片、体育杂技片。最后还介绍了舞台美术，脸谱化装、戏曲服装图案等。乙编是文字部分，在《艺文一角》的标题下分《现代戏曲杂话》《京剧与昆曲》《地方戏剧》《新声初试》《歌舞剧》《话剧》《电影》《余话》《记梅兰芳》《纪念欧阳予倩》《听涛室剧话》《新一代的红花绿叶》等各小部分，集了父亲所写的106篇评论及欧阳予倩、周贻白、李元龙等名家谈艺的14篇文章。正像父亲在总序中所说：“我的见闻还不够广博，这都得让图片来告诉大家，‘百花’的‘百’乃是实词，并非虚语。”

大书出版以后，受到很多国家文化界的重视。不少国家的图书馆向书商订购。对各国人民了解新中国的文艺起了一定的作用。

1972年7月，父亲在澳门镜湖医院去世了。他生前清苦度日，身后一贫如洗，留给我们子女的只有他那成千万字的文章著作和我面前这部大书。从他那些文章著作中，我们看到了他——一个知识分子一生所走的艰难的道路，也看到了他对祖国的一片赤诚。这些年，他只身在海外，为祖国做了许多宣传工作，也为他梦寐以求的祖国统一奔走努力。“高山流水，以待知音”，他相信祖国人民会了解他，也盼望自己所做的努力会在海内外引起积极的反响。

1972年，我们得到这本大书后，只能把它悄悄地藏在箱底，只能在深夜偷偷地翻阅，一面为父亲晚年所付出的心血而叹息，一面又为这本书可能引来的灾祸而担惊受怕。直到“四人帮”被粉碎以后，我们才有可能带着孩子高高兴兴地围看这本大书，也才有可能向文艺界的同志们汇报在那样一个时期，曾有那么一个海外赤子，默默地干了这么一件事。

父亲没能活到今天，没能看到祖国大地的复苏，没能见到他这本大书里赞颂的影片、戏剧又在银幕、舞台上重现，想起来，这是永远的遗憾。愿百花开得更茂盛，父亲在九泉之下若是有灵的话，这将使他感到欣慰。

（选自《父亲的文稿与书》，载于《回忆曹聚仁》，上海市政协文史资料委员会、上海鲁迅纪念馆编，中国文史出版社2018年版，题目为编者加）

不卑不亢对“洋人”

曹景滇 *

20世纪50年代，北京的“洋人”很多，特别是东欧和苏联专家多，在新侨饭店内也随处遇见。伯父是个很注重礼节的人，在上下电梯时曾多次阻止我与外宾抢道，他特为指着电梯内挂着的守则，将其中一条“要尊敬外宾，让外宾先行”念给我听，我认为自己是孩子，大人让孩子是天经地义的。伯父说：“人家到中国来就是我们的客人，你虽然是小孩子也是小主人，应该懂礼貌对客人客气些。”我想想是这个理，于是也学会彬彬有礼地对待外宾了。

在餐厅就餐时，常遇到想领略中国饮食文化但又不会点中国菜的外宾，伯父会热心给予必要的帮助。记得有一位法国女教师平时一直在楼上西餐厅就餐，临回国前想品尝一下中国菜，特意到楼下中餐厅来开“洋荤”。她坐在我们隔壁桌，对着菜单一筹莫展约莫半个小时，后来在服务员的指点下总算点好了菜，可一看表离到机场的时间快到了，非常遗憾地耸耸肩，对服务员表示只好将饭菜退了。伯父看她无可奈何的样子，就派我去邀她到我们桌来，那天我们正好点的是饺子，有好几种馅的。法国女教师很快学会了用筷

---

* 曹景滇，曹艺之女，曹聚仁侄女。

子夹饺子，热气腾腾的饺子吃得津津有味，并且不停地用英语和法语赞不绝口……

伯父对外国人是有理的，但也是有节的。记得伯母带着我堂弟景行从上海赶来与伯父相聚，他们夫妻俩六年未见面，久别重逢刚说了一会话，转眼工夫景行已在大厅里和一个外国小男孩打成一团，两人撕打着从厅的这头滚到那头，伯母和我们连忙上去拉架，好不容易才把他们分开。伯母数落儿子不知天高地厚，竟和小外宾打起架来！景行气得脸通红，委屈地说："什么小外宾！他用脏话骂我是黄狗，还先动手打我，我为什么就不能还手？"伯父听了后鼓励儿子说："打得对，打得好！对这种侮辱人格的行为就应该不屈不挠！"那个外国小孩的家长也觉得自己的孩子理屈，最后带着孩子来道歉。

还有一次，苏联狄那摩田径运动队在北京与中国田径队比赛，当时我们国家的田径运动水平还很低，他们大获全胜，兴奋得失去自控，深夜了还在新侨饭店里大声喧哗和唱歌，弄得楼上楼下的客人都不能安寝。服务员多次有礼貌地劝说，他们都无动于衷，仍然旁若无人地喧闹。那个年代正是"苏联老大哥"的时代，服务员们对苏联人特别敬重，因此对这种特殊情况的处理感到有点深不得浅不得。伯父觉得这批苏联朋友把中国人的尊敬和客气当成了福气，太无所顾忌了。于是，亲自出面到领队的房间去交涉，苏联运动员们立即安静下来，领队还一再表示歉意。服务员问伯父用的是什么妙法能如此立竿见影？伯父笑着说："我只是以客人的身份提醒他们注意风度，不要把自己的快乐建筑在影响大家休息的基础上。"接着又拍拍那个年轻的服务员的肩膀说："小伙子！'老大哥'在'小老弟"的国家，还要看看'小老弟'的脸色啊！"

伯父对我们说，清朝时由于我们的兵坚利器不如洋人的洋枪洋炮，处处吃亏。于是我们的自卑心理，使我们把洋人看成"洋大人"，20 世纪以后，洋大人的"西洋镜"也慢慢拆穿，特别是洋人的侵略行为，于是反变成了"帝国主义者"。到了而今，民族自尊心恢复了，祖国也强大了，在我们眼前的"洋人"，既不是"洋鬼子"，也不是"洋大人"，也不是"帝国主义者"；

在今日的北京，通用了一个很恰当的新名词，叫作“外宾”。我们对待外宾和先前的买办、仆欧把洋人看作“洋大人”的心理是不相同的。首先是“平等”，然后是“礼貌”。

（选自《难忘的日子》，载于《回忆曹聚仁》，上海市政协文史资料委员会、上海鲁迅纪念馆编，中国文史出版社2018年版，题目为编者加）

第五章
田汉：我们战黄河，我们战淮河

躲避国民党的迫害

吴作人*

到了1929年下半年，中大艺术系开了一个全系学生大会，我只是旁听生，当然不能参加。会后，班上有一位一向对我们同情的同学，就忙来告诉我们：会议上决议要把从上海来的学生都驱逐出学校，说我们是上海共产党派去的“捣乱分子”，真是天晓得。

回忆起来，那时他们可能怀疑的有两点：第一是我到南京不久，在上海被捕的张恩袭（张曙）被押到南京监狱后托人送出给我的一个条子，说缺钱花，那时我们年轻胆子大，就给他捎了十块钱。另外在晓庄师范演戏时，有个热情的学生，他对我们演出帮助很多，后来我们过从很密。他就是谢伟棨（宗辉）。他经常进城来找我，我们一谈就是一个晚上。有时让他坐在教室里，我们给他画像。不久他也参加了南国社。谈到这里，我不得不沉痛怀念我们南国社的好成员谢伟棨。后来南国社演《卡门》时，他接着金焰的角色演，等演到最后一场时，国民党特务来捣乱，组织流氓来砸场子。这时我

* 吴作人（1908—1997），安徽宣城人。1927—1930年初先后就读于上海艺术大学、南国艺术学院美术系及南京中央大学艺术系，师从徐悲鸿，参加南国革新运动。1930年赴欧洲学习，先入巴黎高等美术学校，后考入比利时布鲁塞尔皇家美术学院。早年攻素描、油画，晚年后专攻国画，境界开阔，寓意深远，融会中西艺术，是继徐悲鸿之后中国美术界又一领军人物。1984年法国政府文化部授予他艺术与文学最高勋章，1986年比利时国王授予他王冠级荣誉勋章。曾任中央美术学院院长、中国文学艺术界联合会副主席、中国美术家协会主席。

已离开上海去巴黎了，可能是郑君里写信告诉我的。国民党反动派一直要抓宗辉，他住在租界一边，那里一半边是公共租界，一半边是华界，中间有一条马路，就是北四川路。国民党警察不能过去抓人。有一天，一个被抓之后又放出来的叛徒陪他一起散步，他不知道这个叛徒要暗算他。结果散步到北四川路，也就是上海大戏院对面，那个叛徒突然说："大戏院演的是什么新片子？我们看看海报去。"宗辉这时放松了警惕，就跟那人过到人行道那边去，马上给特务抓走了。后来被解到南京，在雨花台壮烈牺牲。这两件事，国民党学生都给我们记上了，硬说我们是上海派去的捣乱分子，是"共嫌"。

当系学生会会长来找我传达决议时，说："学校没有旁听生的制度，你们不是正式生，所以要尽快离校。"这个谎言说得令人发笑，因为系里旁听生多着呢。我把情况告诉了徐先生，他极为愤怒，憋了半天才说出一句话："你到法国去学！"我从来没想到去法国，他说没关系，找工作，半工半读都可以的，巴黎有他的老同学，有许多华侨，可以坐最便宜的"水手舱"去。后来，一切弄好了，就缺护照。要先经过教育部，要有大学文凭，才能发"自费留学证"，我哪里有这东西呢？徐先生说你回上海去看田先生。我找了田先生，他说："那容易呀！"南国艺术学院印的文凭一张也没有发过，我领得了南国艺术学院文凭就把它寄到南京徐先生那里去了，这时还有一位也是被迫离开艺术系的南国同学吕霞光，也想同去法国，徐先生也同意了。就凭着这张南国艺术学院的文凭，徐先生给我们办来了教育部的自费留学证和外交部的出国护照。到了起程那天，田先生、田洪、金焰还有姜治方等都来送我们。

比我早一班船去法国的还有冼星海（那时，星海是上海音乐学院的，他未出国前，已参加了南国社。《莎乐美》中的一段舞蹈伴奏曲子，用的是贝多芬的 Menuet，就是由星海和我一起合奏的。他弹钢琴，我拉小提琴）。我记得田先生送我时，还说过："前一班船送走了星海，这次送你们了，不知将来谁来送我们呢！"

时间过去得很快，1935 年的秋天，除悲鸿先生从南京给我一封"快信"

（那时有这种加急的信件），要我及早回国，给我安排在中央大学艺术系担任讲师的任务。我回到南京，首先去看徐先生，他当然很高兴，谈了些情况，接着就告诉我："田先生在上海被捕，后来关在南京又有病，由我（徐先生）和宗白华先生力为奔走保释，监外治疗，前天才出来，你快去看望他吧！他住在丹凤街百子亭。"我去看田先生，他比六年前显得苍老清瘦，头也剃光了。又看到田老太太，她依然如往日那样慈祥。我很激动。田先生也没谈别的，就说："太好了，你回来，我们要演《复活》，你还得搞设计嘛！"

在抗战初期，台儿庄大捷，鼓舞了全国人民对抗战的信心。我在重庆组织了几位青年画家和学生，成立一个"战地写生团"，也是在徐先生鼓舞下，给田先生写了信到武汉联系的。

在北平和平解放以前，记得是1948年的初冬，正当国民党反动派日暮途穷，在战场上节节败退的时候，平津是朝不保夕，就对在北平的著名学者名流威逼利诱，妄图把他们裹胁南逃。这时田汉先生受毛主席、周总理的委托，从解放区兼程到北平给徐悲鸿先生带口信。是××通知冯法祀，和徐先生约在一个晚上会晤，传达了党对徐先生的信任和希望。徐先生当时就表示了决心为党为人民坚持留在北平，保护北平的文物和校产。接着徐先生给我打电话，我和萧淑芳同去见田先生并和他们晚餐。那次还有安娥，餐毕他们又来到我们家里，田先生再次传达了总理对我们的关怀和指示。当夜，他和安娥化装成老乡出北平城区返解放区。

（选自《忆南国社的田汉和徐悲鸿》，载于《回忆田汉》，全国政协文史和学习委员会编，中国文史出版社2015年版，题目为编者加）

做青年的伯乐

赵铭彝 *

田汉善于发现青年的长处，并且也能够使他们发挥长处，推动他们在艺术上的成长。他的戏剧创作，在南国社初期，他写的剧本中的人物不少是他周围的青年，甚至是让这些青年演他们自己。例如《苏州夜话》这个戏，显然有唐叔明的影子，《秦淮河之夜》则是以严与今的恋爱悲剧作题材，而直接叙写张慧灵的家庭不幸遭遇的《颤栗》和流浪诗人陈凝秋（塞克）的《南归》，都是让实际存在的人物自己上台表演剧中的角色，这样既加深了角色的感受和体验，也在一定程度上教育了观众。例如《苏州夜话》由卖花女口中控诉了军阀混战的罪恶和贫穷的苦难，揭示了人物悲惨遭遇的社会根源。这在当时是深深地打动了观众的。唐叔明、左明、陈凝秋等一些优秀演员，都是没受过戏剧的专门训练，和田汉也毫无个人关系的青年，田汉不仅全部接受了他们，还免收他们食宿等一切费用。田汉是一个没有固定收入的穷汉，但他却慷慨地帮助这批青年。还有金焰，只凭万籁天一纸介绍信，就在

---

* 赵铭彝（1907—1999），四川江津人。教授，中国现代戏剧活动家、话剧和电影评论家。上海大学肄业，1927 年入南国艺术学院，开展戏剧运动；1932 年，任中国左翼戏剧家联盟书记，同时参与成立左翼电影、音乐组织；抗战爆发后，参与导演话剧《保卫卢沟桥》，影响了大批青年参加抗日救亡运动。1937 年，当选为中华戏剧界抗敌协会理事。新中国成立后，曾担任重庆中华戏剧专科学校校长，后任上海戏剧学院教授。

田汉家里食宿。这些，一方面说明田汉有识别人才的“伯乐”本领；另一方面也说明他为艺术革命不惜一切地访求人才的精神，没有这样的精神，南国社的事业是不会成功的。

最值得记述的是田汉和冼星海的交往。1928 年，田汉想把新音乐运动搞起来，可是当时一方面只有学院派的音专，那是比较保守的；另一方面社会上只流行外国电影歌曲，要搞我们自己的新音乐，缺乏人才和合作者。有一天在马路的电线杆上发现一张“教授音乐”的广告，他对着这张广告凝思。回家后告诉三弟田洪，说南国需要音乐人才，那位贴广告教音乐的人，可能是一个穷困的人。他叫田洪去访问了解。田洪去看了，那个人住在一个小亭子间，看样子的确是一个穷困的青年。自说是广东人，母亲帮佣，他不忍心，想借自己的力量来养母亲。他名叫冼星海，是岭南大学学生。田汉写了一首短歌，请冼星海作谱，第二天就交来了。田汉把这个曲谱叫他唯一的音乐学生张恩袭试唱，他听了很满意，一定要见这个人。冼星海到了南国艺术学院，结识了田汉，也和学院中的陈凝秋等相识了。彼此经常往还。冼星海参加了南国社，在南国社的公演中和张恩袭一起担任了音乐方面的工作，一直到他离开祖国到法国学习为止。1935 年，冼星海回国，参加了当时在左翼剧联领导下的新音乐团体，创作了许多救亡歌曲，为中国的新音乐增加了巨大的力量，对推动抗日救亡宣传起了极大的作用。

（选自《回忆我的老师田汉》，载于《回忆田汉》，全国政协文史和学习委员会编，中国文史出版社 2015 年版，题目为编者加）

义救共产党员

赵铭彝

田汉为人豁达大度，对人诚恳，见义勇为。1928 年夏他任南国艺术学院院长的时候，他的两个女学生来求他，要他去法租界巡捕房保一个姓黄的共产党员，他毫不迟疑地办了保人手续。过几天，巡捕房向他要人，他当然不知道姓黄的住哪里，他也不去追问两个女学生，自己被拘押起来，经过交涉要他交一千元现金取保，幸好他认得出版过创造社的书报的泰东书局老板赵南公，才得以释放。从此他得为还债而忙着译著，学院也遭到巡捕房搜查，使他的艺术教育事业不得不陷于停顿。但田汉却毫无怨言，觉得帮助别人（何况是一个共产党）是一件平常的应该的义务。

1929 年春，田汉率领南国社人员去广东，他想起了以前在日本留学时代易漱瑜的好朋友康景昭大姐，他到处访问找不到，写了一首充满了真挚感情的词《桃源忆故人》，后来终于得知景昭的丈夫被国民党杀害，她仍关在监狱里。田汉利用欧阳予倩设宴招待陈铭枢、李济深的机会，向他们要求释放康景昭，这样，康大姐才得以无条件释放，后来和田汉一道去上海，改名康白珊，参加南国社的艺术运动。田汉当时还没有入党，但他对革命工作者却十分同情，竭力援助，可说是难能可贵的了。

（选自《回忆我的老师田汉》，载于《回忆田汉》，全国政协文史和学习委员会编，中国文史出版社 2015 年版，题目为编者加）

田汉与陶行知

赵铭彝

田汉和陶行知的交往，也是颇有意思的。他们之间可以说彼此都受到教益。1929年春，南国社去南京第一次公演，受到内外两方的压迫，国民党设法包围他，要他就范成为他们利用的团体；南国社内部出了一个坏分子，把所有收入的票款卷逃了，造成经济上的困境。这时陶行知来看戏，他发现南国社的穷干苦干和新锐的精神，和他在教育工作方面有共同之处，于是邀请南国社到燕子矶附近的晓庄师范他的实验基地去演戏，让他的学生和农民看戏。在这个关头（南国社已经打算回上海的时候）南国社去了晓庄。这个原来是在都市产生又为都市服务的戏剧团体，在农村接受了新鲜的空气，初步认识了农村是一块广阔的天地。广大众多的农民，他们的情绪、痛苦、要求和希望，应当作为文学艺术表现的内容，田汉在陶行知的欢迎词后发表了上述的意见。陶行知的热情洋溢的欢迎词，给予南国社的成员莫大的鼓舞，同时也相应地受到了教育。

田汉和陶行知的友谊就在这时开始。以后晓庄师范的学生有不少人参加了南国社的戏剧工作，我们不能忘记的被国民党活埋的宗晖烈士，就是晓庄师范的学生，也是南国社的重要演员。1932年九一八事变后，日本帝国主义在我国东北成立了伪满洲国，当时第三国际组织了以法国作家巴比塞为团长、英国马莱勋爵为副团长的调查团，来中国调查日本帝国主义的侵略行径。这个团到了上海后，地下党指定了文委的负责同志去接待他们，马莱勋爵等就由田汉陪同去陶行知所主持的上海大场，参观山海工学团所领导的农民运动。马莱勋爵在参观中十分高兴地感受到中国农民抗日爱国的精神，还亲自教农民如何使用枪械，如何打击敌人。这些对于陶行知来说也是一个鼓舞，增加了他为自由民主而斗争的决心。

此后田汉和陶行知就更加亲近了。抗战爆发后，在重庆，陶行知创办育才学校，设立音乐、戏剧、美术各组，田汉也时常去参加他们的教育工作的讨论。他们两人的战斗友谊，随时间进程而愈加坚牢。这一点对于研究他们两人的为人和思想都有重要的意义。

（选自《回忆我的老师田汉》，载于《回忆田汉》，全国政协文史和学习委员会编，中国文史出版社 2015 年版，题目为编者加）

田汉与聂耳的战斗友情

田海男 *

我凝视着眼前这张褪了色的而又无比珍贵的照片，沉浸在往事的回忆中。这是我父亲和聂耳 1933 年初夏在上海时的合影。那时正是父亲介绍聂耳参加中国共产党以后。当时父亲 35 岁，聂耳仅 21 岁。他们互相依傍着，在他们那年轻清癯的脸庞上，流露出严肃坚定的神情。半个世纪过去了，他们都已先后离开了人间，但他们这种亲密无间的战斗友情，他们这种向往光明、充满信心的神智和形象是我永生难忘的。

在那长夜漫漫的年代，我和祖母虽然与父亲都在上海，但为了对付国民党特务的跟踪和追捕，祖母只好带着我另住一处。我们还经常搬家，我上学时也得改名换姓，在动荡的生活中度过了苦难的童年。1930 年，由于国民党和军阀的迫害，青年聂耳只得离开云南经越南、香港辗转来到了上海，并立即参加了"上海反帝大同盟"。以后他在明月歌舞团里担任小提琴手。在这一段时期里，他努力学习革命文艺理论，通过各种艺术实践，自学和声学、作曲和外语，并开始了早期的音乐创作。

---

* 田海男（1923—2012），田汉长子，祖籍湖南长沙，出生于上海，黄埔军校十六期毕业生。1943 年参加远征军赴印缅作战。1945 年经邓颖超介绍进入军调处执行部工作，翌年在周恩来的安排下，赴晋察冀军区成为解放军炮兵指挥员，历任营、团、师、军职。曾任中国人民解放军原装甲兵技术学院训练部顾问、黄埔军校同学会副会长、中国田汉研究会顾问。

1931年春，我父亲在明月歌舞团初次见到聂耳，并和这个来自遥远的西南边疆的比他小14岁的青年，作了一次亲切的长谈，了解了他的艰难的家世和不平凡的经历。他自幼丧父，全靠勤劳贤惠的母亲抚养。他美丽的故乡受尽帝国主义、封建势力的重重压迫，使他从小就产生了反抗黑暗、追求革命的进步思想。他在中学毕业后就独自闯荡江湖，探索人生的道路。他在湖南当过兵，在广东考进过欧阳予倩同志主持的戏剧研究所，他酷爱音乐，更希望以音乐作为武器去从事革命事业。父亲同他谈得很投机，有相见恨晚之感。这次谈话奠定了他们以后在革命音乐事业上亲密合作的基础。

1932年，我父亲介绍聂耳参加了左联音乐小组，和张曙、吕骥、安娥、任光同志在一起工作。1933年，他参加了“苏联之友”音乐组。同年他为我父亲创作的电影《母性之光》中的《开矿歌》谱曲，这是他们合作的第一支歌曲。1934年夏他又为我父亲创作的电影《桃李劫》的主题歌《毕业歌》谱曲。这首充分表达了广大青年学生抗日爱国热情的作品，成了当时最流行的歌曲之一，至今仍为青年们所喜爱。

“哼唷嗬！搬哪！哼唷嗬！搬哪！从早搬到夜，从夜搬到朝，眼睛都迷糊了，骨头架子都要散喽！”在黄浦江边，外滩的码头上，码头工人喊着号子，佝偻着身子，背负着比他们身躯还要重的麻袋、木箱，颤颤巍巍地在那巨大的外洋货轮和码头之间狭窄的跳板上一步一步地艰难地挣扎着，其中还有白发苍苍的老人和未成年的童工，他们为着两顿吃不饱的饭，过着牛马不如的生活。

父亲早就想写一个以码头工人的苦难生活为题材的剧本。在这一段时间，父亲在夜晚常同聂耳到外滩去观察码头工人的生活，有时也带我同去。聂耳把他们在扛木箱、打夯时喊号子的曲调都记录下来。在码头黯淡昏黄的灯光下，父亲指着被笨重的大木箱压得喘不过气来，发出痛苦的呻吟的苦难兄弟对我说：

“你看，在中国的土地上，中国人民还过着这样奴隶般的生活！”

他又带着愤怒的眼光，指着那些大木箱上的外国字标记问我：

“你知道箱子里装的是什么东西吗？”

“不知道。”

“里面装的是军火，是日本帝国主义运来打中国人的。”

“啊！”我惊异地抬头望着他，父亲的眉头蹙得那么紧，眼神又是那样严峻。

父亲和聂耳以极大的愤慨和激情，在1934年创作了歌剧《扬子江暴风雨》。这也是由聂耳谱曲的唯一的一部歌剧。剧中的插曲很多，歌词除父亲写的以外，部分是由蒲风、安娥、孙师毅、孙瑜、许幸之等同志写的，全部由聂耳作曲。聂耳还亲自扮演了剧中的主要角色码头工人老王，并担任全剧的导演。这部歌剧的音乐创作，凝结了他的全部心血。当时他的音乐基本修养并不很深，但他才华横溢，满腔热情地献身于革命音乐的拓荒工作，使他的作品发出了炫目的光彩。

在帝国主义和蒋介石卖国政权统治下的上海，要出版一本抗日的剧本，或找一个剧场演出，都是极为困难的事。当时上海麦伦中学有一些进步的教职员，校长沈体兰同志利用筹建学校体育馆募捐名义，借用八仙桥青年会礼堂供《扬子江暴风雨》作首次演出。参加演出的演员有郑君里、王为一、徐韬、露露、于学伟等同志，合唱是由吕骥同志指挥的。我当时正在麦伦中学读初中，也参加了演出。我扮演的是码头工人老王的孙子小拴子。在排演中我和聂耳同志经常在一起，他给我留下了难忘的印象。聂耳同志精力旺盛，他不知疲倦地工作着。他忙于作曲，又常和我父亲讨论剧本；既要创造自己的角色，还要负责全剧的导演。他那么年轻，却将全班人马组织得那么出色。他待同志如春天般的温暖，对待工作有火一样的热情。他严肃认真，一丝不苟，在排演时一个场面、一个动作不理想，都要反复数遍，力求完善。当时的生活条件很艰苦，但我们的精神却极为愉快。他那时没有结婚，连女朋友也没有。中午休息时，他常带我到小摊上买几个烧饼，来一碗阳春面，边吃边谈。回到剧场我们坐在台下的座位上，他和我谈他故乡的美丽风光、童年的往事、父亲的去世、生活的坎坷、母亲对他的疼爱和教育……我原来以为云南是一个遥远的蛮荒瘴疠之乡，但听他满怀深情地谈起故乡：昆明四季如春，草木常青，滇池缥缈浩荡的烟波，西山龙门幽径的曲折美妙，实在令人神往。但是帝国主义和军阀地主的残酷剥削，使得这片富饶土地上的人民不得安生。他的谈话是那么娓娓动人，他的态度是那么和蔼亲切，很快就使我对他发生了浓厚的兴趣。我总是向他问长问短，直到演员们到齐要开始排练了，我还是舍不得离开他。父亲见了，笑着对他说："你看，海男对你比对我还亲哪！"

1934 年 7 月，《扬子江暴风雨》首次公演了。一共演出三天，每天两场，戏票早已全部售出，演出盛况空前。谁也没有预料到这个小型的新歌剧对观众所起的感染作用竟是这样强烈！当演到码头工人不愿搬运军火、将军火扔到黄浦江里、日本水兵开枪打死工人于子林和小拴子，码头工人老王悲愤地抱着垂死的小拴子领着大家高唱战歌："难友们，大家一条心，挣扎我们的天明。我们并不怕死，不要拿死来吓我们。我们不做亡国奴，我们要做中国的主人。让我们结成一座铁的长城，把强盗们都赶尽！"这时候，台上台下群情激昂，一片沸腾。全场起立高呼："打倒日本帝国主义！"戏完了，观众热烈鼓掌，久久不去，大幕也无法放下，很多人兴奋得流下热泪。我的小妹妹田野那时才几岁，也在台下看戏，当看到我在舞台上被特务打死时，她在台下大声哭叫着：

"哥哥被特务打死了！哥哥被特务打死了！"

她的哭声也加强了剧场效果。当时苏联记者曾把演出的热烈情况向苏联报刊作过报道。《扬子江暴风雨》演出的成功，是党领导下的上海人民对日本帝国主义和反动派的一次大示威。

1934 年冬，我父亲以中国青年奋起抗日救亡为题材，创作电影剧本《风云儿女》，并写了《义勇军进行曲》作为它的主题歌，准备由电通公司拍摄，但分镜头剧本还没有来得及写出，在 1935 年 2 月的一个晚上，当他送梅兰芳先生出国赴苏联演出以后不久，就在家里被捕了。夏衍同志继续完成了《风云儿女》的分镜头剧本的工作。

聂耳听到这个消息，马上去找夏衍同志说："听说田先生写的《风云儿女》有一首主题歌《义勇军进行曲》，请交给我作曲好吗？"没等夏衍同志回答，他又坚决重复地说："请交给我，我干，我想田先生一定会同意的。"

聂耳以惊人的热情和速度谱写这首曲子。在这首歌曲中，他倾泻了对日本帝国主义的无比仇恨，抒发了对祖国人民的希望和热爱。他发挥了卓越的才华，写下了这一首后来成为中华人民共和国国歌的不朽的乐章。歌词中"中华民族到了最危险的时候，每个人被迫着发出最后的吼声"在作曲上是很不容易处理的，但聂耳却处理得非常自然，铿锵有力。

1935 年夏，影片《风云儿女》上映了，《义勇军进行曲》的歌声很快传遍全上海、全中国，在抗日战争中给中国人民以极大的鼓舞力量。

刘良模同志在上海公共体育场指挥万人大合唱，高唱《义勇军进行曲》《大路歌》《毕业歌》等革命歌曲，军乐队敲着战鼓伴奏，雄壮奋激的歌声使青年们心潮澎湃，热血沸腾。不少人唱着这支歌奔赴抗日救亡的前线。这支歌还流传到国外，不少同情和支持中国人民抗战的国际友人也都会唱。

（选自《我的父亲田汉与聂耳的战斗友情》，载于《回忆田汉》，全国政协文史和学习委员会编，中国文史出版社 2015 年版，有删节）

我们战黄河，我们战淮河

吕　复*

我第一次见到田汉同志，是1938年春，当时，在党的抗日民族统一战线的形势下，周恩来副主席受中共中央的委托，到了国统区的武汉，推动国民党坚持抗日，他参加了新成立的军委会政治部的领导工作，调动了广大的文化界力量，积极开展抗日宣传，筹组了以郭沫若为首的政治部第三厅，田汉任第六处（艺术处）处长，戏剧家洪深任戏剧科科长，我是他们领导下三厅所属的抗敌剧团团员。记得是4月1日成立第三厅，5日开始扩大宣传周，我被调到宣传周办公室去印发歌曲，6日传来微山湖旁的鲁南台儿庄捷讯，7日凌晨捷讯在报纸上传开，8日是宣传周的歌咏日。就在这时，田汉同志以极快的速度写出了“我们战黄河、我们战淮河，微山湖水今又生洪波……最后胜利一定属于我们”的《洪波曲》歌词，张曙同志立刻谱曲，此曲列入扩大宣传周编排付印的歌曲中，在宣传周的歌咏日就已经唱开了。

过去只听说田汉同志感情丰富，才思敏捷，在剧本创作上构思写作极为神速，有过用蜡纸在钢板上写剧本，边写边印，边印边供导演排戏的佳话。

---

* 吕复（1879—1955），教育家、社会活动家。1903年考中举人，1905年赴日本留学，曾在日本东京参加由孙中山领导的同盟会，并在同盟会机关报《民报》做编译工作。1911年回国，曾当国会众议院议员。曾任燕京大学、广州中山大学教授，中国大学校长。1954年，任第一届宪法起草委员会主要顾问，为新中国第一部宪法的方针原则制订做出了贡献。

在诗词方面构思写作之快，就不用说了，这次《洪波曲》的产生是田汉同志热情洋溢，迅速反映战斗生活的又一有力篇章。

田汉同志对深入战斗生活是非常重视，又身体力行的。就在扩大宣传周还没有结束的时候，他向我们传达了周公和郭老的指示，要抗敌剧团去徐州前线，到台儿庄去慰问抗日军民。田汉同志在送别开往前线去的队伍时，曾对我们说："我们戏剧工作者，为抗战服务，首先要去为抗日前线的军民服务。这是周副部长和郭厅长对你们的重托和希望。你们先去，我随后就来。"当我们抗敌剧团二十多个人，去到台儿庄战场一带参观访问，又到抗日军队中慰问演出后回到徐州的时候，田汉同志果然赶来了。他来到徐州城内中山堂，我们的临时住地，向大家表达了慰问之情。在那充满战争气氛的前线，虽然分别没有几天，但在异地相见，感到分外亲切。田汉同志听了我们的汇报，急于去台儿庄战场参观访问，来不及观看我们当晚演出新编的战场活报剧，只同大家拍了张合影，就匆忙握别了。

我保存了这张照片，每当翻阅此照片，看到田汉同志亲切地站在我们中间，看到牺牲了的赵曙同志蹲在前列，就想起那天同田汉同志分手以后的经历。我们在徐州附近的抗日军队里演出了一段时间，比田汉同志迟一天动身回武汉，不幸全团陷入日寇包围之中。在一次突围中，年仅 25 岁的演员赵曙同志牺牲在日寇的枪弹之下。

赵曙同志，山东人，1937 年 3 月考取上海业余实验剧团为研究生。平时很用功，经常自己准备能担任角色的台词，一旦 A 角生病，他就能顶上。"八一三"前夕，他已经能担任《原野》中的主角仇虎，这次来台儿庄前线，表现也很好。他第一次左膀中弹时，我和舒强、石炎就在赵曙身边，也都有中弹的危险，我们在梯田上躺下，帮他用毛巾包扎了伤口，再分散前进。我们走进麦田之中，在农民群众掩护下隐藏到夜晚，等日寇的搜索部队撤走以后，才知道赵曙同志在腹部又中了第二弹，当场身亡。这事发生在徐州以东的庙山子，是我们团里魏曼青同志家乡的农民群众帮助我们掩埋了赵曙的遗体。

全团徐州突围后，辗转上海、香港、广州，回到武汉。当前站张客等同志先回到昙花林，见到田汉同志时，田汉同志得悉青年演员赵曙同志不幸牺牲，极为悲痛。当即以《悼我们文化战士赵曙同志》为题，写下这样的诗句：

啊！同志！你竟做了文化的国殇！
这是我们的不幸，
失去了一位有力的战友；
这是你的幸运，
你能死在壮烈的沙场！
你的血肉变成了黄土，
依然保卫着家乡。
你的精神化成了星月，
依然放着战斗的光芒。

是的，我们进则存，退则亡，
分则弱，合则强，
团结一切力量。
打倒万恶的豺狼：
恢复我们的失地，
建立新的家邦。
啊！同志！你安眠吧！
久长！
啊，同志，你安眠吧！
胜利就在前方！
胜利就在前方！

这首悼诗，是田汉同志对死者的深情哀念，对生者的激励期望。

当我们从徐州突围归来，于7月间回到武汉的时候，田汉同志见到大家，非常兴奋，他紧握着我们的领队副团长瞿白音同志的手，眼看着大家说："你们辛苦了，大家比我迟一天走，就经历了突围的艰险，比我多长了见识，多受了锻炼。"说着说着他的眼睛就向上空看着，这是他的习惯动作，讲起话来，边想边说。那双善于思索的眼睛折向空间，想象着什么似的说："只牺牲了一位同志，你们的归来就是胜利。"他同归来的每一个人握手。亲切的慰问，热情的关怀，温暖着文化战士的心。"你们都晒黑了，显得更健康了。"他热情欢笑地说，"你们这次取得可贵的经验，就是无论在敌机轰炸、敌弹射击，或是敌人包围的任何困难条件下，你们这支戏剧队伍不被打垮，而始终保持了战斗的整体。这是最难得的。"他越说越兴奋："我们还要动员许多戏剧队伍，继续奔赴抗日前线。"洪深同志接着说："我们正组织十个抗敌演剧队，准备分发到各个战区的抗日前线去。"抗敌剧团担任留守的副团长徐韬插了话："政治部还要组织抗敌宣传队、漫图宣传队、孩子剧团，宣传队伍声势浩大，你们回来就更热闹了。"田汉同志又兴致浓浓地接了下去："是的，就等你们回来，十个抗敌演剧队就要编队了。并且把第一队和第二队的番号留给你们，这是在我们为你们前线失踪而万分担心的时候，上个月突然得到你们突围脱险到了上海的消息，于是周副部长和郭厅长作了这样的安排。"我们留守团长郑君里马上抢着说："这也是田处长建议的。"田汉同志对周、郭两位领导从来都是极为尊重的，我们在与田汉同志长期接触中，常常体会到他对党对上级领导的崇敬和尊重，而这完全出自他诚恳谦虚的美德。

1938年8月下旬，在演剧队刚刚建立不久，田汉同志按照周恩来同志的计划，把十个抗敌演剧队分发到广东、江西、山西、湖北、河南、浙江、湖南、广西各个战区去，加强国民党统治区的抗日宣传工作，他同洪深先生做了大量的行政工作——这是一些专搞业务不屑搞行政的艺术家所难以理解的。洪深先生从事行政事务工作更是有条有理，田汉同志对行政工作也不轻视。比如一件调配干部的小事，他也是认真处理的。一天，田汉同志把我叫到艺术处处长办公桌前，提笔写了一纸手令："派吕复同志担任演剧二队队长。"并告诉我，我们二队队长郑君里同志要调往孩子剧团任艺术指导，也是为了照顾他的妻儿都在后方，演剧队还要在战地，所以把这个任务给了当年只有 24 岁缺乏领导经验的我。当他看出我有为难之意时，就说：“这不是我一个人决定的，我跟乃超同志研究过，我们相信你有了徐州突围的经验，只要能依靠群众，依靠和你共事多年的同志，你是会把工作搞好的。”我从来没有看到田汉同志那样严肃的讲话，使我想起冯乃超同志在我入党宣誓时对我说的话：“不能同意你去延安，我们还要从延安调人来担任演剧队的领导工作。要你留在演剧队，是党给你的任务。”于此，我就明白田汉同志的讲话和下手令是他尊重党的决定，是对一个新党员的培养。这是田汉同志对青年戏剧工作者一贯寄以关心、期望、培养与信任的一个事例。

田汉同志不仅鼓励我们要勇于上前线，他自己是遇有机会就要上战场的。早在“八一三”抗日战火在上海燃起后，他就同郭沫若同志、夏衍同志去过淞沪前线，几次奔波于上海郊区的战场，慰问抗日军民。这次在台儿庄前线，以及此后在 1939 年和 1944 年还去过湘北、粤北和湘桂前线，每次前线之行，都奔波于炮火硝烟之中，表现了英勇无畏的气概。真是像他写的歌词那样：“冒着敌人的炮火，前进！”这种同仇敌忾的反抗心声，是发自一个诗人、一个始终站在战斗生活之中的剧作家的切身感受。当我们民族濒于危亡的时刻，有多少中华民族的儿女，为了抗战救亡，总是奋不顾身勇往直前地冒着敌人的炮火前进！田汉同志对为革命牺牲的文艺战士，总是念念不忘的。他经常提到牺牲在雨花台的左翼剧联的宗晖，在苏北新四军前线牺牲的左翼剧联前任党团书记刘保罗，在徐州突围中牺牲的赵曙，在桂林遭受敌机轰炸而不幸牺牲的张曙，在新四军受国民党杀害的任光等同志，对他们寄以怀念之情，当 1944 年 3 月在桂林举行《西南剧展》时，田汉同志为之题诗，就有“壮绝神州戏剧兵……肝脑几人涂战野，旌旗同日会名城。……”的诗句，以鼓舞我们这些依然健在者“再为时代作先锋”。

自从十个演剧队像轻骑兵般的队伍，从武昌昙花林的三厅向各地出发以后，田汉同志总是寄以深切的关怀，他曾搜集各队的活动资料，写出他们的斗争历史与活动情况，在桂林出版的《戏剧春秋》上发表过一部分。郭沫若同志在《洪波曲》里提到抗敌演剧队时，有过这样一段话："他们在编成之后，到分发到战区之前，在昙花林受过两个月的军事训练。这些大抵都是意志坚决、富有自我牺牲精神的青年，待遇不用说也是非常菲薄的，然而也一样地甘之如饴，他们在分发到战区以后，所经历的各种艰难困苦，那真是罄笔难书。他们有的在前线阵亡了，有的病死了，有的整个队坐过牢（派往山西的第三队被阎锡山关过很久），经过不少次的改编、淘汰、掺杂、分化，有的番号取消了，有的完全变了质，但有的在七八年的炼狱中一直维持到了胜利以后。这各队历史，假使由各队负责同志写出来，再集合成为一本书，我相信是很有价值的，我希望朋友们联络一下，订出一个计划来，把这项工作做好。"对于郭沫若同志这个建议，各队都写了一些，比起田汉同志已经发表的文章来，还不够得很。田汉同志已经认真地给我们开了个头，有待我们进一步完成了。

（选自《怀念田汉对演剧队的深情》，载于《回忆田汉》，全国政协文史和学习委员会编，中国文史出版社 2015 年版，题目为编者加）

《丽人行》

吕 复

田汉同志在那个时期，还经常把演剧队的话剧演员，带到戏曲领域里去，要求话剧演员向中国戏曲传统学习。田汉同志当时扶植一个平（京）剧宣传队，上演他的新作《江汉渔歌》，让我们结识了京剧演员徐敏初，二、八队的演员，向他学京剧唱腔："这一支八哥儿定要赔偿"的四平调，"老朽我只有破渔网，带领女儿隐汉阳……老朽还有篙桨，岂肯让敌人逞疯狂"的二六，都在演剧队队员中唱开了。

当时田汉同志还扶植一些湘剧队。让我们看了不少湘剧的传统剧目，我们又结识了吴绍芝、欧元霞、罗裕庭、徐绍清等湘剧名演员，这些老艺人功底甚厚。田汉同志曾把湘剧《抢伞》，改编为抗战戏《旅伴》，戏一开始，那"任凝眸，东洋强盗乱神州"的唱词，就把抗日战争的时代背景展示出来，我们又学唱过湘剧，田汉同志要求演剧队的话剧编、导、演，向传统戏曲学习，要求戏曲演员学唱革命歌曲。这样，我们二、八队的同志们，经常到湘剧队去学艺，去教歌，彼此增强了相互间的交流与团结。戏剧团队之间的团结友爱，是最可宝贵的。

在打通话剧与戏曲间的藩篱上，田汉同志给予我们的影响是很有益的。田汉同志常对我们说："话剧创作一定要学习戏曲传统的特点和艺术手法，要使外来形式的话剧艺术，具有民族风格。"田汉同志一生创作的上百部剧本中，就有二十多部戏曲剧本。他曾向我们介绍过他学习戏曲传统的编剧法，自己编成口诀：“有头有尾，脉络清晰，环环扣紧，字字铿锵，观听咸宜，雅俗共赏，无话则短，有话则长。”可见他自己在学习戏曲传统上是很下功夫的。田汉同志的话剧创作，在吸取戏曲传统的特点上最为突出的，要算话剧《丽人行》，而这个戏是演剧九队首演的。

《丽人行》写于1947年初，田汉同志在此剧中写了三个女性在帝国主义和国民党反动派压迫下的遭遇。在反映现实斗争生活的构思中，把当时在北平发生的美军污辱中国女学生的“沈崇事件”，以及国民党反动派在上海迫害人民的“摊贩事件”，列入戏的突出情节，为了使反美反蒋的内容能在当时的国统区上演，作者把戏的时间背景从解放战争时期移到抗战时期的上海，通过事件把三个不同职业的女性和不同的生活环境尽可能比较合理地结合在一起，采用了多场次的表现手法，全剧分21场，在话剧形式上，当时还是少见的，也可以说是借鉴戏曲传统表现手法的一种创新。

田汉同志在抗战时期写了不少戏曲剧本，特别是抗战戏曲和新编历史剧较多，话剧与电影剧本写得较少。其中话剧，前期有《卢沟桥》等剧，后期在桂林为新中国剧社写过《秋声赋》等剧。抗战胜利后，他才写了《丽人行》。我们演剧九队在抗战时期一直上演进步作家的剧作，有郭沫若、夏衍、于伶、阿英、陈白尘、曹禺等同志写的戏，除了抗战初期，没有演过田汉的剧作。因此，1947年春，我们从于伶同志那里拿到《丽人行》的本子，得到田汉同志同意给我们首演权，又得到洪深同志应允来队导演，我们是多么高兴啊！田汉与洪深是话剧在中国有史以来长期合作的老战友，他们两位又是我们演剧队的老领导，他们在三厅的行政管理工作上合作得很好。他们在艺术创作上关系如何？我们不太清楚。

记得洪深同志作为《丽人行》的导演，在1947年2月下旬来到演剧九队的无锡住地时，对我们说：“我已经跟田先生讲好了，我排戏的时候，不让他来看，等我排好了，再请他来。”此后，洪深同志用了12天的时间，一鼓作气地把戏排出来了。大约是3月3日请田汉同志从上海到无锡看总排，洪深同志一反导演时的权威气概，谦虚得像小学生似的在一旁等待田汉同志的意见。而田汉同志一直很严肃地在看戏，到戏结束时，田汉同志笑了，站起来同洪深同志紧紧地握手，表示对导演成功的肯定，并说了一句："我没有在你排戏时来打扰你。"以表示作者对导演的尊重。洪深同志也笑了。他们当然还交换了一些进一步加工的意见，但我们看出了这两位老战友在艺术创作上的合作有着各自的独立思考，有着彼此的互相尊重，也有着政治立场和艺术见解上的美好默契。他们交换意见以后，洪老又在排练场上经过几天加工，3 月 9 日就正式公演了，在无锡一连演了 14 天 26 场。田汉同志在此期间，曾四次来无锡，先后邀请过阳翰笙、于伶、陈鲤庭、叶以群、夏康农、吴天、孟君谋等同志从上海来观剧，听取他们的意见。无论是肯定的赞美或是改进的意见，田汉同志都能虚怀若谷，听得认真，有时也插上几句自己的看法，总是那么诚恳、谦虚和坦率。田汉看总排的那天，还为演剧九队将上演《丽人行》题了诗：

举世争和战，
全民迫死生。
愿将忧国泪，
来演《丽人行》。

只见他大笔一挥，墨走如神，兴犹未尽，再题一首。他看看洪老和在座的演员中扮演三个女性的朱琳、田野、于因，稍一沉思，下笔即成：

岂学陈思写洛神，
只因三月未知春。
若英苦斗阿金殉，
唯有新群独绝伦。

以小字题款为：“与洪深先生及诸友分析《丽人行》人物性格后”，签名处写了一个“汉”字。

田汉同志曾经告诉我们《丽人行》中的主要人物，都是有生活原型的。剧中的新群，是取自上海地下党员在抗击敌伪斗争中英勇牺牲的茅丽英。金妹这个人物的遭遇，是取自北平的“沈崇事件”和上海的“摊贩事件”。从这里我们可以看出田汉同志在创作上的激情，是来自他对党的崇敬之心，对革命烈士的怀念之情，对人民，特别是对妇女在旧社会遭受苦难的关怀之忧，以及对敌伪美蒋残害人民的深恶痛绝。田汉同志在艺术创作上的无产阶级的立场和态度是极为鲜明的，使得这个戏的演出意义更为深刻。

《丽人行》接着由九队以观众演出公司的名义在上海连演了 26 天 50 多个满场，在这期间，田汉同志又邀约了郭沫若、茅盾、欧阳予倩、熊佛西、梅兰芳、周信芳等同志以及上海戏剧电影界的朋友们来看戏。田汉的剧本，洪深的导演，演剧队的演出，使大家深感兴趣。大家都认为这是一次比较成功的演出，也是一个大胆的尝试，为新的演剧形式开辟了一条广阔的道路。大家看到，20 世纪 30 年代左翼剧联的领导人田汉，经过八年抗战，又回到上海，写出了反映现实斗争生活的话剧新作，保持着话剧的革命传统。大家又看到，30 年代左翼剧联领导下的上海业余剧人协会所属的上海业余实验剧团，在“八一三”战火中编成上海救亡演剧第三、四队，从上海出发，到武汉，一支去重庆，一支又编为抗敌演剧第一、二队（后改为四、九队），经过八年抗战，仍保持话剧的革命传统，以一支演剧队的战斗姿态回到上海。说也凑巧，1937 年离开上海的这支队伍，在沪宁线上演的是田汉剧作《回春之曲》，正好过了十年，到 1947 年回到上海，还是这支队，完成了抗战任务，在解放战争期间配合民主运动，演的又是田汉剧作《丽人行》。因为这支队伍，始终是在中共地下党组织领导下演变过来，是在党的安排下沿着革命的道路走回来的。

田汉的《丽人行》，当时在上海的演出气氛相当热烈，报纸上的新闻消息和评论文章也相当热闹，试举新闻报上一篇夏康农先生写的文章，《路是人走出来的——〈丽人行〉的第一个印象》附题中说："《丽人行》的作者是一代赤子的作家，他的一系列作品记录着一代人的风雨生活，从他那里找得出一代人的大呼吸来。""《丽人行》的演出，我是在无锡看过的……那一次前台后台给我的印象，是仿佛又退回到抗战时期的热情的集体性的生活……这或者正是'演剧队'之所以不溃的理由吧！""'九队'这集体名字的坚持存在，在今天就是久战未溃的说明，看他们那热情、朴素、专注、合拍，乃至于无明星痕迹的气息，教人今天还可以仿佛看得出抗战当初，人们是怎样过法的那一角景象，'胜利'了而这一批剧人仍然凝聚不散。"当时还有叶以群、何满子的文章与此文一样，大都赞扬《丽人行》作者田汉同志，和他与洪深同志扶植的演剧队。

（选自《怀念田汉对演剧队的深情》，载于《回忆田汉》，全国政协文史和学习委员会编，中国文史出版社 2015 年版，题目为编者加）

李太白风度

许之乔 *

我同田汉的具体接触是在抗战后成立的军事委员会政治部内。当时郭沫若是第三厅中将厅长；田汉是我们艺术处的少将处长，洪深担任戏剧科上校科长。他们起初都在武汉，后来政治部迁往重庆，郭老等都去了重庆。田老是有名的孝子，不想离开老母亲，就独自留在长沙。我们抗敌演剧九队（也可说是二队，因为二队、九队两个队成员常混为一体）来到长沙，见田汉孤零零的，他那艺术家的性格极不擅持家，生活弄得很狼狈，我们就请他来和我们演剧队同住。

抗战期间国共合作，政治部有周恩来、郭沫若等同志做我们的"靠山"，我们心里感到踏实。但总政治部以外其他几个战区的政治部多为国民党特务把持，进步的文艺工作者、青年学生常受特务的监视和欺侮，大家十分愤慨，但又不便公开闹翻，常在暗中作对，千方百计把派进来的特务"挤"跑。田汉每逢听到特务落荒而走的事，总是哈哈大笑一阵。田汉性格豪爽，高兴起来就爱开怀大笑，"哈、哈、哈"的笑声很有感染力。

---

* 许之乔（1914—1986），广西桂林人。1937 年在南京中央大学学习期间参加大众剧社、左翼剧联南京小组，曾任抗敌演剧队第二队演员。1945 年后任云南大学附中教员、上海戏剧专科学校副教授。1952 年后在北京电影学院任教授。

皖南事变后，大批进步文人遵照周恩来同志的指示从重庆撤离，许多人纷纷绕道去香港，留下郭沫若、阳翰笙在重庆。田汉向总理表示，他不想去香港，要留下照看老母亲。于是他在南岳山脚下找了一个僻静的农村住下。这是田汉在南岳侍母的时期。

这一来，重庆成了文化空城，桂林却成了重要的文化城。抗战期间，桂林在文化方面比重庆活跃，文化名流多，出版的书刊也多。由于撤退的人多了，留在桂林的一些人如杜宣、我、许秉铎、严恭、石炎等人，就商议要不要撤。当时我和杜宣在“戏剧春秋”社办杂志，杜宣主张撤，我和严恭等认为不必撤。一时难以决定，杜宣便去南岳找田“老大”——田汉商量。

田汉久居僻处，一见杜宣来了，欣喜非常，杀了他家喂养的仅有的一只母鸡款待杜宣。田汉说：凡事要有“屏障”（指剧本、编导、演员——作者按），“屏障”在我们手里，可以不撤。凭着田汉所说的“屏障”，我们在桂林成立了“新中国剧社”。新中国剧社由田汉挂头名，实际是杜宣负责。我们上演的第一个剧是陈白尘的本子《大地回春》，田汉是名誉导演。演的第二个戏是田汉的《秋声赋》。那时正好有一批演剧队队员来到桂林（其中有石联星等），实力雄厚，我们请他们参加了新中国剧社的演出。田汉就此在桂林“落户”。

其实田汉在正式“落户”之前，也曾来过桂林。有一次，他从长沙到桂林，住在环湖旅馆。机敏的严恭马上发现田汉的“左邻右舍”都被茶房一个个“请”了出去，一会儿又换进一批新“旅客”。我和严恭边散步边观察这些人，偶然发现一个穿便衣的男旅客抽出一把佩刀，正恐吓、欺辱一名妇女，佩剑上刻有“蒋中正敬赠”的字样。我们明白了这些人的来路，从他们的举动也晓得了他们没多大能耐。我们把这些情况告诉了田老，他知道自己已被监视了，但只是笑笑而已。当天吃晚饭时，便衣们来访田汉，声称“久仰”田汉大名，在寒暄一通后，即拿出早已备好的宣纸、笔墨，要田汉为他们题诗留念，以便拿回去裱挂起来，好好炫耀炫耀。田汉毫不推却，接过笔来一挥而就。大小特务们得到田汉的亲笔题诗，如获至宝，个个欢天喜地捧着条幅回屋去了。他们哪知道原来田汉写的这些诗完全是嘲讽、诮骂他们的。遗憾的是这些“诗”一首也没保存下来，我至今也记不得一句了，只觉得那些句子都狠狠地捉弄了国民党特务。这是田汉的一批“失去了的诗”，没有发表过的诗。

田汉为人豪侠仗义，饮酒赋诗，广交朋友，颇有李太白风度。据我所知，田汉交往的人很广，除了尼姑，三教九流都有他的朋友。当时有些进步而单纯的青年对田汉这样交友不能理解，尤其对他居然还同国民党军官来往不以为然。听到青年朋友们这些议论后，我对他们说，你们不理解吗？到救亡日报社去问问夏衍吧。之后，他们果然去找夏衍。夏衍告诉他们说，让他去饮酒赋诗么，恩来说的，田汉三教九流都有朋友。他给那些人写诗，杯酒交欢，为的是鼓励那些人去抗战。他们参加抗战总比打共产党好。所以田汉的饮酒赋诗是有目的、有作用的。在此还可以举几个例子。

田汉有个喜好，只要军队跟日本人打了胜仗他就要去“劳军”。严恭和高重实自告奋勇充当他的随从“副官”。一次粤北大捷，田汉一行三人同余汉谋饮酒庆贺，当时报上还发表了消息，为此将军们甚感光荣。

我记得严恭还说过一件事，田汉同一个姓阙的师长有来往。阙师长在广西军事要地昆仑关打了胜仗，夺回了被敌人占据的关口，田汉大喜，亲自去柳州会阙师长，严恭同行。据严恭说，阙师长曾自言他已二十年未返故乡了，田老为阙吟对道：“十年未归 ×× 县（阙的家乡，具体地名我记不清了——作者按），一仗直下昆仑关。”阙师长激动得把桌子一拍，当即叫来勤务兵，让他乘车去买宣纸，一定要田汉重墨题签。田老的交友作用可以想见。

田汉跟那时任西南行营主任的李济深也有交往。我亲眼见到田老在那些“大官”跟前确实是不卑不亢的。

记得一次周钢鸣（原任广东省作协主席，已故，那时是地下党员）突然来通知我说，国民党桂林市党部决定当天深夜要来逮捕我和杜宣。杜宣事先得到消息已隐藏起来，要我迅速撤离。我得到此信时已是傍晚，手头一大堆刊物、书稿来不及收藏，我正着急时，杜太太神色慌张地来找我，紧张得浑身直哆嗦。我宽慰了她几句，便同她到新中国剧社去，请剧社一位同志留她在剧社暂住一夜。田老一听说此事，马上去找李济深。李济深的习惯是清晨4时至6时会客，田汉3点钟就去等见。及至见到李时，田汉说："你们的人要抓我的朋友……"李回答田汉说："你放心好了，我绝不用这些人的血来染红我的顶子。"我和杜宣果然平安无事地渡过了这一关。事隔很久，杜宣才听我说起这段经历。回顾以往，我们对田老的为人感触颇深。

田汉同第四战区的司令长官张发奎也有交往。张在北伐时任第四军军长，打汀泗桥时立过功。抗战后因打了共产党领导的东江游击队，跑到香港做生意。田汉同他来往是为了保护演剧四、五队，因为第四战区的政治部主任梁华盛经常欺压演剧队。后来逢有"动静"，我们的人几乎都能得到消息，事先便采取了措施应付。这是由于张发奎手下有人给我们通风报信的缘故。

（选自《我所了解的田汉》，载于《回忆田汉》，全国政协文史和学习委员会编，中国文史出版社2015年版，题目为编者加）

笔战阴霾写忠心

李 超*

田汉在与他同辈之中，人们总是叫他寿昌，或称呼为“田老大”。老大者，无非是年长（他在他家兄弟之间排行为老大）。可是在戏剧界论年龄他并不比欧阳予倩年长，实际不过是在新兴的戏剧运动中，他常常出头露面，居于牵头的地位。在元朝，人称关汉卿为“普天下郎君领袖，盖世界浪子班头”，那是因为他在当时深受侪辈间的尊重。田汉在国民党统治下，从事新兴的戏剧运动，同样也深为侪辈所爱戴。比如 20 世纪 30 年代，在上海大光明电影院放映过一部美国影片，其中有一段是侮辱中国人民的，洪深教授看了后，非常气愤。他准备抗议，找到了田汉商量。当时田汉一方面让张曙、廖沫沙等陪同去大光明看电影，另一方面准备出事后营救。洪先生等几位到电影院后，等电影放到这些镜头时，洪先生跳到台前，揭露这部电影反华的恶行，听讲的群众也义愤填膺。这样一个举动可惹恼了影院的外国老板，他们把洪深弄到经理室围攻，还准备动手打人，但有张曙等两位大汉保镖，经过一番激烈的论争和在场观众支持的压力下，老板无可奈何了。从这一小小

* 李超（1916—1995），原名李超然，河北迁安人，著名戏剧家。早年就读于北京西北中学。七七事变后，参加平津学生救亡宣传团，南下请愿。后被派到抗敌演剧队一队，先后任演员、编剧、副队长。1948 年到华北解放区，任华北大学文工团三团团长兼编导。他是戏剧艺术的多面手，从编、导、演到灯光设计、布景制作，无所不精。

事例可以看出，田汉和前辈们在那腥风血雨的年代里，每一次斗争，都是担着风险，豁着性命去干的。

为了写戏、演戏，他同样地要担风险，而且靠撰稿、办剧团、创办南国社来维持生活是很艰难的。他不愿意依附官府，因为拿了他们的钱，就不能不受其牵制。当然不拿他们的钱，也要受他们的管。这个戏不能演，那段台词要删，这句话对“党国”不利，那个情节和思想带有“危险分子”的论调。不拿他们的钱，尚且如此，如果拿了津贴，还不知要费多少周折，轻则不准演出，重则派军警弹压，甚至抓人。

由于我党提出的第二次国共合作，联合抗日，成立联合抗日统一战线，迫使国民党表面上暂时结束了“剿共”、反共的政策，使我们的同志（包括田汉在内的这些战斗在第一线的战士）如鱼得水一样，又获得了发挥才能的机会，在抗日救亡的旗帜下，为民族危亡奔波于战地和后方。

1937年日寇发动了“八一三”侵沪战争，田汉同志于中秋节后由南京到了战火中的上海，这时恰逢鲁迅先生逝世一周年，在女青年会举行的纪念会上，田汉同志百感交集，赋七律一首载于《救亡日报》：

手法何妨有异同，十年苦斗各抒忠。
雄文未许余曹敌，亮节堪为一世风。
惜逝惊添霜鬓白，忧时喜见铁流红。
神州今作存亡战，百万旌旗祭树翁。

这首诗，写出了田汉在左翼联盟时的“抒忠”，也歌颂了文艺旗手鲁迅先生的高风亮节，尽管在祖国存亡之秋，自己已两鬓霜白，有百万旌旗祭奠爱国先驱，内心是无限欣慰的。

（选自《铮铮铁骨 灼灼赤心》，载于《回忆田汉》，全国政协文史和学习委员会编，中国文史出版社2015年版，题目为编者加）

沙场劳军

李 超

田汉不只是个剧作家和诗人，他更是个身体力行的实干家。当时他听到谢冰莹谈到前线守军浴血抗战的情况时，非常兴奋。他通过著名记者范长江，组织了刘保罗、谢冰莹、胡萍等人驱车走访大场前线。他在前线写下的诗句，现在读来，使我们仿佛又回到抗战初期的烽火硝烟之中。

一带红光烛碧空，驱车直过大场东。
炮声如吼枪如沸，全线今宵又总攻。

作者还描写了他们在枪林弹雨中行进的情况：

谢家才调信纵横，屡向枪林策杖行。
应为江南添壮气，湖南新到女儿兵。

在国难当头，中华民族的儿女，正像作者在今天的国歌中所描述的一样，有千千万万不愿作奴隶的人们，走出学校，走出工厂，拿起刀枪，远离家乡奔赴战场。在沪郊的前方，他亲眼看到了投笔从戎的女学生，挎起救护包奔赴前线。志愿抗日的将士，同仇敌忾，衔枚疾走，赶赴沙场……这些情景，在当时是多么激动人心啊！难怪作者写出这样的诗句：

寸土安能委虎狼，拼起血肉作铜墙。
月明露冷衔枚走，无限森严压战场。

这并不是作者一时的冲动和诗兴大发，而是他一片赤诚的爱国心。就在大场前线回来不久的10月25日，他又同郭沫若等赴嘉定前线慰问守军，宣传祖国东南半壁的安危与抗战成败之利害关系，勉励守军务必坚持抗战到底。田汉赠守军将领罗卓英诗句，郭老亦步韵相和。11月初，田汉又奔赴上海南市，同许幸之、沈西苓、周钢鸣、吴印咸等乘车去前线慰问，但由于道路泥泞，汽车抛锚，不得不摸黑在泥泞不堪的路上步行了三十里，直到后半夜，才回到城里。因有“踏破泥河三十里，电灯厂里待晨钟”的诗句，沈西苓和诗韵却说：“泥途推车煞费力，回到南市两点钟。”

田汉同志在慰问抗日将士时，闻有郝梦麟军长者，北方人，曾驻军贵州，闻华北危急，请缨御敌，在大白水村之役，以身殉国。郝军长生前尝称“国家既以重任托予，决不惜一死报国，誓当以沙场为归宿”。田汉闻之，写诗悼之曰：

男儿端合沙场死，况在家危国难时。
白水村去哭军长，东方从此去雄师。

田汉、郭沫若和夏衍等曾代表上海民众到张发奎军中进行访问，当时张向华（即张发奎）将军驻守上海一带。张在北伐时和郭老有旧，那时张领第四军，该军以我党直接领导的以共产党员、共青团员为骨干的叶挺独立团为北伐先遣队，在两湖战场接连攻克长沙、岳州等地。在湖北咸宁汀泗桥、贺胜桥的两次战役中，击溃吴佩孚军主力。而后又乘胜占领武汉三镇，故获“铁军”称号。这时在战火纷飞的东南战场重逢，感到格外亲热。当时正是深秋季节，捉了一些肥蟹，张将军以蟹酒飨来客，并纵谈抗战展望，田汉题七绝以鼓励士气。诗曰：

把酒持螯咤战云，一时饮者尽输君。
浦江两月波涛壮，始信人间有铁军！

“八一三”的炮火，保卫大上海的八百壮士英勇抗日的事迹，震撼着田汉火热的心，他握紧笔杆，配合枪杆为抗战救亡而奔波。

（选自《铮铮铁骨 灼灼赤心》，载于《回忆田汉》，全国政协文史和学习委员会编，中国文史出版社 2015 年版，题目为编者加）

我不入“地狱”，谁入“地狱”

李 超

不久，南市陷落，上海的租界成为孤岛，金陵已是烽火连天。这时，田汉告别了南京，搭乘陈铭枢的车经宣城、徽州，再转屯溪。在去屯溪的路上，因路途不熟，误走黄山，本来长途跋涉，都很疲劳，却意外地得以一览名胜。这时的黄山已在紫云白雪之中，雄奇灵秀之姿，令人神往。同行都很焦急，田汉却暗自幸得数分钟的余裕欣赏黄山，并宽慰同行人说：“俾知中国山川之可宝爱实如此，盖励抗战救亡之志，亦未尝无益也。”不久到达南昌，南昌是行营所在地，也是敌机轰炸的目标，前不久敌机曾轰炸百花洲，投过数弹，这时湖中已无游艇，确令人有“国破山河在，城春草木深”的感慨。第五天晨5时离开南昌西行，入湖南境，经浏阳，不两日到达长沙。田汉说，离长沙十三年矣，亲友相遇，多以国事相询。予谓只要大家速取胜利的道路，最后胜利仍属我们，“楚虽三户，亡秦必楚”。况今日不愿作亡国奴者，固不止三千户耳。因题诗志之：

轰炸声中到远人，故乡景物倍堪亲。

长沙岂止三千户，众志犹堪御暴秦。

长沙是他成长的地方，那时作为抗战的后方，正是需要作抗敌宣传和动员的地方。他约了廖沫沙、张曙、田洪等人，办起了小型的《抗战日报》。说是报馆，实际是寄居于一家电影院前厅的小楼上，中间的大房间还兼作过道和食堂，显然不能作为撰稿和编辑的场所，只好把办公、编撰、会客和睡觉都挤到东头的长条房间里。既然是日报，当然要报道有关民族危亡的大事，也有前方战况的消息，但这些并不是这份抗战日报的特色，而它的抗日宣传、评论以及关于抗战中可歌可泣的事迹的特讯，却是别家报纸所不多见。这是由于这份报纸是文化人、音乐家、诗人办的，自然文艺的色彩很浓。

田汉在故乡办报，虽然不是孤立无援，因为有许多有正义感的爱国人士、进步的青年、有志抗战报国的军人，都是他的后援，但是从经济上、物质上来说，在那战争年代，物力财力都很艰难。当时报馆同人，不但谈不上发工资，连伙食的开支也不富裕。在这艰苦奋斗的时期，田老大总是充满着乐观的情绪，想法寻来钱，拉着大家去改善生活。

1938 年 2 月上旬，郭沫若从武汉来到了长沙，用他的话说是“避难”来的，原因是郭老被筹建国民政府军委会政治部的陈诚请到武汉去做官。可是在第一次宴会上，就暴露出国民党内部无时不在钩心斗角和争权夺利。说是叫郭老任第三厅厅长，在第一次部务会议上，既没通知周恩来副部长，也没事先和郭老商量，就委任了第三厅的副厅长。凭郭老多年和他们打交道的经验，认为这样耍手段，就没法保证合作。因此只好三十六计走为上策，于是逃到长沙避难了。刚到长沙时，正赶上田汉约了同人到著名的回民馆子“李合盛”去改善生活。在去“李合盛”的路上，郭老和田老有这样一段对话：

郭老：……我是为避难而来的，我不想进政治部，打算到南洋去募款，来干我们的文化工作。

田老：（沉默了一会儿）这个计划还值得深思，我们正在号召团结抗战，不能走分裂的路，不能逃避，也不能退却。要团结，不管他们怎样，我们要拿出真意来。事实上在今天也不能不利用政治上的关系，不然，一切工作都不容易做通。

这段对话，说明田汉在这里办报，并不是一帆风顺，对“需要利用政治上的关系”是深有体会的。他对郭老的这番劝说，虽然当时没起多大作用，但对后来，经过斗争组成的三厅，还是有着影响的。

自从卢沟桥事变之后，我党即发表宣言，提出联合抗日，与南京政府联合组织国民政府军事委员会政治部，请出周恩来副主席担任政治部副部长，请出郭沫若、田汉等知名的文化人来主持抗日宣传工作。

1938 年 2 月，于立群接受了周恩来和一些朋友们的意见，到长沙来请郭老回武汉去。并告诉郭老，陈诚对周公明白表示，请郭老尽快去武汉，一切事情都可以商量。副厅长的人选也没问题了，那位刘健群惹起了什么桃色事件，已经跑到重庆去了。这时因为郭老正在观察于立群的反应，所以还在迟疑，田老便在一旁催促着，仍旧是他在去“李合盛”初见面时的意见。说：“这还有什么值得考虑的呢？我不入‘地狱’谁入‘地狱’！朋友们都在‘地狱’门口等着你，难道你一个人还要留在‘天堂’吗？”

郭老也幽默地说：“那么，你是愿意入‘地狱’的喽！”

田老肯定地说：“当然，不会让你一个人去受罪！”

郭老看着于立群，无可奈何地答应了：“好吧！那我们就去受罪吧！不过，我的问题很简单，要说走，随时都可以走。你呢？现在就要看你的了。”郭老知道田老在这里还有一摊子事，报纸停刊，也没那么简单，反倒来将田老的军。

这时田老却爽朗地大笑起来，转向于立群说：“不辱使命！毕竟还是女性的力量大、爱情的力量大啊！”田老既答应一起入“地狱”，就不能推辞，也不能拖延，只要求给他一两天的宽限，好让他把《抗战日报》的事交代清楚，并且还准备再动员一两位朋友一起去“受罪”。就这样，田汉也算加入了国共合作的军事委员会政治部，入朝做“官”了。和张曙、田洪等随郭老于 1938 年 2 月 28 日去武汉。

田汉到了武汉，等郭老和陈诚谈好了条件，“约法三章”之后，就开始筹备政治部三厅的事。三厅下分三处，按政治部一、二厅次序排下来，三厅第一个处应是原先的第六处，主管艺术宣传，由田汉任少将处长，下设三科，第一科是戏剧宣传科，谁能胜任这个科的科长呢？田老想到的是能征惯战的老战友洪深，这时他正率领着上海救亡演剧二队在前方的襄樊。在2月底和3月初，田老就先后发了三封快信和两份电报，催促洪老赶快到武汉来，并且讲了戏剧在抗战中的教育宣传的作用。前方部队和后方乡村都需要刻苦而且有能力的工作者，不断供给文化“粮食”，增强士气民气，此正吾人厉行宿志的机会，因此更需要强有力的领导和科学的组织者，望来武汉与全国戏剧从业者合作，统筹全局。这些急切的言辞和道理，说服了洪深，就这样又拉来了个进“地狱”的人。

洪深也是不愿做官的人，他认为：官是替人家做的，读书才是为自己读的。所以从大学毕业起，他宁愿出国留学而不去做官。为了防范做官才改学戏剧。可是从美国留学回国后，亲戚还是劝他做官，为了他的前程，为了门庭，还给他介绍官宦家的女朋友，望他作为官宦门第的佳婿，以便进身。但他都没干，还是选择了做戏剧编导这个行当。现在要他入朝做官，还要“还他规矩”“立着见”上级。自然心里矛盾很大。可是田汉的信又是那么急切，不能不回武汉去见他。等到了武汉，田老又以“今日我辈应只问工作，不计官阶待遇，并不要只想个人一时之委屈”。也有人这样说：“你和田汉是多年好友，郭老和我们都同你一向相熟，我们何尝不可以做你的部属，你亦何尝不能做郭沫若、田汉的部属。”洪老心里想：往日是不愿做官，才去做戏；今天却是因为要做戏，才来做官；真可算是人生的“哀乐钮”了。大家都在相勉。他为了抗战，自然不应一人独异，就只好在田汉手下当一名“立着见”的上校科长了。洪老为人做事一向认真，做戏做官都一样认真，他这上校科长，见了少将处长，自然要立正敬礼，一丝不苟。不过在“立着见”之后，还是坐着谈，至于排起戏，进行艺术创作的合作，他可就依然如故地不客气了。

（选自《铮铮铁骨 灼灼赤心》，载于《回忆田汉》，全国政协文史和学习委员会编，中国文史出版社2015年版，题目为编者加）

昙花一现的宣传周

李超

1938 年 4 月 1 日政治部三厅正式开张了。正像郭老说的，“这个万愚节，倒真真正正成为了我们这一群愚人的节日”了。国民政府军事委员会政治部成立了两个月，才成立起三厅，好不容易把这些不愿做官、不愿受罪的人，聚集昙花林，可以说国共合作对国民党来说是不容易的，可他们要请这些左派的文化人来工作，也不是容易的事。但是，为了抗战，为了救亡，为了国家民族的存亡，这些人要干起来，也能大显身手，会干出翻天覆地的事来呢!

就在 4 月 1 日，郭老把周恩来副部长和部长陈诚都请来了，并请陈诚“训话”。政治部成立了两个月还无声无息，这对陈诚来说也不好交代，于是陈诚对郭老说，好不好来个扩大宣传，把恢复政治部的意义很快地宣传出去。郭老就问：“很快的，怎样快法？”陈诚迫不及待地说：“三两天之内！”郭老为了不示弱就答应他，和大家商量。

田汉是搞戏剧运动的，各方面的熟人多，当然觉得还有把握，至于洪老夫子做组织工作最有本事，作为科长当仁不让。连沉着稳健的阳翰笙主任秘书也表示了应该干一番，过去是地下搞，民间搞，这次是自己当权，以官家名义搞，一定要把抗战的意义大大宣传一下，于是筹划举办个宣传周。

田老发挥了他“老大”的作用，打电话、写信动员在上海左联业余剧人协会的老朋友，凡是到了武汉的，都动员起来了，厅里利用各种关系，把武汉三镇各重要机关、团体，包括国民党中央宣传部，汉口市党部、市政府、警备司令部，都叫他们出个名，以利工作进行。同时也组织在武汉的进步团体和广播电台、报纸、刊物。具体的任务就落到主任秘书阳翰笙身上了。他安排了整个计划，而洪深则发挥他科学的、周密的计划才能，具体安排了七天的宣传形式和内容。宣传周布置有歌咏日、戏剧日、电影日、漫画日，还安排一个晚上举行火炬游行，最后以示威大游行来结束。

有良心的中国人，都有一份爱国心，更何况一些从事抗战救亡的民众团体和进步的文化人呢！所以在宣传周里还组织报纸每天都出特刊。各民众团体举行街头演讲，在影剧院里举办演讲会。又由于三厅有对外宣传科这个机构，所以还组织了中、英、日文的对外广播节目。这一总动员不要说昙花林里的厅长、处长和科长紧张得直冒汗，就是悲观氛围笼罩的武汉也像“开了锅”。这是抗战以来，在国民党统治区第一次公开的大规模的宣传抗战。

事也凑巧，在宣传周的第三天传来了台儿庄大捷，这给宣传周的高潮增添了光彩。这也是抗战几个月以来，国民党战线上破天荒的一次胜利战役。所以当晚就乘胜发动火炬游行，原来担心群众不愿参加火炬游行。但在台儿庄大捷的鼓舞下，真是户户出人，家家火炬，游行的队伍越走越多，越游越浩荡。武汉三镇街道火炬成龙，把长江两岸照得通红，爆竹声、口号声、高歌勇进的人流，焕发了抗战救国的觉醒，黄鹤楼下人山人海水泄不通。长江的轮渡几乎不能通行。武汉三镇沸腾了。宣传周的火炬游行成功了，远远超过原来的计划。不要说陈诚，谁也不能说这不是政治部三厅发动的功劳。起初政治部其他厅，有些人认为三厅是卖膏药、放空炮的厅，可是在这次事实面前，他们也不得不祝贺宣传周的成功。大家都承认“这是郭老的运气好”，“三厅的运气好，正好碰上了台儿庄的大捷”。

4 月 8 日是歌咏日，按计划上午在汉口北郊的旧华商跑马场举行广场歌咏会，会后举行歌咏游行，在讨论计划时，郭老担心效果不好，不大赞成，可是田汉、冼星海和张曙三位同志认为有把握，坚持开下去，终于还是决定在广场上举行，开大会时田汉以歌词作者和三厅处长的身份，主持这个会，郭老到会看到那么多的歌咏队，立即消除了原来的顾虑，惊叹地向田汉等同志说：“你们真有本事，从哪里动员这么多歌咏队来？”田汉微笑着说：“这是几年来所播下的种子，今天是我们收获的日子。”的确，新音乐运动、革命歌曲在“九一八”之后确有新的发展，作为歌词作者，他是心中有数的。田汉接着请郭老致开幕词，郭老也是个容易兴奋的人，他借用“四面楚歌”战胜楚霸王的意思，以“四面倭歌”为题，滔滔不绝地作了一篇动人的演讲，这个开幕词，至今还保留了下来。田汉同志说的这个“收获”，正是来自党领导的文艺播下的种子。

但是好事多磨，国民党的顽固派就是害怕人民，害怕群众运动，更害怕群众上街。戏剧日也好，歌咏日也好，漫画展览也好，甚至演讲活动，这些他们都可以记到政治部成立后的宣传功劳簿上，可是最后一天的游行示威，他们就有点害怕了。连主办的单位国民党市党部、警备司令部都打了退堂鼓，也许是陈诚的示意，他们害怕自己要砸自己的锅。但是游行的计划是经他们批准的，又不好收回成命，陈诚只好亲笔写了封信，威吓一下郭老，说什么“据情报：明日扩大宣传周大游行，将有奸人准备利用，乘机捣乱，望兄注意，弟已同时关照兆民兄（即特务头子康泽），请渠协助，妥为戒备”。这简直是此地无银三百两，做了圈套，把特务们请来，借口防“奸人”来捣乱来破坏游行。

这次游行集会是由郭老和阳翰笙主持的，不用说，他们对陈诚这封信憋了一肚子气。但是他们自己也有打算，经过六天全厅的努力，确实把武汉的民气鼓起来了。把这个最后的大会开好，就大功告成了。开会那一天，十多万群众从四面八方聚集到汉口的会场，五光十色的旌旗、横标像火龙一样翻动着，《中国不会亡》《义勇军进行曲》等歌声响彻云霄，震撼着武汉三镇。就在这时，国民党借口防止“奸人准备捣乱”，出动了军、警、宪、特务打手布满会场，又遇上天公不作美，天空乌云滚滚，真有“城欲摧”之势，接着滂沱大雨淋向数万人群，但是大家情绪更高，雨声、歌声、口号声交响着，激动着人心。奇怪得很，就在瓢泼大雨声中，居然有人拉响了警报，难道日本飞机也得到了“情报”，配合“奸人”来捣乱会场吗？这时，宪兵团长抢过话筒，不管这警报是真是假，他按照“排好的戏”，立刻下命令要群众迅速解散。这样一来，游行队伍就不能不凌乱了。这游行队伍一散，康泽奉命来防“奸人”的任务也完成了。他演的戏的最后一句台词也念出来了，“游行是只好作罢，我们可以走了啊”！他带来的乌云，已经成雨了。三厅发起的这场轰轰烈烈的宣传周，在假警报声中结束了。

（选自《铮铮铁骨 灼灼赤心》，载于《回忆田汉》，全国政协文史和学习委员会编，中国文史出版社 2015 年版，题目为编者加）

长沙别离

李 超

自从武汉陷落后，周恩来副部长率部到了长沙，几个抗敌演剧队和抗敌宣传队先后到了长沙，稍作休整后便展开了演出和宣传活动，大家一边总结前段工作，一边交流演出经验，这时日寇已近逼汨罗。11 月 12 日在纪念孙中山先生诞辰七十二周年的纪念会上，周恩来副部长做了形势报告，他分析了岳阳前线战况和抗战形势，指出我们的任务仍是坚持团结、抗战、进步；反对分裂、投降、倒退，巩固和扩大抗日民族统一战线。最后他宣布要准备撤离长沙，并讲了撤退的周密计划和行军注意事项。他说，敌人距此还远，可以吃饱饭再慢慢走，沿途还要开展工作，要注意行军纪律，留心敌机空袭，红军能走二万五千里，我们还走不到湘潭?! 因为三厅没有几部车，所以除了一部分押运沉重公物的人坐火车，还有做善后工作的洪深（做总提调），以及郭老（坐镇）等人坐车外。其余大部分人就要步行了，走路的由田汉领队，这是周公和郭老以及三厅各处科领导人事先预计好的，所以当周副部长和大家讲话的时候，田汉已经是戎装待发，他还不时迈着矫健的步伐移动几步，气宇轩昂，好像跃跃欲试的样子。田汉是以能爬山涉水、善于走路闻名的，这位文官少将，真的要领兵出征了。

但是，这些文化兵，自从在昙花林受过几个星期的训练之后，都还没有实际的行军经验，那时除演剧一队（后来的四队），刚从阳新、大冶一带的前线突围回来的人之外，大家还都没有经历过这样的生活和工作，尤其是厅里的工作人员，都是文化人，更缺乏战斗生活锻炼，我们的田汉“将军”要带领这支队伍真是不容易的。

各演剧队和抗敌宣传队在市内还争取时间，分头写了动员民众和对敌宣传的标语之后，就唱着“飒飒深秋风，煦煦斜晖日”的歌声出发了。因为大件行李已经由汽车运走了，同志们身上除了随身衣物外，只剩下演出的器材、宣传工具、乐器、颜料桶、画具等物品，大家虽然都穿军服、佩武装带，但身上背着的什物五花八门，看来真像个杂牌军，先头部队从水风井过火车东站，走上公路，队伍还是整齐的。各队你的歌声刚落，他的歌声又起，还真有点军威呢！这个景象显然和长沙逃难群众的扶老携幼，呼儿唤女，哭哭啼啼的气氛截然不同。从中可以看出田汉同志领队有方。田老自己也沉浸在悲愤、壮烈的情绪里。他还写下了这样的诗句，来描绘这个场面：

猎猎秋风卷柳丝，将军慷慨誓雄师。
画囊在背琴悬肘，齐向乡村出发时。

当大家刚刚走上征途，还带着几分激奋的心情，唱唱歌也还可以抒发些怨气，冲淡些晦气。田老却有他的感受，也写了首诗：

雄歌一片出长沙，断瓦颓垣几处家。
廿载未知离别苦，乡关回首暮云遮。

没走上几里路，队伍已被陆续不绝的逃难群众冲乱了。演剧一队行军是有经验的，他们被派去打前站，找到了宿营地，而其他队伍和领队的将军随着夜幕的降临而不知去向。最后，田处长和任光、辛汉文、田洪四位保镖，夜半到了大托铺，住在农家的草屋里，大概田老还想念他的队伍，睡不着，也写了首诗：

尘高石碎夜风寒，信有人间行路难。
无被始如春草暖，张家厨下五军官。

在三厅去衡阳的路上，田老沿途还是兴致勃勃，当过衡山时，还在警报之余游了镇南寺。经南岳市时，还留有诗句，当车到渡口宿营时，在石桥边见一位年轻小兵，惫卧石上，呻吟不止，经询问，知是四十九师某连长的勤务兵，湖北汉阳人，年仅 16 岁，在湖北阳新作战时因病落伍，寻找队伍已数日，不曾进食，挣扎在死亡线上。田老看到对敌作战战士的这种惨状，动了恻隐之心，扶他走了很远，帮他找到该团宿营地。还以诗记录了这一事迹：

停车九渡铺边道，流水潺潺接小桥。
桥上何人泣岐路，可怜饥病已连朝。

三厅到衡阳，周恩来副部长到南岳参加蒋介石的军事会议，向蒋提出要严惩长沙放火的罪魁，拨款救济灾民，并征集民工修建民房。其实，长沙大火是蒋介石亲自下令烧毁的，怎么严惩首犯呢？于是只好下令枪毙警备司令酆悌和警备第二团团长徐昆以及公安局局长文重孚三个替罪羊。拨款十万元，交周副部长办。所以三厅到衡阳还没站稳脚，于 11 月 17 日，周副部长下令八路军驻湘办事处和三厅以及分散到湘潭、衡阳等地的各演剧队，立即返回长沙，开展救灾活动。周副部长指定洪深率队出发，田老也不甘落后，自告奋勇，也跳上驶向长沙的卡车，回到已连续烧了三天三夜的长沙，这时的长沙正是焦雾弥漫，废墟生烟，一片惨状，连最高的建筑天星阁也已成焦土。

田汉重返他的故里，和大家同住在财政厅的楼上，这是仅存的几所楼房之一，夜宿楼上，遥望劫后废墟悲愤至极，因而挥笔题句曰：

长驱尘雾过湘潭，乡国重归忍细谈。
市烬无灯添夜黑，野烧余焰破天蓝。
携雏挈妇人千百，断瓦颓砖户二三。
犹有不磨雄杰气，再从焦土建湖南。

三厅和各队到齐后，周恩来同志立即宣布成立善后工作突击队，召开动员大会，组织抢救尚在防空洞里和街头的灾民和伤病兵员，并且从事清理认领、掩埋尸体，扑灭余火，抢救物资，动员灾民回城，开设粥站等工作，还要办个《新长沙报》，并准备向十几万灾民发放十万元救济金。总的工作自然是周恩来同志亲自指挥，郭老当然是照应全面，而洪深则连踢带打地直接组织各队发放十几万人的赈济金，田汉则分管文字宣传和组织办《新长沙报》。后来田老又把长沙的戏剧团体组织起来，举办湘剧短训班，给他们讲文化课，宣传抗战意义，讲述历史知识。后来又组织成立了三个湘剧抗敌宣传队，之后发展到七个队。有些湘剧宣传队随着战火流亡到四川，在重庆和四川其他各县坚持抗敌宣传，过着艰苦的生活，直到四川解放。

（选自《铮铮铁骨 灼灼赤心》，载于《回忆田汉》，全国政协文史和学习委员会编，中国文史出版社 2015 年版，题目为编者加）

《最后的胜利》

李 超

1937 年 12 月，武汉已成为抗战期间政治、文化中心，从上海、南京以及天津等地来的戏剧界知名人士云集于此。为了加强戏剧界的团结，为了有个名义开展抗战救亡活动，遂于 12 月 19 日成立了武汉文艺界抗敌协会。洪深主持了这个会，并致了词。戏剧界理论家张庚、胡风和胡绳等人都参加了这个成立会，就在这个会上宣布了举办中国戏剧界援助各地抗敌军募捐联合大公演，组织了演出委员会，委员有 23 人，包括王泊生、田汉、洪深、阳翰笙、光未然、安娥、马彦祥、万籁天、唐槐秋、廖沫沙、赵丹、应云卫、俞珊、沈云陔等人。参加联合公演的 13 个团体是：军委会政训处抗敌剧团，这是由上海救亡演剧三、四队改编成的，团里主要成员有郑君里、瞿白音、王为一、张水华、舒强、沙蒙、吕复等人；其他单位有国立戏剧学校同学会、首都抗敌剧团、广西国防剧团、山东省立剧院、拓荒剧团、上海话剧界救亡协会、上海救亡演剧第二队、上海业余剧人协会、中国旅行剧社、首都平津学生救亡宣传团、南京剧人等。这些团体中有很多是当时影剧界的明星，如赵丹、郑君里、金山、王莹、顾而已、沙蒙、吕班、应云卫等人。

其实，在开这个会之前，筹备工作早已进行好多天了，并已决定排演田汉的《最后的胜利》，这出剧由洪深导演。可是剧本并没修改好。这样多团体、这样多名演员，剧中的人物虽多，但是剧中的重头戏却不多，那样多名演员可怎么安排呢？这就要由两位权威人士来想办法了。一个是田老大，他要把剧本修改得每个人都有戏；另一个是洪深，就是要发挥导演的才能，安排好角色，使那些明星在台上发挥演员的创造性。好在那时大家都没有明星架子，也不争名利，为了抗战救亡，大家已经在战地和农村经过几个月的锻炼，对演主要角色、次要角色还是扮演群众都不放在心上。当然，有洪深这个权威导演，他会把大家说得服服帖帖。再加上应云卫和郑君里这两位善于做细致组织工作的人的协助，把这一百多名演员、工作人员都安排得十分得体。

关键问题还是剧本和排练。时间紧、要求高，这么多剧界名人，这么多团体，这么大的演出活动，当然不能把戏演砸了。这就要看剧之“本”和导演如何创造，把它搬到舞台上了。不过，田先生和洪老夫子是老搭档，他们把修改提纲商量好，约法三章，田老只管写剧本，不准到排演场，要允许洪老和演员的再创造。戏排出后再请作者看。于是田老就边改边写，直接刻在钢板上，写好一张印一张，印出一场排一场。洪先生排这样的戏，是有气魄有办法的。他先召集全体参加演出的演员和工作人员开了个动员会，宣布了角色、讲解了剧情和主场戏，也说明了导演的整体构思和具体要求，再把他要掌握的基调、要表现的主题思想以及进行的旋律、节奏都讲得清清楚楚。他的讲解可不是做报告，他简直是想一个人把全部戏都演出来，可他拿的却是田汉还没修改出来的剧本底稿，也许是提纲，因为他手里常常挥舞着的那卷纸的页数并不多。

当时，我虽然参加了演出，但并没看到过剧本，仅有的台词是抄下来的。更确切地说是在排演场上连戏一块儿记下来的。但后来看到这剧本，和我在舞台上留下的印象却出入很大。比如第二场的汽车夫，剧本上就只有“您下来一下吧！车子陷得很深，恐怕要耽搁好一会儿工夫呢”的台词。可是扮演汽车夫的吕班在台上戴个鸭舌帽有好多戏，给我留下很深的印象。再如，现在看到的剧本林之先那慷慨激昂的几大段演说，当时在演出中好像并没听到“言论小生”那大段的演说词，也许是洪老把它精练了，也许是在那抗战的激情中，我们自己讲演讲惯了、听熟了，不以为然了。

戏，应该说是演得很活，很真实，很有生活气息的。这主要是因为剧本中的事，都是田老亲自看到、亲身体会的。他很有生活，很有激情。其次是洪深很了解田汉，知道他戏的长处和短处。所以他不准田汉干涉他排戏，使他敢于再处理、再创造。比如第二场的开头描写演剧宣传队员和农村妇女上场的时候，先是从远处传来一阵莺声燕语般的欢笑声和喧哗嬉戏声，又夹杂着歌声，接着就是一群女孩像燕雀飞下高坡似的跑到了前台，这种情景不但描绘出城市女孩子跑出来参加抗战宣传的风貌，同时也描绘了农村姑娘那朴实热情、迎接演剧队员的欢欣心情，渲染出抗战中那种乐观的精神状态。看得出这些表现都是为后场那激昂的讲演和第四场敌人占领后的激烈斗争作了铺垫。为了表现戏发展中的起伏和跌宕，剧本安排在第一场里，描写战火尚未燃遍的平静乡村，他们却在心坎里埋下了准备战斗的种子，农村姑娘大毛在河边唱着："一根棒儿两尺长，姐在溪边洗衣裳，红叶落在溪水里，不知漂流到何方？叶啊叶，你别忙，奴家有话托你寄情郎，若是见了情郎的面，就叫他收拾行李早还乡，大家一起赶豺狼。"这是多么美好的描写，可爱的河山，美好的情趣，既有小河流水，又有浣纱意境，俨然一派山村的风光。但人们心里却惦记着赶豺狼。接着她那个"情郎"从对面山上呼应着唱出了这支山歌："太阳一出满天霞，对面山上来了一个俏冤家，眉儿弯弯眼儿大，头上插了一朵山茶花，哪个山上没有树，哪个田里没有瓜，哪个男子没有意，要打鬼子可就顾不了她！"这是多么有情有理的歌词啊！这些歌词不但揭示着人物的内心，也预示着剧情将要发生的一切，同时也描绘着那典型的环境。这些歌不但给我留下了深刻的记忆，在社会上也流传得很广。这些场面是那么自然，生活气息是那么浓郁，这不能不说是赵丹等名演员的本事。

这里不是做剧评，也不是介绍田汉的剧本，因为田老一生的戏剧活动，都是和群众、戏剧界的演员、导演联系在一起的，无法撇开别人来谈田汉。

这次的演出，是 1937 年 12 月在武汉的光明大戏院。在《武汉日报》上从 12 月 24 日到 26 日登了广告，不但登了编剧、导演，还登了舞台监督应云卫、后台管理郑君里，也登了演出委员和演员表。但是这张演员表和实际演出时的情况又不太相同。比如我演的是日本兵，登报的演员表却是商民；赵丹演的是宝生，登的广告却是农村青年 A。在演员表中还有朱穆之和光未然等同志。

（选自《铮铮铁骨　灼灼赤心》，载于《回忆田汉》，全国政协文史和学习委员会编，中国文史出版社 2015 年版，题目为编者加）

新音乐的保姆

阳翰笙*

黎锦晖是田汉的朋友，有所往来，常请他到明月歌舞团去玩。聂耳当时在团里拉小提琴，没有可能发挥才干。田汉和他谈过几句，回来对我说，是个人才，可惜了，要想法把他拉出来发挥作用。他又把聂耳介绍给我，要我帮助他提高认识。我经常到聂耳那里去，帮他分析社会现象，认识革命形势。聂耳基本功扎实，学习努力，自律很严，他需要找个合适的职业。我找了电影皇帝金焰，让他在电影公司老板黎民伟面前说说话，请蔡楚生、史东山二位也帮助说情，使聂耳进了联华电影公司，终于有可能发挥作用了。后来，聂耳谱《开矿歌》《毕业歌》《大路歌》《扬子江暴风雨》，还有传遍世界的《义勇军进行曲》。一代天才很年轻就去世了，但他终于闪耀了光辉，传达了 30 年代中国的时代精神，这与田汉同志的发现人才是分不开的。

任光从法国回来，在百代唱片公司制片部工作，很仰慕田汉的精神风采。田汉同志也认为他有才华，介绍我认识他。任光、程步高、唐槐秋邀田

---

* 阳翰笙（1902—1993），原名欧阳本义，字继修，四川高县人。编剧、戏剧家、作家，中国新文化运动先驱者。毕业于上海大学社会学系，1927 年底参加创造社。1928 年初起陆续发表小说，并撰写宣传马克思主义和革命文艺理论的文章。1933 年以《铁板红泪录》开始电影创作，著有《中国海的怒潮》《逃亡》《生之哀歌》《生死同心》《夜奔》等。抗日战争期间曾任国民政府军事委员会政治部第三厅主任秘书、文化工作委员会副主任、中国电影制片厂编导委员会主任等职。1949 年以后曾任中国文联秘书长、副主席等职。

汉小宴，拉我作陪，他们是法国作风，一边吃三明治，喝啤酒、白兰地，一边纵声谈笑。我不会喝酒，在旁边陪着，静静地观察他们。任光出国前有一女友十分爱他，她是杭州的小学教师。任光归国后，便找来了，住在前后间不同居。她发现和任光生活很不协调，她是一板一眼，严谨惯了的；而任光是喝酒唱歌，嘻嘻哈哈，豪放不羁。当时双方情绪很痛苦。我们帮助做了工作，大家理智地处理关系。那位杭州小姐返回浙江，没有酿成恋爱悲剧，保护住一个人才。通过任光的关系，许多进步歌曲灌了唱片，如《毕业歌》《渔光曲》《义勇军进行曲》《游击队之歌》等五六十种，销遍了南洋，传到了全世界，扩大了革命的影响。后来任光到了武汉，安排在第三厅工作。接着转到新四军工作，表现很好，在皖南事变突围时牺牲了。

冼星海从法国勤工俭学回来，找到田老，在第三厅安排了工作，作了许多救亡歌曲。他性格内向，不多说话，为人诚实、刻苦，和田汉和我关系都很好。后来去了延安，不久完成了《黄河大合唱》谱曲。

张曙是田汉同志的学生，从南国社以来一直追随着他。田汉发现他可以造就，就把他介绍给我。田老大就是这样，认为我在组织工作上干的时间较久，每当他发现了人才就来告诉我，让我帮助观察、培养，这主要是对组织的信任，发现、培养人才主要是他的功劳，他做了不少工作。

和田汉同志交往的音乐家有吕骥、贺绿汀等人，年轻一点的有舒模、林绿等同志，在抗日战争中，他们在田汉同志的合作和鼓舞下，作了不少著名的歌曲。上述许多作曲家所创作的代表民族精神的流亡歌曲，当时是风行全国，至今听了还使人感到精神奋发，对社会主义祖国充满信心。有同志说，田汉同志是新音乐的保姆，这话反映了一定的实际。田汉同志关心、培养、鼓舞的人才又何止限于音乐界呢！

（选自《田汉同志所走过的道路》，载于《回忆田汉》，全国政协文史和学习委员会编，中国文史出版社 2015 年版，题目为编者加）

来自解放区的信使

冯法祀*

1946年，我随演剧五队从缅甸劳军回到昆明。那时，田汉住在昆明新中国剧社，剧社为我举办的“抗战写生画展”提供了场地。预展就在剧社的住地举办。田汉对这个展览给予了极大的关怀与支持。当时，闻一多先生主持了预展招待会。西南联大的教授和社会名流如洪深、楚图南、夏康农、尚钺、李何林、孟超、白澄、赵沨等多人，也对画展给予鼓励和支持。我是一个普通的演剧队员，与这些学者名流素不相识，田汉从宣传抗日工作出发，只要对抗战能尽一点绵薄的力量，他都加以扶植，并为之宣传推广。闻一多先生看到油画《捉虱子》揭露了国民党反动派真反共假抗日的本质，大为赞许。洪深先生看到素描《铁工厂》时说，戏剧的高潮，往往在第二、三幕时始能出现，这幅《铁工厂》，一眼看上去就达到高潮。他们对于反映抗战现实的作品是如此赞许，又一次给予我鼓舞和鞭策。会后，闻一多先生邀我去他家做客，和我谈论起知识分子的改造问题。诸如此类的鼓励和支持，许多

* 冯法祀（1914—2009），别名骆风，安徽庐江人，著名油画家。19岁考入南京中央大学教育学院艺术科，受业于徐悲鸿、颜文梁、吕斯百、潘玉良等大师门下。1937年参加中国工农红军（后改编为第八路军），到过革命圣地延安。1940年参加抗敌演剧队，1942年受聘为中国美术学院副研究员。1950年后任中央美术学院首任绘画系主任兼油画系主任。作品中以50年代创作的巨幅油画《刘胡兰就义》最为著名。

都是田汉苦心筹划的。这也说明，田汉对后辈的爱护、关怀和培养。

昆明一别，较长一段时间见不着田汉。1946年，徐悲鸿聘我至国立北平艺专任教。我得到演剧四队的同意，和演剧四队的印家铎（现名李本田）一起，接受了徐先生的聘请。我们两对夫妇同至北平。当时，徐先生明确地对我说，要将艺专办成一个左派学校。并要我帮助学校邀请一些进步的教师来校任教。这时国民党发动的内战已进行了两个年头，一向被认为顽固、落后的北平艺专，师生竟走出校门，参加了“五二〇”反饥饿、反内战的游行行列。这件事激怒了当时的国民党教育部部长朱家骅，朱来到北平，竟下令开除参加游行的学生，解聘进步教员。这一下艺专训导处的国民党爪牙更是气焰嚣张，不可一世。但是，他们色厉内荏，由于战争形势的发展对他们来说是每况愈下，他们不得不做逃之夭夭的打算。

正在北平和战未决的紧急时刻，1948年冬的一天，田汉突然来到北平，他戴着一顶风雪帽，帽沿齐眉，两手插在大衣兜里，由音乐家盛家伦陪同，约我带他去会见徐悲鸿。我及时向地下党的联系人仓孝禾同志汇报情况，得到同意，把田先生带领至东城东受禄街徐悲鸿的住宅。徐先生和田汉是老朋友，无须介绍，我们就在徐先生客厅的沙发上坐下，在场的还有廖静文，寒暄几句后，田汉用手抚摸着头上苍苍白发，一面笑容可掬地对徐先生说，我从解放区来，毛主席和恩来同志让我转达口信给你，希望你不要离开北平，我们就要来了。徐先生听完田汉这番话后，脸上浮起兴奋和激动的表情。当时的情景，我至今还没有磨灭。后来我听到廖静文说，田汉走后，悲鸿兴奋得一夜未能入眠。徐先生没有辜负毛主席和周总理的嘱托。1948年冬天他在傅作义将军邀请的当时北京大专院校校长和名流学者的咨询有关时局意见的会议上，勇敢地陈述了北平应走和平解放道路的意见。他还在国民党策划的学院南迁的院务会议上，明确地表示了保护学校反对南迁的主张，以便迎接北平的解放。

此次田汉充当信使，传达党对徐悲鸿的期望与关怀，绝非偶然。早在南国艺术剧社时期，两位忧国忧民的爱国主义者就结下了深厚的友谊。在抗日战争前不久（1935年），田汉从南京国民党的监狱中保释出来后，写了一个剧本名曰《械斗》，隐喻兄弟阋于墙，外御其侮，强烈地呼吁国共两党停止内战、共御日本帝国主义者的侵略。《械斗》主题歌的歌词是：同胞们，快停止私斗，来雪我们中华民族的公仇！快停止一切的私斗，来雪我们中华民族的公仇！这首歌词明确地表达了《械斗》的主题思想，不料该剧公演后，卖座率欠佳，使剧团面临解散的困境，大家灰心丧气。这时，徐悲鸿写了下面一段话，为田汉撑腰打气。他说："垂死之病夫，偏有强烈之呼吸。消沉之民族里，乃有田汉之呼声，其音猛烈雄壮，闻其节调，当知此人之必不死，此民族之必不亡。"由于他们对我们垂危的民族、苦难的国家，抱有共同的强烈的希望与情感，他们之间结下了抗日救国、追求真理的战斗友谊。田汉十分崇敬徐悲鸿追求真理、向往民主的坚定不移的志愿，因此，在北平城被我大军包围、国民党当局下令大专院校南迁的动荡时刻，在地下党的安排下，由田汉出面转达党对徐悲鸿的期望。而徐悲鸿也没有辜负党的嘱托，在和平解放北平，团结艺专师生迎接解放的工作中做出贡献。

抗日战争时期，田汉对我说的"无遁事"一番话，当然也是对徐先生的期待，希望他画出直接反映当代人民的画卷，这也是出于对徐先生在艺术上的爱护和关心。北平解放后，他们俩一同出席世界和平大会（原计划在巴黎举行，由于当时法国政府的阻挠后改在捷克举行）。会场上，传来了南京解放的喜讯，徐先生激动之余，奋笔画出《在世界和平大会听到南京解放的消息》一画。不久又创作了油画《毛主席在人民中》，并起草创作《鲁迅与瞿秋白》。这些当代题材的画，难道不正是田汉寄希望之所致？田汉的一生，确实写下了自己革命的光辉诗篇，他永远值得我们晚辈学习和怀念！

（选自《忆剧坛耆宿田汉同志》，载于《回忆田汉》，全国政协文史和学习委员会编，中国文史出版社2015年版，题目为编者加）

剧队安危记心上

冯法祀

田汉对演剧队的关怀与支持，给我印象最深的有过两次。一次是皖南事变后，演剧四、五两队从韶关、长沙宣传访问归来，当时政治形势险恶，演剧队随时有遭受迫害、解散的可能。四、五两队属柳州四战区管辖，四战区长官司令部与政治部有矛盾。

司令长官张发奎非蒋介石嫡系，政治部主任梁华盛是蒋介石的亲信。田汉及时抓住他们之间的矛盾，注意做张发奎的工作。有一次四队举行队庆晚会，晚会是以化装舞会方式进行的，表演得非常出色，张发奎与田汉都在场，田汉喝得酩酊大醉，还呕吐不止，大家都担心田汉的身体。张发奎坐在一旁，不动声色地说："我和他是老朋友，不要紧，一会儿就会好的。"田汉乘着酒兴，带着醉意在会上大声地说："大家请司令长官答应，在任何政治环境下，要保证演剧队的安全！"这句话，田汉大声重复了多遍，最后要求张发奎当众保证，张发奎被田汉再三请求所迫，最终不得不宣布："在任何政治风浪中，我张发奎保证大家的安全。"随后，全场爆发出雷鸣般的掌声。

再一次是1943年的一天，政治部的梁华盛召集四、五两队队员训话，田汉首先对大家讲话，内容是勉励大家在任何情况下，要坚持现实主义文艺道路。这一下惹怒了梁华盛，他接过话头训斥大家说，我们这里只有三民主义，没有什么现实主义！当时，同志们的情绪十分紧张，敏锐地感觉到矛盾很尖锐。不过，同志们深刻地铭记着田汉谆谆的教导和肺腑之言！

（选自《忆剧坛耆宿田汉同志》，载于《回忆田汉》，全国政协文史和学习委员会编，中国文史出版社 2015 年版，题目为编者加）

你要鲤鱼跳龙门

郑亦秋 *

1941年，李迎春找我，并由他引荐，参加了由田汉先生领导的文艺歌剧队，从事抗日救亡宣传的演出。开始一段，我与李迎春、李雅琴合作先后演出了《群英会》《平贵别窑》《乌龙院》等剧目。后来，我们一起排演田汉编写的京剧《岳飞》。那时，这个剧本已经出版了，只是还没有把它搬到舞台上。在我与田汉一起排戏过程中，对他的为人处世、他的人品和工作态度及对京剧改革的思想有了进一步了解，更留下了深刻的印象，使我这个在旧社会梨园行里奔波多年的艺人，受到很大教育，渐渐懂得了在人生的道路上，应该奔着什么方向走，应该怎样做人，怎样认认真真地演戏。

我来到以抗日救亡为宗旨的文艺歌剧队后，第一个突出的感觉，就是这里与旧戏班大不相同。这里人与人之间的关系，没有钩心斗角，大家心往一处想，劲往一处使。彼此团结得像兄弟姐妹，真是有福同享，有难同当，像生活在一个温暖的大家庭里。特别是田汉在其中所起的重要作用。他像磁石一样，把大家团结在演剧队里，我们都十分喜欢他，称他是“田老大”。值得

* 郑亦秋（1914—1994），原名郑国轩，字以行，山东台儿庄人，著名戏剧导演。抗日战争中保卫大武汉期间，担任抗敌宣传第一队队长。1941年参加田汉组织的文艺歌剧队，赴长沙、湘潭、衡阳等地演戏，并主演田汉剧作《岳飞》《双忠记》，导演、主演《明末遗恨》《卧薪尝胆》等戏宣传抗战。

回忆的是田汉那种炽热地投身于抗日救亡宣传，无私无畏的献身精神，使大家都敬佩他。平日里，总见他忘我地工作。每天他都是东奔西跑，搞联络、组织演出、排戏、写诗、参加各种社会活动……他精力充沛，浑身有使不完的劲儿。在困难面前他总是那样轻松愉快，他心里仿佛不知什么叫愁，什么叫烦，始终那么地乐观、豁达。虽然那时他很有名气，写写文章就能得到许多稿酬，如果细心起来也可以积攒下不少钱来；可是，他天生的重义疏财，口袋里经常是空空的。一旦他有了钱，不是倾囊帮助他人，就是交给演剧队充实大家的伙食。有时，为了给大家开伙吃饭，他甚至去典当。

记得有一天，田汉拉着女儿玛俐（即田野），为着吃饭正打转磨呢，见了我便问："吃饭了吗？有钱吗？"我自从进了文艺歌剧队也没了钱，还时常为大家开伙吃饭垫上些钱，便和他实话实说了。他听了笑着对我说："没钱不要紧，我口袋里也是空的，你没吃上饭就跟着我走好了。"这样，田汉走在前面，我拉着玛俐跟在后面，一直向桂林街里走去。在街上好不容易他才碰到一位熟识的朋友，田先生走向前便照直说没钱吃饭，说这话时脸上没有一丝不好意思的表情。那位朋友听了连连点头，二话没说，客客气气地把我们领到一个饭馆里，总算使我们饱餐了一顿。这样的事当时许多人都经历过。

田汉的生活是极为俭朴的，他不讲究穿，不讲究吃。那时，他住在桂林七星岩南边花桥附近的一排房子里。这儿既是他的寓所，也是排练场，有时对词排戏也在这里。一时间人来人往好是热闹，简直像个小旅馆。到这里来，有吃的大家吃，有穿的大家穿，没地方睡觉就在这里住宿。现在我还记得清清楚楚，那时田汉的全部衣着就是一套黑西装，一套军服，一双马靴和一件旧棉袍。他的衣服和其他人的衣服都一起挂在墙上，除了他授衔的肩章和少将军装没人穿戴之外，其余的大家任意挑选着穿。有一次田汉早晨起来，到挂衣服的地方一看，那里没给他剩下一件外衣。这时他又急着上街，没办法，只得现从屋里人的身上扒下来一件穿上，这才算救了急。即使这种情况，他却依然笑嘻嘻地没有一点怨言。

我们那一段的生活是够艰苦的，演出挣不来钱，弄成吃了上顿没下顿，演出场次也多，可是一天忙到晚，大家总是那样热乎乎的，很有朝气。所以会这样，除了抗日救亡的共同目标外，还有一个很重要的原因，就是田汉先生善于团结人，他的乐观精神也感染了大家。平时，田汉常与同志们聊天，拉家常，关心群众的生活，他常常鼓励大家朝着光明看。他说的话，总是那么入情入理，使人易于接受，三言两语说得人心花怒放。他的知识渊博，古今中外，诗词歌赋、绘画书法无所不通。和田汉接触，使我学到许多知识，提高了艺术修养，也受到极大鼓舞。

记得在一个夜色朦胧的晚上，我和孟超几个人来找田汉聊天，一个人搞来了点酒，田先生又弄来一盘蚕豆，用小锅放在炉子上煮了煮。大家围着一个烧木炭的火盆，一边传递着杯子喝酒，一边天南海北地闲聊。田汉给我们说抗日前线的战况，又讲汪精卫无耻的历史，还讲俄国斯大林那儿的情况……田汉越说越激动，他十分感慨地说："现在，我们是烤着不暖的火，纵论天下大事，我们都是炎黄的子孙，生长在历史悠久的文明古国，我们可要为中华民族争口气啊！"最后，田汉还鼓励在座的人说："现在我们的生活虽然苦一些，但将来你们的生活一定会好起来的。"说到这里，田先生又转过头，专指着我说："你，你要鲤鱼跳龙门！"他的话说得那么恳切，那么炽热，我总觉得这是对我们大家的莫大希望和给我们的巨大支持力量。

（选自《我的良师益友》，载于《回忆田汉》，全国政协文史和学习委员会编，中国文史出版社 2015 年版，题目为编者加）

新排《岳飞》

郑亦秋

参加文艺歌剧队的第一天就使我有一种新鲜感，不像旧戏班那样，特别是在与田汉一起排演《岳飞》的接触中，增长了我的见识，真正懂得了当一名演员和演戏的意义。

那时，我们排演是十分紧张和辛苦的，没有上下班一说，演戏排戏的条件也极差。新排演一出戏往往是由田汉现编，一边誊写剧本，一边排练。堪为称道的是田汉现编戏的速度，真叫惊人，他总是走在我们拿本子排戏的前头，从未让我们等着他写的。有时他还来听我们设计的唱腔，帮着矫正。大家说田汉一心可以三用或四用。

我们开始排《岳飞》这出戏时，先由他派定了角色，我演岳飞，李迎春演岳云，杨瀛洲演牛皋，洪镇（洪深之子）演杨再兴，经过二三天工夫就把全戏串下来了。

在排我的戏时，田汉特别关照，站在身旁指点。有一场戏里，岳飞上场来就有一大段唱，开头一句倒板“立马蛇山豁壮眸”，唱得平平淡淡，没有一点气氛。田汉反复听了以后，就耐心地讲解戏词，在接下去的一段唱腔里，从词到运腔，一句一句地帮我抠。还清清楚楚地记得唱词是：

又只见洪涛滚滚流，

白帆片片汉江口，
芳草萋萋鹦鹉洲。
祢正平当年骂黄祖，
小周郎用火攻烧曹操百万貔貅，
这几辈古人今在否？
江上空余黄鹤楼。

田汉坐在一条破板凳上，听我一句句唱出来，他自己用手拍着板。当他见到我唱得嗓子哑了时，才让胡琴停下。可这时，他却像入了窍一样，凑到我跟前哼一句说一句词的意思，还让我了解岳飞此时此景的心情。突然，他一时兴奋地给我高声朗诵了苏东坡的词——《赤壁怀古》一段：

大江东去，浪淘尽，千古风流人物。
故垒西边，人道是，三国周郎赤壁。
……

他背诵如流水，琅琅有声。经他这一番朗诵，我对岳飞的理想和抱负有了进一步的认识。

当我们排演岳飞从鄂州到武胜关，见到自己从军时路过的一座古庙，岳飞曾经在庙墙上题过诗的情节。岳飞唱：

看罢了当年纵笔书，
烟尘满壁字模糊。
这一片雄心虽未吐，
且喜今吾似故吾。
耳听得疏林响暮鼓，
准备明朝把贼屠。

这一场戏，我们设计岳飞站的位置和身段时，是让他侧身对着残墙断壁，观众只见到半个脸儿。田先生看了，便和我商量，改成面对观众，岳飞眼前的观众方向就是墙，他说这样使人物有个整体的表现，观众能够一目了然。我听了有些顾虑，觉得这么一来，造型是否真实，道具也用不上了。田汉见我有些踌躇，就耐心给我讲艺术的戏剧立体感、舞台调度、艺术的真善美等见解。经他这么一说，我才想通了，这一实践，果然效果很好，我不由得暗暗敬佩他在艺术上的真知灼见和不拘泥于程式的改革精神。

此外，岳飞的这段唱词，都用的是吹腔，我唱时怎么也上不去，与笛子老合不到一起。而且越唱越差劲儿，眼看这出戏就要上演了，如何是好呢？田先生见了这情景也很着急，憋了半天他才说了话："把吹笛子的人找来一起商量，问能不能把调门降一降。"开始，吹笛子的人不肯改，说要按照笛子走。后来，田汉的死说活说终于使吹笛子的人同意试试，果然这么两下一凑合就唱得顺当了，大家高高兴兴。等吹笛子的人走了以后，田汉跟我小声说："人不能太死板了，活人不能让尿给憋死呀！"他这么一说可逗得我笑了好一阵。

《岳飞》正式演出前，还在桂林高升戏院进行了彩排。那天，田汉先生请来各界友好人士和报社记者看戏。他从进了戏院，就台前台后忙个不停。当我扮好装、扎上靠快要上场时，走到台帘前，透过帘缝儿一眼便看到田先生正站在场面上，一手拎着大锣，一手抡着锣锤，正起劲儿地敲着，可谓聚精会神，锣音也垫得严丝合缝。我看到田汉这么起劲，精神振奋，自己第一次演岳飞的胆怯心情，也就一扫而光了。

《岳飞》上演后，小有轰动，队员精神焕发，田汉也很高兴。每次出外演出，慰劳抗战军队，他都跟着。有一次，我们去西南行营演出（那时李济深任西南行营主任），田先生还邀请了欧阳予倩来看戏。只见他在台下陪着欧阳予倩，还不止一次地征求意见，当听到称赞的话时，立即跑到后台告诉我们。

又有一次我们文艺歌剧队到离桂林城里十几里路的"汉民中学"演戏。

开演前，田汉走到台前给青年学生讲话，主要意思是，希望青年学生树立民族观，他还揭露汪精卫说：“汪精卫这个人，没有一点灵魂……”讲话不长，却博得台下阵阵掌声。

那天演完戏已是深夜1点多了，队员们集合起来，得步行十里路才能回到住处休息。一路上，我们三三两两并肩走着，队伍前面还有一个人手里拿着一根长棍子，上边挑着一盏汽灯照明。当时，我演完戏浑身乏得没了劲儿，走起路来东摇西晃，多亏一位青年搀着我。但田汉走起路来却精神抖擞，忽前忽后，四处照应。他走到我跟前关切地说：“亦秋，你身体可不够棒呀！唉，早知道你身体这个样子，咱就不这么唱了！可你看群众的抗战情绪多高涨！”他这一说我也十分感动，忙说：“我还得多练练，习惯就好了……”心里想到，还真要向田汉先生看齐。

（选自《我的良师益友》，载于《回忆田汉》，全国政协文史和学习委员会编，中国文史出版社2015年版，题目为编者加）

第六章
徐悲鸿：不以小不舍而弃大义

不以小不舍而弃大义

吴作人

徐悲鸿先生待人直爽真诚，不以小不舍而弃大义。1948 年的年终前后，解放军已指出北平的前途和国民党的去从，问题就看傅作义将军最后的抉择。傅在一次邀宴北平学者名流数十人的席后茶余，向大家提出关于北平"战""和"的问题。这不是一个一般的问题，因为当时傅将军还举棋未定，意向未明，而蒋介石还在叫嚣反共到底，在这种情势下说话的人是要担风险的。当时谁也不敢发言，经过长时期的冷场后，徐先生首先发言，他说："时至今日，傅将军还有什么值得对蒋先生抱幻想的?！……（大意）"徐先生发言之后，在座的才相继纷纷表态，赞成和平解决北平问题。这件事是徐先生参加傅宴后回来，亲自给我讲的，我为之深感欢欣。同时在北平和平解放前夕，当徐先生和田先生会晤之后，徐先生坚决保护学校，不使学校受到国民党特务的破坏，他还表达了拒绝南迁的鲜明立场。这是由于党的指示和关怀，使徐先生产生了无限的勇气和力量。

在艺术教育上，徐先生主张对学生要进行严格的基础训练。他要求尊重客观事物，要以一丝不苟的诚实态度来认识客观存在，并加以提炼和提高。他认为要加强造型的表现力，就要删去烦琐的细节，强调塑造形象的统一性。他还认为学生从开始学画，就应当力求刻意勾画；宁方毋圆，宁拙毋巧，要以直线求曲线，以平面求圆面，基本功要做到眼、手、心相协调，"尽精微”以“致广大”。

我由于得到徐先生的支持和鼓励才能赴法学习。到了巴黎，当时我的第一件事就是如何找到工作（用以维持生活和参加学习）；又由于徐先生预先的安排，有不少在巴黎的老朋友热情地来照顾我，其中有一位名叫张宗禹的，1928年我们曾共同在中央大学徐先生开的夜课旁听过，他收到徐先生的信得知我将到达巴黎，曾给了我许多帮助。我考取了巴黎国立高等美术学校西蒙教授班，入学时的学费和其他费用，都是由张宗禹先生替我向他人借贷的。我在巴黎生活拮据的日子里，李有行先生曾帮助我找零活干，他和徐先生也属师友之交。除此之外，徐先生还函托了在比利时任公使的谢寿康先生给我关照，由于他的协助，我又考进了比利时皇家美术学院，并获得了助学金，从此我才有了比较稳定的生活，保证了正常的学习。

我还记得徐先生在给我们这些国外学美术的学生的信件中，时常提醒我们要坚持现实主义的治学态度，要向西方美术盛世时期的优秀传统学习，不要被那些资本家豢养的大小画商的巧言令色所迷惑而走上歧途，从而回国后无以交代。

我在法国和比利时所接触到的前辈画家，许多人都知道徐先生的卓越的艺术造诣。他在欧洲所举办的宣传中国艺术的中国画展览会（1932—1933），曾引起当时欧洲的文化界对中国现代绘画的浓烈兴趣。在这些中国现代画家中突出的并为西方各界人士所重视的就是齐白石先生的作品。我回想起在1929年春天，徐先生曾到北平住了两三个月，当时他发觉北平艺术学院的国画教学基本上是掌握在保守派的手里，而他素来主张对陈陈相因、泥古不化的所谓“传统”，要进行改革。他的大胆吸收新的以写生为基础训练的主要教学方向，是不见容于当年画必称“四王”[1]，学必循《芥子园》[2]的北平艺

[1] 清初画家太仓王时敏、王鉴、王原祁及常熟王翚，皆擅山水，人称“四王”。他们的作品在技法方面，功力较深，但崇尚古人，意境很少创新，趋于程式化。

[2] 指清代广泛流传的中国画基本技法图谱《芥子园画谱》。

术学院的。尽管还有少数有新意的画家如陈衡恪、姚芒父等人，但他预见到他在北平是孤掌难鸣的。他在北平住了不到三个月就束装南回了。徐先生在北上之前，为了不让我们的学业由于无人主持而被耽误，就先向我们说：“我这次去北平时间不会长的，是去看看，也许不久就回来。在我走后，你们的功课由上海的张聿光先生和苏州的颜文梁先生暂代，你们要尊敬和听从这两位先生的指教，要特别努力学习，要和我在时一样。”

我们做学生的，对徐先生的离去都有依依之情，对张、颜两位先生，持以尊师重道之礼。张、颜两位老师是先后来中大代课的。张先生，在model休息的时候，爱和我们聊天，讲些上海早期美术教育界活动的故事，从中我知道了一些民国初年上海美术界几位先驱者（到现在几乎被人遗忘了的）是如何艰苦经营美术教育的情况。颜先生则总是鼓励我们说大家画得很好……张先生在早些年已经逝世了，颜先生今年91岁，去年中国美协还特派代表到上海给他祝90岁大寿。

（选自《追忆徐悲鸿先生》，载于《回忆徐悲鸿》，全国政协文史和学习委员会编，中国文史出版社2015年版，题目为编者加）

望你继续努力

吴作人

徐先生的感情——对朋友的关怀，对受委屈的人的同情，对因敌寇铁蹄蹂躏而流离失所的千百万同胞的悬念，无时不在他的诗、画、文章、通信中流露着。1938 年，他热情满怀、义愤填膺地投身到在周总理领导下、郭老主持下的武汉军委政治部三厅的抗战工作。当时田汉是艺术处处长，他们重逢之后，同心同德，一致抗敌。

可是当他同政治部主任陈诚晤见时，陈对徐先生反蒋的宿怨未消，给徐先生以冷遇，徐先生拂袖而去。到了重庆，徐先生对我说："难道我是为了想当一官半职去武汉的？我是要使我的艺术为抗战服务！不过，田先生那儿需要搞美术的青年，可以……"我接着说，我们正想组织几个年轻人去台儿庄战地作画。他说："这很好，你们早点出发，你们可以到武昌昙华林政治部三厅去找艺术处的田先生，他会给你们帮助的。我已经决定带着自己的作品去南洋办画展，将全部售画款捐献给国内因日寇入侵而流亡的难民。"

我们和徐先生分头奔向各自的目标。徐先生在新州、槟城一带办画展期间，屡次给我写信，对我当时家破人亡的遭遇寄予父兄般的慰勉和同情。与此同时，徐先生自己也经历着颠沛流离、无家可归的严酷的现实生活。他的思想发展，是从正义感走向痛感社会改革的必要，又进而逐渐认识到共产党人是我们学习的榜样。他在给我的一封信里说："……吾人虽非共产党人，但他们的'先天下之忧而忧，后天下之乐而乐'的精神实足钦佩……（大意）"记得这封信是从新加坡寄给我的，时间是在1940年至1941年之间。他的谆谆教导（加上老同学郑君里的规劝），使我在将近一年的目疾痊愈之后，增添了勇气和信心，又背起画箱，提起画笔，由重庆出发，时而去成都、青城，时而去兰州、青海、敦煌等地作画。当我辗转回到重庆时，已是抗战胜利的那一个新年（1945年）。在没有严冬的重庆，我假重庆江苏同乡会举办了三天个人回顾展，展品内容包括近期的西北边地写生创作和30年代初期我在学生时期的大部分作品。这次画展只有三天，其时徐先生因肾脏病卧床数月，新愈身体还衰弱，仍不顾病体不胜疲惫，坚持进城来看我的画展。他虽然清癯，但神采还很好，认真地看了展室所有的画。我劝他不要太累了，他对我说："这几年你没有把时间浪费了，我虽然病刚好，还是第一次进城，但我决定回去后写一篇短文来介绍这个画展，望你继续努力！"他这一席语重心长的话，使我实在太受感动了。

1940年我的目疾经过诊断是由于过度消耗体力，体质下降，引起视网膜发炎。按医护的要求，需要在相当长的时间内戴黑眼罩，让病目得到休息，而且还要坚持内服药物。这时我虽然不能作画，但住在附近的几位青年画家（其中以李宗津最热情），每天晚上在城里我新居的一间大屋子里画速写、素描，还和我共研艺术，他们对我的情谊、关心和鼓励，使我难于忘怀。我也是决不向命运屈服的。在那些年月，内忧外患，我们这些艺术青年之间憎恶、爱好几乎是共同的，都是胸怀坦率，各无城府，彼此间十分融洽。可是好景不长，刚过半年，敌人的空袭把我的住处夷为瓦砾，然而我们之间的友情是炸不毁的！之后，我们各自西东，我去西北，在兰州我和董希文又相逢了。

这几年中，我们还常在艺术实践方面互相商榷。1946年初，我从重庆回到上海，首先去看先期到上海的张光宇和小丁（丁聪），在他们的《清明》编辑室里，我们筹划组织上海美术作家协会，用以团结在上海沦陷时期没有“下水”的进步画家，并乘刚复员时期国民党反动势力所策划的“上海美术会”尚未成立之前，举办一个联合美展，把炮打在反动派的前头。这次美展轰动了上海社会。李宗津正赶上参加我们在4月间举办的上海美展。他告诉我他刚从南京来，在南京见到了徐悲鸿先生，徐先生要他打听我回到上海没有，徐先生有事要找我。两三天后，李宗津又回南京去了。6月间，李宗津再次来上海时，带来了徐先生给我的一封手书，并说要注意这封信。我捧读徐先生这封让我回到教学工作的言简意切的信，开始尚有点犹豫。因为在西北诸省的几年中，我觉得过去教书，隘于一隅之地，一旦走出来，眼界放大了，看到了新的生活。当初我和司徒乔（我们对艺术的态度比较一致）先同在西北，后来又同在成都，曾经相约今后再不要当教师。其实在那些年代里，学画必然的出路就是教书，以为职业画家如何理想，其实也不过是理想而已。（司徒乔在20世纪50年代从美国回来，也和我一样当了中央美术学院的教授。）我终于为徐先生6月的短笺所触动。这是徐先生的一封对于进步艺术思想、进步艺术教育表态的信，虽然这封信已在1947年2月我于紧急的情况下离开北平去英国的前夕付丙，但我当时曾反复读过几遍，至今虽相隔36年，依然能回忆信中的词句：

作人吾弟：

吾已应教育部之聘，即将前往北平接办（日伪的）北平艺专。余决意将该校办成一所左的学校，并已约叶浅予、庞薰琴、李桦诸先生来校任教。至于教务主任一职，非弟莫属。务希允就，千祈勿却。至盼！

（签名）

我曾一再地想，徐先生的艺术思想已明确地站在进步艺术的一边了，他提名的这几位先生，都是当时就已知名的进步画家，他决意要办一所左的学校，我决不能为了自己的“理想”，忍负徐先生更有远虑的“理想”。第二天我就写了复信，托即将回南京的李宗津面呈徐先生，表示受命北上共襄此举。

（选自《追忆徐悲鸿先生》，载于《回忆徐悲鸿》，全国政协文史和学习委员会编，中国文史出版社 2015 年版，题目为编者加）

倒徐运动

艾中信[*]

进中国美术学院以后，我遵照徐先生的教导，主要在生活中写生作画，酝酿创作题材。我于1943年冬天先到川西，后又转赴湖南安江前线写生。在战地写生中和国民党新六军联系时，凭我的一张中国美术学院的聘书，竟得到许多方便，这是与徐先生的名望有关的。日本投降后，我又凭一纸聘书得到军部的批准，搭飞机于9月中到了南京。我写信告诉徐先生去南京的目的，是想参加日本投降仪式。我当时以为如果能画一幅日本投降的历史画将是有意义的。但是等我到南京以后，这个想法立即破灭了。曾任“中大”校长的顾毓琇（他此时正在南京负责筹备受降仪式事宜），他看了我的证件（聘书），不同意发给我入场券。我从《大公报》记者获悉，日本在南京投降是表面文章，此时日蒋正在加紧反共，苏北形势已很紧张。我到南京的当天晚上就去凭吊经过八年战乱的“中大”旧址（此时已改为国民党的一个机关），使我大吃一惊的是在旧“中大”校门口竟有日军站岗，他们根本不让我进去。对这个不可理解的奇怪现象，我是到后来才慢慢明白的。

---

* 艾中信（1915—2003），上海人。著名画家、艺术家。1936年考入中央大学艺术系，1940年毕业后留校任教。师从和追随徐悲鸿、吴作人等第一代油画大师。他提倡现实主义，主张创作立足于生活，是参与推进中国现代油画的优秀先驱。曾任中央美术学院副院长，中国美术家协会理事。代表作有《崇文门外》《雪里送炭》《紫禁城残雪》等。

画日本投降仪式的历史画不成，于是我回到上海，后来得悉徐先生、吴先生等短期内还不能东下，经过我的哥哥艾中全介绍，我暂时先到姜椿芳同志主编的《时代日报》（上海地下党办的报纸）编辑《艺术》副刊。我将上述情况写信告诉徐先生，得到他的赞成，并在看到头两期的文章后，对我在刊物上宣传中国人物画、反对八股山水表示高兴。

1946 年春夏之交，徐先生接掌北平艺专，我也随同到北平继续做教学工作。此时徐先生聘请了李桦、叶浅予、李可染、董希文、高庄、李宗津、周令钊等同志和他的学生冯法祀、齐人等同志共筹教育大计，阵容之大，为前所未有。这个时期，蒋介石积极发动内战，徐先生除了忙于教育工作外，又积极支持北平美术作家协会的工作，并对付国民党文化特务的捣乱。徐先生以他的崇高的威望，用学术自由的名义和国民党训导处做公开合法的斗争。他写了“艺术至上”四个大字挂在校门口，用以维护进步同学的反蒋爱国活动；他以学习绘画业务的名义支持《阿 O》漫画墙报；他以加强文艺修养的名义支持了反饥饿、反迫害的演剧活动；他还挺身而出，保护进步师生，保释被捕学生。他仗义执言，爱校爱生，受到师生的爱戴。

徐先生的正义行动，使国民党反动派视为眼中钉，于是掀起了一场以“国画论战”为导火线的“倒徐运动”。徐先生革新中国画的教学主张，是从五四运动以来始终不渝的。他“独持偏见，一意孤行”，一直站在革新的立场，与被反动派所利用的保守势力相周旋。他傲骨凛然，见义勇为，当仁不让，堪称一世师表。

1948 年冬，北平被围时期，徐先生团结绝大多数师生保护了学校。他以万分迫切的心情企望着解放的曙光。“徯我后，后来其苏！”20 世纪 30 年代他在创作《徯我后》时的心情，现在更加强烈了，他真如“大旱望云霓”一样，向往着共产党早日解放北平。

1951 年，徐先生抱病去山东导沭整沂工程工地体验生活，为民工和劳动模范画像，收集素材，准备创作巨幅油画，以反映新中国的建设面貌。在构图期间，突发脑溢血，半身瘫痪，但仍扶病挥写奔马，寄给战斗在抗美援朝前线的战士，以表敬意。

（选自《循循善诱 言传身教》，载于《回忆徐悲鸿》，全国政协文史和学习委员会编，中国文史出版社2015年版，题目为编者加）

垂死之病夫，偏有强烈之呼吸

冯法祀

20 世纪 30 年代初，徐先生和田汉先生在上海南国艺社共事，徐先生就表现出他强烈的爱国心和对民族危亡忧心如焚的感情。当时，田先生写了一个剧本《械斗》，表现“兄弟阋于墙，外御其侮”，隐喻强敌当前，国共理应停止互斗、共雪中华民族的公仇。可是该剧演出的卖座率很低，难于继续上演，因此大家的情绪消沉。当时徐先生写了一篇给田先生打气的文章，其中写道：“垂死之病夫，偏有强烈之呼吸，消沉之民族，乃有田汉之呼声。其音猛烈雄壮，闻其节调，当知此人之必不死，此民族之必不亡。”

徐先生对蒋介石的反共亲日政策，强烈不满，他拒绝过为蒋介石画像，对蒋标榜的所谓“新生活运动”，侈谈礼义廉耻，无比气愤。1936 年徐先生流亡广西，出发的那一天，他的家人和艺术科师生们都至下关车站送行。不久，我在京沪旅途中，从一张《新民晚报》上看到徐先生写的一篇短文，文章的标题是为蒋介石的礼义廉耻诠注，文章写道：“何谓蒋先生的礼义廉耻？礼者，来而无往，非礼也，日本既来中国，双手奉送东三省，此之谓礼也。义，不抗日，捐廉（上海方言“钱”与“廉”同音）买飞机，平西南。阿拉（我）不抗日，你抗日，你就是无耻。”不久，广西事件和平解决，为徐先生举行的欢迎会上，徐先生畅谈广西之行的印象，他说：省政府的墙壁上写的是“民耻教战”四个大字，而不是什么“不抵抗政策”。

徐先生有强烈爱国心，倾向进步，对学生的进步活动极力支持。33 班同学徐荃搞木刻，这在当时的社会是犯禁的，徐先生不但没有阻止，而是热心介绍苏联和珂勒惠支的木刻作品给他看，给予很大支持。1934 年访苏回国，在南京举行的苏联版画展览，就是徐先生促成的。像法伏尔斯基《铁流》的插图，经他介绍而闻名。艺术科倾向进步的学生，在地下党领导的“南京学联”的引导下，占绝对优势，做了不少工作，例如：支持“一二 · 九”运动的绝食斗争，组织读书会，四个院校在“伯敏堂”联合举行座谈会，开展艺术观与世界观问题的讨论，以及演出《放下你的鞭子》等抗日的进步活动，这些也是和当时徐先生的进步倾向分不开的。

（选自《一代巨匠 艺坛师表》，载于《回忆徐悲鸿》，全国政协文史和学习委员会编，中国文史出版社 2015 年版，题目为编者加）

一首伟大而壮烈的史诗

冯法祀

1937 年抗日战争爆发，正是我毕业的时候。毕业后走向何方，对于我是一个重大的抉择问题。当时我的家庭在经济上具备送我留学法国的条件，由于进步同学的鼓励，我选择了去延安的道路。徐先生曾写了一封长信鼓励我，热情赞扬我在八路军中丰富多彩的战斗生活。不过，当他知道我因不能将这种战斗生活反映成作品而苦恼时，他在信中说："倘若我非因身体不佳，决不令弟一人为中国美术事业受此艰辛。"直至我参加周总理直接领导的演剧四队，他仍时刻关怀我从事美术活动的状况。

1942 年，他从桂林给我写信，要我将几年来在演剧队画的画带给他看，我就遵照他的意思，把油画《木瓜村》《靖西老妇》《战地歌手》，炭精画《林中炊洗》等送给他看。当时他住在桂林孙仁林家里，自己在人家做客，还把我拉去，在他的朋友家住下。他一面看画，一面向孙仁林介绍说："他是真正科班出身的人。"这一次作业检查之后，他决定聘我为中国美术学院副研究员。他在给我的信中写道："我聘你为副研究员，你仍留在演剧队，每年缴画若干幅。"我体会他这样做，既鼓励我努力作画，又不让我脱离生活，这也是他的现实主义创作道路和艺术思想的体现。1943 年，我将新作品《铁工厂》《第一把锤手》《开山》和战地写生画多幅，再次请他检查，他极其兴奋地肯定了这些作品，并提出新的要求。他说："这些画，群龙无首，你应选出一张画，进行加工创作。”他帮我挑选了《开山》这幅油画速写，要我立即着手大幅油画创作。为了进行这张创作，我在重庆北温泉待了一年。

1946 年，演剧四队在重庆作抗战八年汇报演出和美术资料展览，徐先生亲临现场观看，事后，写了一篇热烈赞扬的文章，题名《民族艺术新型之剧宣四队》。他满怀激情地称赞演剧四队历抗战八年之久，行经地方之广，演出场次之多，受感动人数之众，事实本身就是“一首伟大而壮烈的史诗”；充分肯定每个队员都是竭尽心力，付出最高的智慧与超越之精神进行史诗般的工作，“队员们须克服一切艰难困苦之环境，历时既久，使个个如锻炼成之纯钢，光芒四射”；赞扬演剧队的音乐“音调刚毅，歌词锋利，直刺观众心弦，达到艺术的美满境地”；评价演剧队的绘画“题材新颖，做法深刻，为抗战中珍贵收获”；赞扬话剧演出最为精彩，手法巧妙，情绪紧张；赞扬演剧队的歌者与演员“演技之高绝非一般国内外学校应付几年所能学得到的”；称赞演剧队“有高贵之理想”，“今后将为团结统一民主而努力”，并寄予殷切希望。徐先生认为“凡此皆依逻辑之发展，都不足奇，所奇者乃光芒四射之剧宣四队固属于毫无文化政策之国民党之政治部”，将反共亲日的国民党奚落一番。徐先生在艺术上，极力鼓励和支持深入生活，走为群众服务的方向，和他在 1942 年热情赞扬解放区木刻是一致的。他对沈逸千、赵望云、孙宗慰等人的肯定，也是基于这个观点。

（选自《一代巨匠　艺坛师表》，载于《回忆徐悲鸿》，全国政协文史和学习委员会编，中国文史出版社 2015 年版，题目为编者加）

要把北平艺专办成左派学校

冯法祀

1946年徐先生主办北平国立艺专之前，受到周总理的嘱托。周总理鼓励他主持这一工作，希望他做好团结北平美术界的工作。这时我在南京，接到他聘我为副教授的聘书，演剧四队的魏曼青、舒模、李超等同志，支持我去北平，协助徐先生工作，还派了印家锋同志与我同行。我们两对夫妇四口人，经南京从上海乘船，经海道至北平。到北平后知道徐先生聘吴作人先生为艺专教务长，尊他为第一把手。谈到办学，徐先生对我说："我要把艺专办成一个左派学校"，叫我帮助他物色教员。

我就将叶浅予、李桦、周令钊、印家锋等人介绍给他。叶浅予先生是我在三厅认识的，那时他是漫画宣传队队长，后来在北温泉相处的时间较长，当时他的速写就画得很好，徐先生有意聘他主持国画系，开展改革国画的工作。通过我去联系，叶浅予夫妇不久便来到艺专。李桦同志是左联老木刻家，1943年我在长沙举办画展，与他相识，他提倡现实主义艺术，我们一见如故，他热心帮我举办画展，积极宣传现实主义创作道路。当时他在某印刷厂工作，从事国画的探索，来到北平后，运用中国画纸笔，画了一套天桥人物，深得徐先生的赏识，并为他题字。当时，请李桦同志来艺专，是讲授美术史课。周令钊同志是剧宣五队队员，具有艺术才干，来到艺专，徐先生请他绘制《水浒传》插图。印家锋是四队队员，酷爱绘画，来艺专后，群众关系很好，做了不少工作。除此之外，还请了一大批有才能、思想进步的教师。

（选自《一代巨匠 艺坛师表》，载于《回忆徐悲鸿》，全国政协文史和学习委员会编，中国文史出版社2015年版，题目为编者加）

一次不寻常的政治庇护

冯法祀

1947年5月20日，北平爆发了“反饥饿、反内战”的学生运动，国立艺专的部分教师和学生，参加了这次大游行。参加游行的教师有沈士庄（现名高庄）、齐振杞（病故）和我。学生中有侯一民、李天祥、程珊（现名华夏）、朱振芳、刘树萍（现名黄非）和张云先。事后，一天晚上，演剧二队的崔牛等二人，来到教师宿舍，通知我们说：“今晚你们必须离开宿舍避一避，因为据可靠消息，国民党将要在各大院校，对参加游行的师生进行大搜捕。”怎么办？这么晚了，到什么地方去躲避呢？有人提议，到徐校长家里去。随即，沈士庄、齐振杞、我和张云先四人，乘坐来人雇来的汽车，到了徐先生家里。徐先生听明来意后，立刻给当时国民党的北平行辕主任李宗仁打了一个电话，他在电话中说：“国立艺专没有共产党，叫他们（指国民党宪兵）不要来这里下手。”并且要求李宗仁保证艺专的安全。李宗仁一一应允。由于徐先生的声望和凛然正气，艺专的进步师生得到了一次政治庇护，躲过了国民党的大搜捕。

事情不会这样顺利通过，艺专的训导处和支持他们的国民党当局，不肯善罢甘休，他们联名上告到南京教育部，教育部勒令徐先生，必须开除参加游行的学生，解聘参加游行的教师。为这件事，徐先生食不甘味，寝不安神，想不出解脱的办法。这时，有一部分教师和学生相继离校，教师沈士庄、印家锋和部分学生，投奔了解放区。为了保存实力，徐先生仍然为这件事在奔走。这时，教育部长朱家骅来到北平，他一面走访清华、北大，“慰问”参加“五二〇”游行的教师和学生，另一面却要求开除和解聘国立艺专参加游行的师生。后来徐先生告诉我，在一次有清华、北大教授参加的集会上，徐先生揭穿了朱的这个矛盾，朱家骅面红耳赤，不得不当众承认，艺专和清华、北大，一视同仁，决不让艺专开除学生和解聘教员的事情发生。徐先生回到学校，理直气壮地立即给那些参加游行的教员发了聘书。

徐先生在政治上要求进步，靠近共产党，从 20 世纪 30 年代拒绝给蒋介石画像，敢犯“天威”，痛斥蒋介石的不抵抗政策，40 年代赞扬解放区木刻，讽刺国民党无文化政策，参加反对内战的和平签名，直至解放前夕履行他的诺言，要把国立艺专办成一个左派学校，他确实团结了一大批进步而有才干的人，把学校从黑暗的旧社会，完整地交给新中国和共产党。周总理曾高度赞扬徐先生“真正有点硬功夫”“有骨气”，是从艺术和政治两个方面评价的。徐先生确实具备艺术上过硬的真功夫，留下了大量的传世珍品，称得上是一代大师和巨匠。至于他的政治品质，不论是在黑暗的“围剿”时期，或是抗日战争时期、解放战争时期，直至新中国成立初期，他始终和民族的安危、祖国的命运、人民的患难，生死与共，说他是艺苑师表，传之万世，也是当之无愧的。

（选自《一代巨匠　艺坛师表》，载于《回忆徐悲鸿》，全国政协文史和学习委员会编，中国文史出版社 2015 年版，题目为编者加）

向保守派发起进攻

宋步云*

徐先生于 1946 年春先赴南京，抵宁后即住医院疗养。不久，我收到先生来信（由廖静文先生代笔），信中写道："弟已接受教育部聘任国立北平艺专之职，拟请吾兄相助。如蒙允可，敬希即刻设法启程，务请于七月底以前到达北平，以便进行复校事宜。弟将偕作人先行赴平。"遵先生所嘱，我迅即赴北平，做些准备工作，专候徐先生和吴作人先生。此时，我又接到徐先生的手书，写道："我等六人将于廿四日晨乘轮至秦皇岛，二十六日夜约能抵平，至迟廿七日能到，请兄设法至王府井梯子胡同一号，询盛成先生得一暂时落脚之处。我一到秦皇岛即电兄来车站一接。"同时又介绍了先生的老友寿石工先生，要我前去联系。我找到寿石工先生，为徐先生一行安排了住处。

徐先生和吴作人先生一行六人到北平后，住在简陋的房舍。徐先生就任国立北平艺专的校长，一上任马上着手复校工作。无论是教学还是教职员工的生活，他都要亲自过问。旧艺专没有教职员宿舍，为了教员教学方便，生活安

---

* 宋步云（1910—1992），别名晓初，山东潍坊人。著名美术家、艺术教育家，中国早期油画、水彩画领军人物。1930 年起在济南爱美艺术师专、北平京华美术学院、杭州国立艺专等校就读，师从林风眠、李苦禅等大家。其间同进步学生组成联合请愿团，在南京冒死游行、请愿、卧轨，要求出兵抵御日寇的侵略。1934 年东渡，在东京日本大学艺术系专攻油画，回国后积极投身抗日战争。1946 年，应徐悲鸿之聘，与吴作人等接管并筹建国立北平艺专（中央美术学院前身）。代表作有《嘉陵江夕阳》《嘉陵江纤夫》《人间重晚晴》等。

定，徐先生嘱咐我一定设法廉价购置宿舍。我协助徐先生多方联系，解决了宿舍问题，先生这才放心。当时经费很紧张，徐先生又让我去东郊将陶瓷系的窑拆除，搬来材料修建了小礼堂，为师生提供文化娱乐场所。

徐先生到北平后，北平的美术协会极力拉拢先生。这个美术协会是国民党的中央文化运动委员会控制的，其拥蒋反共的立场，早为进步的艺术家所唾弃。该协会在艺术上也是墨守成规。徐先生历来疾恶如仇，非常蔑视这个所谓的美术协会，一到北平，他便联合美术界进步人士成立北平美术作家协会，与国民党的“中华全国美术协会”相对峙。

1947 年春，徐先生又亲自组织北平美术作家协会与国立艺专联合在中山公园中山堂搞了一次大规模的新画展。这是美术界革新派画家们向保守派发动的一次进攻。新画以反映时代气息，反映人民真实生活为主题，一破旧俗，反对不走写生之路而专门师古的保守画风。徐先生常说：绘画要有生气，否则“文到八股，画到四王”，将病入膏肓。我当时在徐先生身边执教，目睹了这场斗争的前前后后。当时北平各家报刊纷纷发表评论，这就是轰动北平的“国画论战”。经过这场“论战”，保守派的阵地逐渐蜷缩，而以徐先生为代表的革新派影响越来越大。

（选自《仰之弥高　钻之弥坚》，载于《回忆徐悲鸿》，全国政协文史和学习委员会编，中国文史出版社 2015 年版，题目为编者加）

第七章
姜椿芳：北满革命文艺的开拓者

在战火中成长

王式斌

1928年是多事的一年，6月初，日本关东军一手制造了皇姑屯事件，炸死了张作霖。为进一步推行其“大陆政策”和“满蒙政策”，日本趁东北局势不稳之机，加紧密谋在东北北部修筑吉会、长大、吉五、洮索、延海五条铁路。消息传来，哈尔滨各大中学校学生立即罢课，高呼“反对日本帝国主义强修五路”“打倒日本帝国主义”“打倒卖国贼”等口号，成群结队上街示威游行，掀起了反帝爱国运动的高潮。这次运动一开始，姜椿芳就在同学中间宣传反帝救国的道理，动员同学参加反对修五路的斗争，因此，受到同学们的拥护，一致推举他为三中学生会的代表。11月9日，全市大中学校学生举行全市大规模的抗五路集会。示威游行遭到军警的阻拦，鸣枪三排，用枪托、拳脚打伤学生140余人，发生了震惊全国的“一一·九”惨案。在这次运动中，姜椿芳第一次受到革命的洗礼，提高了反对帝国主义必须反对封建军阀的认识。

1929年中东路事件发生后，地处边陲的富锦火磨因中苏冲突而停产，姜父随之失业返哈。姜椿芳因缴不起学费不得不辍学。全家生活重又陷入困境。

姜椿芳辍学后，急于想谋到一个职业。经人介绍，他到中东铁路工务段抄写中俄文文件，薪金勉强糊口。他边工作边刻苦自修俄文，以惊人的毅力，在短短一年多的时间里就掌握了俄语的基础知识和大量词汇，能够借助辞典阅读和翻译俄苏文学作品。1930 年 1 月《中苏伯力协定》签订后，他被铁路裁减，成了失业者。不久，经地下共产党员刘天任的介绍，他到光华通讯社当俄文翻译，把当天出版《俄文晚报》的新闻摘译成中文，供本市各报纸选登。经过大量实践，他的翻译水平和速度不断提高，为他后来成为著名的翻译家打下了坚实的基础。与此同时，他贪婪地浏览各种书籍报纸，包括一些宣传共产主义思想的著作和进步文艺作品，从而萌发了共产主义信念，他的世界观越来越积极了。

1931 年初夏，长春附近发生了日本军警杀害我国农民的万宝山事件。哈尔滨地下党团组织和反帝大同盟散发传单，强烈抗议日本帝国主义的暴行。姜椿芳积极地参加了反日宣传活动，并加入了反帝大同盟，不久又加入了共产主义青年团。

姜椿芳入团后，发展了几名团员，建立了新安埠街道团支部，他担任团支部书记。当时姜椿芳住在安顺街 77 号，他的父母一向支持他的革命行动，他的家就是团支部的活动地点。姜椿芳有较强的领导和组织能力。不久他在三十六棚、地包、正阳河等工人居住区吸收一些铁路工人子弟和青年学生，成立了几个读书会，除散发传单外，还派同志按时到读书会讲国际国内形势，学习共产主义基础知识，组织阅读，讨论进步文艺作品，帮助大家提高阶级觉悟，并且从中发展团员和反帝大同盟会员。

同年，日本帝国主义发动九一八事变。姜椿芳满怀对日寇的仇恨，积极投入了抗日救国运动。他发动团员和积极分子参加反日集会和示威游行，到街头讲演，声讨日本帝国主义的野蛮侵略罪行，揭露蒋介石国民党的不抵抗政策的实质，散发传单，张贴标语，十分活跃。东北将领马占山率领部队抵抗日寇，姜椿芳组织募捐活动，将募集的现金和药品等物资送去支援。同时他还在街道和学校发展党的外围组织反日会会员，建立反日会基层组织。

在险恶的形势下，为了更好地领导东北人民武装抗日，1931 年年底和 1932 年年初，中共满洲省委机关从沈阳陆续迁来哈尔滨。省委成员来哈后，一个时期不得不分散住在党团员家做掩护。

抗日民族英雄杨靖宇来哈后，担任中共哈尔滨市道外区委书记和东北反日总会会长，住在姜椿芳家。杨靖宇原名马尚德，来东北后化名张贯一。姜的父母掩护他的活动。杨靖宇白天出去活动，一回到姜家，就帮助担水，打扫卫生，洗菜做饭，与姜家相处得十分和谐融洽。杨靖宇常与姜椿芳彻夜长谈，从国际形势到苏区情况，更加坚定了姜椿芳革命必胜的信念。在杨靖宇的直接帮助下，姜椿芳不但开阔了眼界，政治思想水平很快有了提高，而且学到了许多地下工作的方法。就在这时，姜椿芳转为中国共产党党员，把他的一生同党的事业紧紧地联系在一起了。

（选自《姜椿芳在哈尔滨》，载于《文化灵苗播种人：回忆姜椿芳》，全国政协文史和学习委员会编，中国文史出版社 2017 年版，题目为编者加）

抗战在哈尔滨

王式斌

1932年2月5日，日本侵略军的铁蹄踏进了哈尔滨。日寇横行霸道，到处搜捕共产党员和爱国群众，哈尔滨陷入一片白色恐怖之中。4月初杨靖宇担任中共哈尔滨市委书记。在他的指导下，在姜椿芳家里成立了共青团哈尔滨市委。吴正廷担任团市委书记，赵尚朴为组织部长，姜椿芳为宣传部长。团市委机关就设在姜椿芳家。因为这里有两位老人照应，环境安全，团的军事训练班和政治学习班都在这里开班，由上级派同志来授课。

1932年4月，敌人大规模庆祝伪满洲国“建国”活动。在市内主要街头搭牌楼，悬挂灯笼，在各交通要道矗立大型宣传画板。姜椿芳在地下党团市委领导下，组织20余名党团员和反日会员混进会场，散发了大批反日传单，造成会场混乱，因有市民掩护，敌人无可奈何。就在当天夜里，街头的几处牌楼被拆毁了，霁虹桥两侧的灯笼被烧毁了，主要街道的大型画板被用墨汁涂黑了，搞得敌人叫苦不迭，而广大市民则无不拍手称快！

农历四月初八是极乐寺庙会（浴佛节），一连几天人潮如流，热闹非凡。姜椿芳等利用这一时机，组织一批党团员和反日会员，每人准备一只鸽子，腿上拴着用纱布写的反日标语，在庙会上放飞，一群鸽子在庙会上空盘旋，把庙会变成了宣传抗日的阵地。

同年7月，团中央批准姜椿芳担任团省委宣传部长。他的主要任务是编辑《满洲青年》（后改为《东北青年报》），把党团中央和满洲省委的决定和通知，以及东北各地义勇军和反日游击队武装抗日的胜利消息等，及时传播给广大团员和青年。根据革命工作需要，姜椿芳必须断绝与团市委的关系，他的家从安顺街搬到道里中国五道街 1 号院内楼上。同楼有两家成衣铺，经常有人出入，加上缝纫机的噪声，正好可以掩护地下活动，团省委的秘密机关就设在姜椿芳家里。团省委的领导同志常在这里开会，研究布置团的工作。

同年 8 月上旬，淫雨连绵，松花江水暴涨，由于江堤年久失修，特大洪水淹了半个哈尔滨，街道成河，房屋倒塌无数，居民纷纷逃往南岗、马家沟一带高地避难。日伪当局唯恐市民发生暴动，实行血腥镇压，残杀无辜群众，将头颅装在木笼内，悬挂在霁虹桥、火车站和难民区的电线杆上。敌人的残暴兽行，激起了广大市民对日寇的无比愤恨。在地下党团组织的宣传鼓动下，难民掀起了反饥饿、要衣穿、要房子住的斗争，这次斗争持续了将近一个月，终于取得了胜利。水灾期间，姜椿芳坚持在原住处从事团报编辑工作，及时用小船把团报送往难民区散发，起到了宣传群众和组织群众的作用。

1933 年年初，中共满洲省委调姜椿芳到省委宣传部当干事，在省委宣传部长何成湘的领导下主编《满洲红旗》（后改为《东北人民报》），同时为省委起草各种文件和宣言、传单等。姜椿芳还领导着一个秘密印刷所和一个秘密发行站。此时，按地下工作原则，姜椿芳必须切断与团组织的一切联系，不得不再次搬家。此后姜家又成为满洲省委宣传部的机关，只有何成湘常来指导党报编辑工作。出于安全考虑，姜椿芳不能将编好的稿子直接送往秘密印刷所。姜母毅然担负起了跑印刷所交通的任务。姜母一身南方老太太打扮，挎着一只菜篮子，把稿件放在篮子的双层底内，并且故意靠近敌人岗哨大大方方地走过，每次都顺利地完成了任务。

1935 年 5 月，姜椿芳倡议组织了“哈尔滨口琴社”，团结了一大批爱好音乐的进步青年，在巴拉斯电影院（今兆麟电影院）和电台公演，用音乐来控诉日本帝国主义对东北的侵略罪行（如《沈阳月》等），激发群众反满抗日的斗志。

1936年4月，姜椿芳与金剑啸接办《大北新报画刊》，利用日本人办的报刊不受伪满当局检查的特殊条件，把它变为我们的宣传阵地。画刊内容面目一新，除刊登一些名媛、名画、名胜照片外，利用报尾、夹缝或以“大事记”形式宣传国际国内大事，如意大利侵略阿比西尼亚、贺龙领导的军队胜利、国民党“剿共”失败等消息，还登载一些带有反满抗日倾向的进步文艺作品，深受读者欢迎。

日本法西斯特务的嗅觉有如猎犬一样灵敏，他们把所有哪怕有星点可疑的人都列入黑名单。不幸的事情终于发生了。在6月10日出版的第11期画刊上，由于刊登苏联伟大的无产阶级作家高尔基病危的消息和中国留日学生在东京公演高尔基剧作《底层》的剧照，引起了大北新报社社长山本的注意。姜椿芳和金剑啸被捕并受到严刑拷打，但他们坚贞不屈，始终没有暴露自己共产党员的身份，保持了共产党人的崇高气节。姜椿芳被关押了35天后，因敌人毫无证据，加上同院居民包括一户日本人联名出具证明，说姜椿芳一家都是虔诚的基督徒，不可能有越轨行为，被营救出狱。考虑到敌人决不肯就此罢休，三天后姜椿芳携妻女秘密离哈南下。同年8月转移到上海，与上海地下党接上关系，开始了新的战斗历程。

（选自《姜椿芳在哈尔滨》，载于《文化灵苗播种人：回忆姜椿芳》，全国政协文史和学习委员会编，中国文史出版社2017年版，题目为编者加）

赎回杨靖宇之衣物

王式斌

1933 年 4 月党中央《给满洲各级党部和全体党员的信》（“一 · 二六”指示信）经吉东特委传到满洲省委，省委决定召开扩大会议来贯彻，通知正在盘石整顿南满游击队的杨靖宇回哈参加会议。5 月初杨靖宇回哈，党安排他第二次住在姜椿芳家。因为姜的两位老人早就熟悉“老张”，深表欢迎。这次杨靖宇一身商人打扮，以“南方老客”的身份为掩护，由姜父陪同出入，从未遇到任何麻烦。15 日在姜家召开了省委扩大会议。这一天正是端午节，姜家准备了酒席，以过节请客掩护会议。“客人”一边喝雄黄酒，一边讨论如何贯彻“一 · 二六”指示信精神，最后做出了接受中央指示信的决议，顺利地完成了会议议程。这次扩大会议标志着党领导东北人民抗日武装斗争在策略上的重大转变。

5 月下旬杨靖宇离哈去南满之前，换上一身农民打扮，把随身穿的一件灰布大衫和一床麻花布褥子送进当铺，用当来的钱充作路费。当票一年为期，到期不赎即成死当。临行前杨靖宇把当票托付姜母代为保存。孰料杨靖宇此去领导南满游击队（后改为东北人民军第一军独立师和东北抗日联军第一军）与日寇浴血奋战数载，直到 1940 年 2 月壮烈牺牲也未能再回哈尔滨。

第二年当票期满前，姜家用自己的钱把杨靖宇的大衫和褥子赎出来，精心保管着，一直盼望着杨靖宇回哈时用。后来从哈尔滨带到上海，每年夏天都拿出来晾晒一次。直到 1952 年获悉杨靖宇壮烈牺牲，悲痛万分。

（选自《姜椿芳在哈尔滨》，载于《文化灵苗播种人：回忆姜椿芳》，全国政协文史和学习委员会编，中国文史出版社 2017 年版，题目为编者加）

苏联电影的推广者

陈冰夷 *

1936 年 7 月底，椿芳从哈尔滨来到上海。8 月起他开始在亚洲影片公司和上海大戏院工作。前者是苏联影片出口公司对外公开用的名称，后者是主要放映苏联影片的电影院。椿芳做的是苏联影片的翻译、发行和宣传工作。

苏联影片是在 1933 年中苏恢复邦交后，开始在上海正式公开放映的。那时候上海电影市场大多为美国好莱坞电影所垄断，30 年代初，我同左翼文艺界的部分戏剧电影艺术家在几家中国影片公司主持摄制的进步影片刚刚崭露头角，很受观众欢迎。异军突起的苏联影片的出现，在电影界又是一新耳目，吸引了广大的电影观众，特别是文化界人士和进步的青年群众，但是必然也遭到国民党反动政府和租界当局的歧视和压制。他们在审查过程中对申请公映的苏联影片百般阻挠和挑剔，常常把有些镜头删剪掉，有些影片甚至被禁止公映。观看苏联影片的观众则常常有被视为“赤化”，甚至被国民党特务跟踪和迫害的危险。尽管如此，电影院上映苏联影片时，观众还是蜂拥而来，一时间形成了观看苏联影片的热潮。观众从影片中反映的苏联人民的

* 陈冰夷（1916—2008），著名翻译家。1933 年在上海开明书店、新青年书店工作，1941 年参加中苏两党合办的上海时代出版社，《时代》杂志及《苏联文艺》丛刊编辑、翻译，1953 年调中国作家协会，任《译文》月刊、《世界文学》副主编。翻译有俄国、苏联著名作家的小说、剧本、诗歌等文学作品和文艺论文。

英勇的革命斗争中看到了中国人民的希望，从革命胜利后苏联人民的美好生活中仿佛看到了中国人民的未来，从而受到莫大的鼓舞。我记得，当时在正片前加映苏联新闻纪录片的时候，只要银幕上一出现苏共中央领导人登上列宁陵墓检阅红军和群众游行队伍的宏伟场景，甚至一出现红场的镜头，观众席中立刻就会响起暴风雨般的掌声，许多观众为之激动得热泪盈眶。这种热烈的场面，我是亲身经历过的。

椿芳在1936年开始从事苏联电影介绍工作的时候，苏联影片已经不准在租界市区的电影院公映，只能在位于远离市中心的偏僻的所谓“越界筑路”上的上海大戏院放映。椿芳的工作是翻译苏联影片的说明书（故事情节及编剧、导演和主要演员的名单等），并把影片中的对白译成中文字幕，起初在影片放映时用幻灯打在银幕旁的墙上或特制的屏幕上，后来则把中文字幕刻印在影片的拷贝上。他还为影片设计广告，给报纸写宣传稿和影评。他广泛联系文化界人士，邀请他们来观看苏联影片，召开座谈会，举行记者招待会和组织对于苏联影片的评论，以扩大宣传。为了扩大苏联电影的影响，在他的推动下，成立了研究和宣传苏联电影艺术的“中苏电影工作者协会”。与此同时，椿芳一方面要对付国民党的电影审查委员会的蛮横无理的干预和阻挠，同他们进行不屈的斗争；另一方面为了争取更多的苏联影片同观众见面的机会，还要对电影院方面做说服工作。他的工作是十分艰巨的。

1937年年初，当上海大戏院公映苏联摄制的揭露意大利法西斯主义武装侵略阿比西尼亚（今日的埃塞俄比亚）的兽行的纪录片时，一群意大利水兵和意大利法西斯流氓侨民冲进来捣毁了电影院，并殴打和伤害了许多观众。这起暴行在社会上激起了强烈的反响。上海进步文化界为此发动了声势浩大的抗议运动。他们发表宣言和文章，愤怒声讨意大利法西斯分子的残暴行径，同时进一步强烈反对国民党当局歧视和压制苏联影片的审查制度。椿芳参加了这次运动，做了不少组织工作。他也写抗议文章，并给文化界提供了许多资料。

在这个时期，椿芳在上海这个中国当时的文化中心认识了许多文艺工作者。他感到特别荣幸的是，由于苏联电影的关系而见到了鲁迅先生。那是在1936年10月10日下午，鲁迅在去世前一个星期，抱病带了全家到上海大戏院观看根据普希金的同名小说改编的故事片《杜勃洛夫斯基》（当时中文译名《复仇艳遇》）。影片放映前，椿芳被引见给了鲁迅，同他进行了简短的谈话。在谈话中，椿芳着重向鲁迅解释，影片之所以译成《复仇艳遇》这样庸俗的片名，是由于国民党电影检查委员会一再挑剔而反复修改的结果。鲁迅听了，十分生气，说检查官就是要把作品的题目改得使读者和观众不知道究竟是什么内容。

1937年8月，上海爆发了抗日战争。上海大戏院毁于炮火，因而停止营业。那时候，国际形势发生变化，上海租界当局改变了对苏联的态度，允许苏联影片在租界内的小电影院（如法租界的亚蒙电影院等）放映。这个时期，椿芳继续在苏联影片出口公司工作，但是只拿半薪。1941年12月8日发生太平洋战争和日军进占租界以后，上海完全沦于敌手，苏联影片就不能在租界内上映了，于是转移到苏联侨民协会的俱乐部去，名为“内部”放映，实际上主要是给中国观众看，观众仍很踊跃。从上海沦陷时起直到1949年上海解放时止，椿芳还与苏联影片出口协会维持着间接的关系，做了不少苏联影片的翻译和宣传工作。

（选自《记椿芳同志在上海初期》，载于《文化灵苗播种人：回忆姜椿芳》，全国政协文史和学习委员会编，中国文史出版社2017年版，题目为编者加）

小剧场运动的领导者

陈冰夷

上海“孤岛”时期，椿芳负责领导“小剧场”运动，同时为了配合这方面的工作，还翻译介绍了许多苏联剧本和戏剧理论著作。他在这两方面做的工作，就是在当时也是很少为外界知道，因为前者是地下党交给他领导进行的秘密工作，而后者是用许多化名发表的。

20世纪30年代在上海，进步话剧演出活动在地下党和左翼戏剧联盟（“剧联”）领导下蓬勃发展，抗日战争前夕达到了极盛时期。那一派繁荣景象是今天的读者和观众所难以想象的。1937年11月，日寇进占上海和租界成为“孤岛”前后，上海的戏剧、电影界进步人士在地下党的领导下组织了12个演剧队，先后离开上海转移到前线和后方去开展抗日救亡宣传活动，其中只有最后一个队——第12队留在上海坚持斗争。因此，上海的话剧运动遭到了重大挫折，但是没有多久，就从1938年起，在地下党推动下，话剧演出活动又渐渐活跃起来。一些职业话剧团陆续开始在各大剧场公演，还有数量越来越多的各种形式的业余话剧团和小组在各小剧场或其他会场举行小规模的演出，因而称为“小剧场”运动。地下党为了加强对话剧运动的领导，1938年春成立了戏剧支部，殷扬（杨帆）为书记。1938年四五月间，椿芳接任书记，负责领导“小剧场”运动，因而通常称为“小剧场”支部，而大的职业话剧团的活动则归于伶等负责的另一个支部领导。

当时，上海周围各县沦陷在敌人手中，能够继续活动的只剩下租界这块地方，而租界又在日本人包围之中，上海租界形成了“孤岛”。无论是“公共租界”还是“法租界”，对中日战争都采取所谓中立态度。他们对群众运动是禁止的。摆在中国共产党面前的任务是把整个“孤岛”上的上海人民组织起来。此时不能通过群众运动的方式进行，只得采取新的方式，其中之一就是群众性的戏剧运动的形式。据椿芳回忆，“孤岛”时期上海的业余“小剧场”运动是从地下党派遣演剧队到各难民收容所举行宣传演出活动开始发展起来的。后来有些学校的学生和教师要求演出话剧，党组织派人到各校去帮助他们组织各种业余的话剧小组和话剧团，在本校，也到别的学校去演出一些有思想性的话剧，演得很成功。演话剧和看话剧的活动很快发展到其他许多学校。通过这些演出活动，在地下党推动和领导下，进一步又把各学校的学生和教师组织起来，分别成立了“大学联”“中学联”“小教联”“大教联”“中教联”。在联合会的影响下，逐渐又在社会各界各行各业都组织联合会性质的群众团体，如工商界的工人、店员和职员，甚至各洋行（外国商行）和工部局（租界殖民地的“政府”）的华籍职员等成立了“银（行）联”“药（房）联”“中药（店）联”“（工部局）华员俱乐部”，等等。这些团体大多是从组织看话剧和成立话剧团体开始的。他们先发动本单位的群众看戏，然后自己组织剧团，自己演戏，再请别的方面来看戏，把种子传播开去。各业余剧团演出的剧目主要是短小的独幕剧，剧本有中国剧作家编写的，也有翻译改编的外国剧本。由于当时特殊的环境，抗日和革命内容的剧本不能演，只好演一些“中间性”的思想内容比较进步的剧本。各业余话剧团的演出越来越受到广大群众的欢迎。一时之间，演话剧、看话剧成为上海“孤岛”的一种新风气。

到那时，许多业余话剧团体都希望到大剧场去公演，而且想在报上登广告和公开售票。为了适应这种要求，经过党组织的推动，各业余话剧团联合起来成立了一个由地下党直接领导的“联谊”性质的团体“戏剧交谊社”。

各业余剧团用这个共同的名义分别到各大剧场去演出。不久以后，还以戏剧交谊社的名义每星期日上午在新光大戏院举行名为“星期小剧场”的定期公演（平时和星期日下午是职业剧团“青鸟”剧社演出话剧），由各业余剧团分别演出各自的剧目，当时由各业余剧团联合起来排演大规模的多幕剧。各业余剧团积极性很高，但是物质条件很差，特别是一些规模小的和新成立的剧团。“小剧场”支部从一开始就在思想和组织领导之外给予各种具体的帮助。成立戏剧交谊社之后，对各业余剧团的支援范围更广了。如根据各业余剧团的需要和要求，设法给它们派去演员、导演，提供剧本，有时还代为刻写蜡纸和油印，供应服装、道具、灯光、化装等。与此同时，上海各职业话剧团的“大剧场”也给予“小剧场”以很多的支持和帮助。

1941 年上半年，侵入租界的敌伪恶势力加紧破坏，白色恐怖日益严重，进步的戏剧运动的处境越来越困难，“小剧场”运动也受到了很大的打击，业余话剧演出活动大大减少，“戏剧产销合作社”以商业性的面貌为掩护，仍然“经营”原来的“业务”。同年 12 月 8 日爆发了太平洋战争，上海租界沦陷于敌手，大规模的群众性的“小剧场”运动也就此夭折。后来在沦陷时期只是偶尔有个别的业余话剧团的演出，但是性质已和“孤岛”时期完全不同了。

上海“孤岛”时期短短的四年间，群众性的“小剧场”运动迅猛发展，据统计，当时在“小剧场”范围之内的大大小小的业余话剧团体最多的时候达到 120 个左右。其声势之浩大和影响之深远，是当时大后方重庆、成都、桂林、昆明等任何一个文化中心大城市所没有的。这是在“孤岛”时期上海的特殊条件下的产物，它将成为中国话剧运动史上别开生面的一章。“小剧场”运动以业余演出话剧的活动方式动员群众、组织群众、教育群众，直接间接对抗日爱国救亡运动做出了不可估量的贡献；同时它还培养和锻炼了许多干部和新型的戏剧人才，既给职业话剧团的“大剧场”及其他剧种（如越剧）输送了许多演员、编导等戏剧工作者，也为苏北新四军和上海其他群众团体输送了许多干部。“小剧场”运动取得这样大的成就，自然是同椿芳及其领导的“小剧场”支部的成员们的辛劳分不开的。

（选自《记椿芳同志在上海初期》，载于《文化灵苗播种人：回忆姜椿芳》，全国政协文史和学习委员会编，中国文史出版社2017年版，题目为编者加）

周信芳的密友

刘厚生 *

1940—1941 年间，椿芳同志结识信芳同志时，他还只是不到 30 岁的文艺青年，而周已是有了大名的中年艺术家了。但他们一个愿意学习民族传统，一个渴望新的知识，很快就建立了友谊。在上海成为“孤岛”最艰险的日子里，周信芳在他演戏的卡尔登戏院舞台口两边的墙上却挂出两幅演出预告的海报：一边是三个大字“史可法”，一边也是三个大字“文天祥”。所有观众一进剧场就不能不受到这两个抗击侵略者的古人名字的震撼，也会明白准备演这样剧目的演员是何等心胸。而椿芳同志正是以代拟《史可法》剧情提纲的因由同周信芳同志建交的。在黑暗世界里，两颗红心聚在一起就永远不会分开。椿芳同志因此成为信芳同志的入幕之宾，帮助信芳同志组织剧本、联系剧场、招待外国朋友、团结青年，整理思想，指点方向。他当然不能暴露自己共产党员的身份，但这位追求进步的京剧艺术家有着政治上的敏感，并不害怕这位红色的朋友，倒是为他的忠挚正直的性格、热诚助人的风度和深刻的思想所感动，倾心相交。一个是地下党员，推心置腹地帮助大艺术家进

* 刘厚生（1921—2019），江苏镇江人，生于北京，戏剧理论家、评论家。曾任中国戏剧家协会副主席，四本昆剧《长生殿》顾问，推动新编历史京剧《曹操与杨修》和都市新淮剧《金龙与蜉蝣》等精品的诞生。

步；一个是真心实意地向进步靠拢。两人心领神会，心照不宣。他们的友谊经历了敌伪时期和黎明前夕——特务横行、遍地荆棘的黑天大夜的考验，历久而弥坚。

1949 年解放大军渡江前夕，椿芳同志处境危急，奉组织之命撤离上海。当他向信芳同志告别时，信芳同志当然感觉到情况紧急，但他却明确表示："我家里有一间小房间，你可以在此暂避。"话虽简单，却语重千钧。这不仅显示了这位大艺术家的真切友情，也反映出椿芳同志多么深地赢得了党外群众的心。

椿芳同志说起话来总是从从容容，不快不慢，不轻不重，做起事来则是极端认真负责，踏实可靠。他不仅是周信芳的密友，而且成为周家的上宾。周夫人是一位名门闺秀、大家主妇，从解放前的艰苦岁月到还不十分安定的解放初期的日子，从不喜欢接触什么政治。解放后她见到我们干部都有些敬而远之，但却毫无保留地信任椿芳同志。无论是周信芳的工作、演出，甚至家庭生活里的问题，她都要同椿芳同志商量。解放后有些戏剧事务的处理不同以前，但只要是椿芳同志做了工作，她总是接受的。一直到椿芳去世之前，周家的子女甚至孙辈，凡到北京必要探望姜叔叔，凡有问题必要征求姜叔叔的意见。这都是出自内心的尊重。椿芳同志刚刚去世，信芳同志在香港的小女儿采茨就打电话给我，表示非常悲痛，要我一定代她和她的哥哥姐姐们敬献花圈。

（选自《戏剧战士姜椿芳》，载于《文化灵苗播种人：回忆姜椿芳》，全国政协文史和学习委员会编，中国文史出版社 2017 年版，题目为编者加）

何以慰死者

戴鹏海 *

据我所知，姜老生前有两大心愿：一是希望看到他曾经为之日夜操劳、呕心沥血的《中国大百科全书》“十年出齐”；二是希望看到他和俄罗斯作曲家阿隆·阿甫夏洛穆夫合作的歌剧《孟姜女》能够在新中国的舞台上重新上演。但是这两大心愿都没有实现，他却猝不及防地被病魔夺走了生命。我想他一定是终生遗憾，难以瞑目的。

说到歌剧《孟姜女》，就不能不先提一下该剧曲作者阿隆·阿甫夏洛穆夫。

阿甫是出生在黑龙江口庙街的一位俄罗斯作曲家。他从小爱上了中国的京剧，并立志通过自己的创作来发扬中国民族音乐的特色，使之在世界乐坛上重放异彩。为此他瞒了家中的长辈，进瑞士的苏黎世音乐学院学习作曲。20 世纪 30 年代初他到了上海，一度在百代唱片公司担任乐队指挥，和任光同事；又通过任光先后结识了安娥、聂耳、贺绿汀、吕骥、冼星海、孙师毅、欧阳予倩等一批文艺界进步人士。聂耳为影片《风云儿女》写的插曲，就是贺绿汀找阿甫配的乐队伴奏。

* 戴鹏海（1929—　），湖南长沙人，音乐理论家、批评家。1961 年上海音乐学院毕业后分配到上海歌剧院创作组，先后为大型歌剧《嘉陵怒涛》（合作），及小歌剧《借刀》《把关》《铜锣记》、大型歌舞《在毛泽东旗帜下高歌猛进》（集体创作）等作曲。1983 年任上海音乐学院研究员、博士后导师。

姜老是20世纪40年代初期认识阿甫的，当时他是上海地下党的文化工作委员会“小剧场”支部书记。为了支持阿甫在发展中国民族歌剧舞剧事业方面所进行的艺术探索，党内还专门讨论过几次。1940年阿甫重排他的舞剧《古刹惊梦》时，是姜老找了易友社的京戏演员来给他排戏的，还请了梅兰芳到排练场来指点。戏排出来了，姜老又去找当时中国红十字会会长闻兰亭，以为该会募捐的名义，在大光明电影院公演了好几场。太平洋战争爆发后，阿甫失业了。党内又通过找人捐助的方式筹款，一方面为他提供生活资助，另一方面又为他提供艺术活动经费。至于阿甫的《孟姜女》，从创作、排练到演出，姜老更是倾注了全力。

据姜老说，这件事是上海地下党作为一项工作任务来进行的。最初，本来打算动员阿甫到新四军去，并通过党组织的地下电台向新四军军部请示，很快陈毅同志就回电表示欢迎，阿甫本人也表示愿意去。后来军部经过再三考虑，认为根据地环境险恶，条件艰苦，又没有洋乐队，一个外国人到那里去，不仅安全得不到保障，生活上很难适应，而且根本无法开展活动，因此建议阿甫先在上海搞些试验，等以后有机会再去新四军。《孟姜女》就是在这种情况下搞起来的。

为了促成这件事，姜老亲自出马，化名贺一青，负责编剧，还专门为此成立了中国歌舞剧社，由姜老的好友、党外进步人士袁励康和当时也在上海做地下工作的江闻道任正副社长。这个剧社的组织者和领导者实际上就是姜老自己。为了筹措经费，除了袁励康找银行、钱庄及亲友等设法借贷外，梅益还从地下党的经费中拿出了一根金条。

1945年11月25日，《孟姜女》终于在兰心大戏院（今上海艺术剧场）公演了，并受到上海进步文艺界的热情支持和一致好评；夏衍、于伶、梅兰芳、周信芳、傅雷、费穆、柯灵、唐弢、佐临、王元化、李健吾等33位文艺界知名人士还在当天的《大公报》联名写文章，指出《孟姜女》在音乐与戏剧的发展上，是一桩重要的事件，它在音乐作品和演出艺术上都获得极大的成功，是应该向观众郑重推荐的一部戏。

与进步文艺界的态度形成鲜明对比的，是国民党当局的反应。戏一演出，国民党特务就以戏中有反暴、反独裁的内容为由，经常上门找碴儿，纠缠不休，甚至拿着当时国防部长何应钦的指令，要剧社交出后台——共产党人，并且以停发演出许可证相威胁。

为了不让这部戏被反动派扼杀在襁褓之中，姜老等又多方设法，通过党内派人去和宋庆龄联系，争取她的支持。结果，宋庆龄不仅同意以为中国福利基金会募集救济文艺界贫困人士的“文化福利基金”的名义，亲自出来主持《孟姜女》的演出，并亲临排练场看演员排戏，而且还把宋美龄、孔祥熙以及当时驻华美军总司令魏德迈等请去和她一起观看演出。那些国民党特务一看这个阵势，从此再也不敢寻衅闹事了。

《孟姜女》的上演，实际上是一场贯彻上级党的意图，与反动势力进行公开较量的严重斗争。由于姜老坚定而机智地领导了这场斗争，终于取得了胜利。从这件事中，不仅可以看出姜老在当时国统区的恶劣环境中，为了坚持进步的文化工作，是何等不畏艰险和用心良苦，而且也可以看出他运筹帷幄的斗争策略和组织才能是何等巧妙，何等出色。

（载于《文化灵苗播种人：回忆姜椿芳》，全国政协文史和学习委员会编，中国文史出版社 2017 年版，有删节）

领导《时代日报》去战斗

陆 诒*

1945年12月，我参加了苏商《时代日报》工作，认识了总编辑姜椿芳同志。

当时椿芳同志正负责领导时代出版社的工作，中文方面除《时代日报》之外，又出版《时代》周刊、《苏联文艺》和《苏联医学》等刊物；俄文出版《时代》半月刊和《今日》周刊；英文出版《苏联周报》。此外，还出版中、俄、英、德文的单行本书籍。抗战胜利之后，在当时国民党统治的上海，利用苏商的名义，通过各种错综复杂的社会关系，团结一部分文化人来创办这么一项新闻出版事业，任务极其艰巨，但椿芳同志挑起这副重担却显得从容不迫，指挥有方。

《时代日报》是一张四开的小型报纸，编辑部同人不满20人。当时，政治环境极其恶劣，一切物质条件也很差，但在椿芳同志的直接领导下，大家团结战斗，干劲十足，把报纸办得具有特色。他主张编报采取宁缺毋滥的方针，大部分国内外新闻都要经过认真的综合分析、改写以后才能发表。例如，刊载新华社的延安广播消息，上海当地工潮、学潮的消息，我们采取用人民团体“来件”或“来函照登”的方式向读者透露信息，有的重大新闻经

---

* 陆诒（1911—1997），字翼维，上海人。曾任重庆《新华日报》采访部主任，重庆《大公报》记者，上海《联合日报》《联合晚报》《时代日报》编委、采访部主任，《新闻日报》副总编辑。

过改写以后，故意放在没有标题的“简讯”中发表出来，使国民党新闻检查官看了晕头转向，对此无可奈何。

当时我在《时代日报》担任采访工作，困难一大堆。椿芳同志一再提醒我：“对我们怒目而视的反动分子只是一小撮，而同情并热情支持我们工作的群众有成千上万，我们决不能气馁！”记得当时在成都北路报社编辑的斗室之中，经常见到许多跑得满头大汗的工人、学生前来伏案写稿，或者急急忙忙跑来向我们提供新闻线索，使我们在国民党反动派的严密封锁之下，仍然能够采访到许多最新信息。

1946 年下半年，国民党当局动员了几百万大军进攻解放区，掀起大规模内战，又在他们的统治区内残酷镇压民主运动，摧残进步的新闻出版事业。1947 年 5 月 24 日，《文汇报》《联合晚报》《新民晚报》因刊载学潮消息被国民党政府勒令停刊以后，《时代日报》的处境更加艰难，但椿芳同志仍然团结报社同人沉着应战，继续刊载人民解放战争和各地民主运动进展的消息和言论，不过采取的斗争方式更加机智巧妙。例如，当时特约姚溱同志（解放后曾任中共中央宣传部副部长）用“秦上校”“马可宁”等笔名定期撰写军事述评，高瞻远瞩，分析战局发展的形势，使广大读者从述评中清晰地看到人民必胜的全局，信心倍增。

抗战胜利以后，《时代日报》成了党领导的第一份与上海广大读者见面的报纸。椿芳同志主持这项工作，运用他丰富的斗争经验和聪明才智，团结报社同志，勇敢机智战斗在这块阵地上，建立了不可磨灭的业绩。

《时代日报》坚持战斗到 1948 年 6 月 3 日，国民党当局以所谓“扰乱金融”“鼓动学潮”“歪曲军事报道”等罪名勒令停刊。椿芳同志仍留在上海坚持地下工作，后来他接受党的指示，取道香港赴华北解放区。

（选自《姜椿芳领导〈时代日报〉的战斗》，载于《文化灵苗播种人：回忆姜椿芳》，全国政协文史和学习委员会编，中国文史出版社 2017 年版，有删节）

斗争在上海“孤岛”

叶水夫 *

1942 年，我由陈冰夷同志介绍，认识了椿芳，开始为《时代》杂志译些稿子。第二年春，我正式参加时代社工作，与椿芳朝夕相处。大概在 1944 年被日伪禁止出版的《时代》杂志准备不顾禁令、自行复刊时，椿芳主动向我谈起时代社创办的经过。记得他那次谈话的大意是这样的：1940 年前后，党在“孤岛”上海租界所办的《译报》《导报》等，因英国发行人为日伪收买被迫停刊，上海地下党主要负责人唐守愚同志奉上级指示，派椿芳同苏联塔斯社远东分社社长罗果夫商量，找一位苏侨出面到租界工部局登记，出版一份中文日报。罗果夫认为出版报纸有困难，但可先用已经出版一段时间的俄文《时代》杂志的发行人（苏侨）出面出版中文版《时代》杂志。1941 年 8 月，《时代》周刊创刊了，椿芳担任这个杂志社的主编和后来形成的时代出版社的负责人。这样，这个出版社就成了党领导下的一个宣传机构。

他那次讲得不多，但非常含蓄的是另外一些话。他谈到德意法西斯覆灭后日本法西斯垮台的必然结局，谈到胜利后中国可能出现的局面，谈到斗争

---

* 叶水夫（1920—2002），笔名水夫，浙江宁海人，作家、翻译家。肄业于上海沪江大学物理系。曾任上海时代出版社及上海《时代日报》副刊主编、副总编辑。中国外国文学学会副会长，中国翻译协会会长。译著有《青年近卫军》《苏联文学史》等。

的严峻性和复杂性，但明确地表露出对解放事业必胜的信心。说这些话的时候，他那消瘦的脸上露出了笑容，深度近视的眼睛里射出坚毅的光芒。他还暗示，尽管上级规定在我们这个挂着“苏商”牌子的特殊机构里不能发展党员，但在全国范围内党的队伍却在不断壮大。

时代社自成立以来，工作人员就受到日伪的监视和迫害。盯梢、暗中拍照、通过保甲长了解我们的活动等，都是家常便饭。不时有人受到传讯或遭到逮捕，有人突然“失踪”。椿芳在这个机构里起的什么作用，是个什么样的人，他们是一清二楚的，但碍于当时日本有求于苏联，不得不与苏联维持着“友好”的关系，因此不能不有所顾忌。

1944 年秋，随着第二次世界大战形势日益对“轴心国”不利，日本宪兵司令部终于想出了一条“妙计”，派了一个名叫中谷的军曹，穿着中国人的便装，找到他家里，说是要和他“交朋友”，他们可以用俄语交谈。从此，每隔几天或几个星期，这位“朋友”总要到他家“拜访”一次。有时先打个电话约一下，有时就出其不意地直接出现在他家里，有时也约他在我们办公处对面 CPC 咖啡馆里会面。有一次，中谷居然请他到日本军人俱乐部赴宴，他以为这次大概是回不了家了，结果是一场虚惊，仅仅是饱餐了一顿。在中谷“交友”事件发生后，椿芳把这件事同陈冰夷和我谈了。他谈的时候镇定自若，好像是在讲一个传奇故事。我们明白，他告诉我们是要我们在思想上有所准备。果然，不久他就对我们二人说，如果局势进一步恶化，要我们和他去苏北新四军根据地。

就这样，椿芳以他的机智沉着和丰富的斗争经验同那位“朋友”周旋了半年有余。到 1945 年春天，那位“朋友”不来了。估计是德意垮台在即，太平洋战争吃紧，日本自顾不暇，他们管不了那么多了。后来，在 8 月 9 日苏联对日宣战后，那位“朋友”又出现在他家里。但是，那时椿芳已经躲到常州乡下。几天之后，也就是 8 月 15 日，日本宣布无条件投降，椿芳回到了上海，马上投入创办《时代日报》的紧张工作中。

抗战胜利后，《时代日报》成了党领导的第一份与上海读者见面的报纸。

党先后派来了林淡秋、黎澍、楼适夷、陆诒等同志直接参加编报工作，继唐守愚之后与椿芳保持联系的梅益、姚溱同志也间接参加了工作。不久，和谈破裂，国民党发动了内战，上海险象又生，不但《新华日报》不能迁沪，《建国日报》的监视与审查也日益严密。作为总编辑的椿芳不时被市长吴国桢或新闻处长曾虚白叫去查问、训斥。但是，就在这样艰苦的环境里，椿芳不仅能随机应变，采用隐蔽的曲折方式报道解放战争的真实情况，声援反内战反独裁民主运动的开展，从而让读者知道党的方针政策，看到中国的前途。同时，他利用与孙夫人宋庆龄、周建人、许广平、梅兰芳、周信芳、赵朴初、金仲华、黄佐临、李伯龙、傅雷、沈知白、卫仲乐等各界知名人士的关系，在话剧界、京剧界、音乐界、舞蹈界，甚至在妇女界与宗教界，通过公开与秘密的活动，团结了一大批文艺界人士和其他知识分子。他还身体力行，在繁重的工作中挤出时间，搞京剧改革，探索中国古典音乐舞蹈与西洋音乐舞蹈相结合的途径，选择合适的题材，请人创作。我记得规模最大的一次演出是舞剧《孟姜女》，是由中国儿童福利基金会主办的。

1948 年 6 月，淞沪警备司令部终于以“扰乱金融、煽动学潮、歪曲军事报导、破坏治安秩序”的罪名勒令《时代日报》停刊。椿芳接到上级党的指示，化装成一个草帽商人上了飞机，飞往当时集中了大批进步文化界人士的香港。到我和他重逢时，已经是 1949 年 5 月上海解放以后了。

（选自《椿芳在沪工作二三事》，载于《文化灵苗播种人：回忆姜椿芳》，全国政协文史和学习委员会编，中国文史出版社 2017 年版，题目为编者加）

第八章
程砚秋：料得喜神将莅至

人生就是一出悲剧

果素瑛*

“人生就是演悲剧。人生就是戏，不管多美满圆好的家庭，总是悲多欢少，到结局还是悲的收场。”这是砚秋25岁那年赴欧洲考察戏剧音乐从柏林写给我的一封信里的一段话。当时，新军阀混战正酣，人民挣扎在死亡线上，呻吟于水深火热之中，砚秋目睹这惨状乃创作了《荒山泪》这出悲剧，通过备受苦难的剧中主人公张慧珠的口喊出了“……恨只恨狗朝廷肆行苛政，众苍生尽做了这乱世之民，眼见得十室中九如悬磬，眼见得一县中半死于兵；眼见得好村庄变成灰烬，眼中人俱都是那虎口余生……”这样激愤的控诉。这不仅因为砚秋自己出身寒苦，有着悲惨的童年，而且旧社会里艺术家形同娼优的卑贱地位更深深地刺激了他，使他从思想感情上更与社会下层人们相接近。可是出路在哪里？怎样才能使人民得到和平与安生？被外国人称为“东亚病夫”的中国，要如何改革才能使自己跻身世界强国之林而毫无愧色呢？砚秋就是带着这些使他激动并令其困惑不安的问题踏上赴欧考察旅途的。

那时候，家里人都为砚秋的处境担心，为他的前途发愁。为什么呢？砚秋前脚刚走，紧接着报纸上就登出文章，说他这次出国的费用完全是非法的，更有的造谣说程砚秋把故宫的国宝盗卖在国外了，真是说得神乎其神，

* 果素瑛（1904—1986），原名果秀英，程砚秋之妻。她全力支持丈夫的艺术事业，教子匡夫，持家谨慎，受到文化界、戏曲界的尊重，长期担任全国政协委员。

加上的罪名可大得吓人。我家婆母听到这些舆论也弄不清到底外面发生了什么事，吓坏了，赶忙找我商量说：“可不得了啦！老四惹了大祸啦！唱戏唱得好好的，偏要出什么洋，扣上盗卖国宝的罪名还了得，是灭门九族的罪哟！”我整天在家里，哪里晓得社会上的事儿，就去找金仲荪先生了解。金先生对我说：“我正要写信、发电报催他快些回来，你也写一封信催催他，告诉砚秋这次出国在经济收入上损失很大，还得他回来唱戏才能补得起来……”“至于报上说什么盗卖国宝的事全是无稽之谈，根本没有此事，家中不必担忧……”听了金仲荪这一番话，我才放下了心。

砚秋此次赴欧考察确实是好事多磨，既有刚才说的“外患”，也有家庭中的“内忧”，真可以说是“内忧外患”里外夹攻呀。说起这“内忧”来，我不得不唠叨几句。程家是个破落的封建大家庭。社会上都知道程砚秋既孝母尤重手足，却不了解其中的内幕。砚秋兄弟四位，他排行最小，大哥和二哥年长他许多，他们赶上了世袭贵族大家庭破落前的那段旗人公子哥过的好日子，当过吃钱粮的宫廷禁卫军，养成了不事生产游手好闲等没落小贵族的坏品德和旧习性。在我公公死后，老辈留下的那点点遗产都叫他们两个长兄抖搂完了。砚秋出师后，几个哥哥的生活，从孩子念书，以至油盐酱醋茶直到手纸全由砚秋管，没有一样不管，整个包下来了，如果有哪一点不周到，就吵闹。所以砚秋常感慨地说：“守旧家庭有一种说不出的苦处。”他也就是在这“内忧外患”的威胁下，毅然出国并决定留在欧洲继续求学的。

为了回答我们催逼他迅速返国的电信，他在信中向我讲了一番道理，说：“自出国后在巴黎数月，关于我心里想做的事，如戏界苦人的组织，养老扶幼的章程，一样也未寻着，一点成绩没有，心中甚焦急。”自到柏林后收获日丰，在胡祥麟（字天石）[1] 先生的支持帮助下，得到许多盼望已久的

[1] 胡祥麟，字天石，20 世纪 20 年代初期赴德国柏林医科大学留学，获博士学位，后在欧洲文化外交界耕耘十余载，在瑞士创办中国国际图书馆，并作为国际劳工大会中国顾问和驻瑞士中国代表，加入了茅盾等人成立的中华文艺界抗敌协会，支持国内的抗日战争。新中国成立后曾在北京外语学院德语系任教。

资料，决心在当地译成中文，“将来拿回去贡献社会，为人民谋幸福。戏界苦人得到一点好处也不虚此行。虽然用了自己的钱，良心是很相安的”。他还劝导我：“既做人就应尽一份心，替人类尽一份互助天职，若将养老储蓄办好，不比我们年年施棉衣、散零钱功德大得多吗？……若把此事看清楚了也就高兴了。并不是我一心无挂碍安心要延长时间的，想你一定会赞同我做这一件大功德事的。处在乱世中，家庭观念要看得轻，儿女私情抛得下。人生就是演悲剧，你看娘现在不愁吃饭了，细想她老人家的地位是喜剧还是悲剧呢？……我欲在外延长时间，为戏界同人谋一终身吃饭道路，并不是一心无挂的！”他还嘱咐我在家要常常想到，教育儿女“是给国家、社会造就人才，不是叫他将来保守老子的产业的，不要再成我们现在的家庭样子，要从依赖成性这类毛病中走出来才好；要引导儿女生友爱心，不要偏护，常常告诉他们自立如何好，用功念书将来如何好，不然会没饭吃的，要循循善诱，教导他们准备将来服务社会，为人民谋幸福……以后不要有家庭儿女私情观念才对。人生在世是很容易过去的，国家尚如此纷乱，朝不知夕，还有什么家庭乐趣可言……”这封家书道出了砚秋在青年时代的理想和抱负。

可惜的是，在旧社会又有谁能真正理解和支持他去认真实现这项进步的改革计划呢！最后他在家人和朋友催促下，无可奈何地放下自己的宏大计划兼程回国了。砚秋打欧洲回来一见面就对我说：“难道我程砚秋就是为了养活那百十口子人的剧团唱戏的吗？我……”我向他解释道：“你总认为什么人都是好人，世界上若都像你那样好心肠不就没有坏人了吗？可你明明知道人家骗你害你，却抻着脖子让人家宰，辛辛苦苦流尽血汗光为别人，自己一天福也没有享，多冤枉哪！”砚秋自己却回答说：“我就是为了这个来的！”

（选自《追忆砚秋生平》，载于《御霜实录：回忆程砚秋》，全国政协文史和学习委员会编，中国文史出版社 2015 年版，题目为编者加）

宁死枪下，决不从命

果素瑛

砚秋奔波在从祖国大西南北上途中的时候，我正陪着娘家父母亲在西山八大处朋友家小住。这时卢沟桥的炮声响了。我们开始还以为是平常的打靶演习，等知道是日本军队打来了，北平的城门已经关闭，便急忙连夜下山。京郊公路上哨卡林立，背着大刀的宋哲元军队在西直门前盘查着只有进没有出的人们。城门恰巧开着半扇，家里的人早等在城门里接应，才顺利地进了城。我们暗自庆幸自己能安全地返城，又深深地为砚秋和剧团担心。

过了不几天，他们一行人总算经太原赶回了北平，可是等着他们的却是一座已经被日本军国主义者占领了的城市。我们见面时也只是相对无言而已。当时，我们还住在东城什锦花园。事后听说宋哲元军队里有不少爱国的军官和士兵，不顾上司撤退的命令，在西郊白石桥奋起抵抗，砍杀了不少日本兵，自己也倒卧在沙场之上。中国军队撤干净以后，偌大的古都北平像是一座死城，商店都上着铺面板，大街上空无一人，传到每个藏在家里的人耳朵里来的只是日本占领军的整齐的皮靴声和杂乱的马蹄声，此情此景我是永远不能忘记的。

不久，日本人找北平梨园公益会，要它出面组织京剧界唱捐献飞机的义务戏。在敌人的压力下大家都不敢不唱，砚秋就是不唱。

公益会托出人来找砚秋劝说，希望他圆这个场，体谅同业的难处，他说：“我不能给日本人唱义务戏叫他们买飞机去炸中国人，我一个人不唱难道就有死的罪过，谁愿意唱就去唱我管不了。”

来人表示大家很怕日本当局，以砚秋在戏曲界的地位若坚决不应，恐于北平京剧界不利了。

砚秋气愤地说：“我一人做事一人当，决不能让大家受连累。献机义务戏的事，我程某人宁死枪下也决不从命！请转告日本人，甭找梨园同业的麻烦，我自己有什么罪过让他们直接找我说话就是了！”

来人只好悻悻而去。事情当然不会就此了结，压迫是一个接着一个来了。

砚秋曾应上海剧院之邀去演营业戏。自沪返京在北平前门车站下车时，等他一出车厢，就凑过来几个伪警务段的便衣和警察，问：“你就是程砚秋吗？跟我们去一趟，有话问你。”待他们把砚秋带到站内偏僻处的一间小屋子里时，那里早有几个敌伪特务候着，进得门来不容分说，就围拢来一阵拳打脚踢，意欲捆绑捉拿。砚秋从小武功根底很好，后又从名家高紫云先生学太极拳，见这些狗腿子真的动起武来，哪里容得他们欺负，便看准屋内有一立柱处，背柱而立左迎右击，一个人力敌七八个特务，把他们打得纷纷倒退不能近身，瞅了个空子跳出屋外，急忙闪入车站内来来往往的人流之中才得以脱身。砚秋回到家时，我见他衣冠不整，衣襟被撕扯破，满脸气恼的样子，很是奇怪。他稍稍定神后，把东车站这出全武行大打出手的事情告诉了我。

我们听了都吓坏了，忙问有没有伤着哪里，他却满不在乎地说：“这些宵小之徒仗势欺人，以为人多就可以为所欲为，殊不知却碰到了我的手上。他们欺负中国人惯了，此番让我略施小技，着实教训了他们一顿，也出出胸中的闷气。”他还说：“特务不会就此罢休的，还会来找我的，我程某就是不给日伪唱戏，到底看他们把我怎么样吧！”

果然，等到跟包的把戏箱从车站拉回家里时，发现许多戏箱都被敌人用刺刀捅得乱七八糟，堂鼓也给用刀挑破了。

事隔不久，伪内四区突然来电话通知，说日本“友邦”要用程砚秋的剧本《春闺梦》，让赶快准备出来一会儿来取。砚秋听了就火冒十丈，坐在内室生气。过了不大工夫，来了一个架着墨镜、穿着洋里洋气、派头十足的人，进了门就口出不逊逼着要剧本。我推托说先生不在家，剧本都锁着，钥匙被他带走了，此事我自己也做不了主。那个自称日本宪兵队的不速之客态度极为蛮横，非要马上拿走这剧本不可，惹得我也发起火来，我说："甭说剧本不在家，就是在家也不能给你，我认识你是谁呀。不给，你又把我怎么样！"弄得那人毫无办法，气囊囊地扭头就走，边走边威胁说："你们可要小心着点，我可不是好惹的……"

我忙追出去，看见门口停着一辆崭新的轿车，里面坐着一个妖里妖气的女人正同那个家伙嘟嘟囔囔地说着什么，细一看，她正是鼎鼎大名的坤角×××。这时，我才恍然大悟，原来这特务一定在这坤角面前夸下海口，以他的权势，到程家还不是要什么得给他什么，结果却碰了一鼻子灰而去，大煞了他们的风景。

献机义务戏不唱，前门车站大打出手和特务头子逼要剧本碰壁，加在一起罪名越来越大，真不知后面还有什么好戏。砚秋同我商量，他说："几年来为了剧团同人的生活到处奔走演出，现时身在沦陷区域，眼见国破民穷，一切都是末路，旧剧更是走上穷途，毫无希望，不如从此不演，乡间觅一居处靠自己种田，年年能有口窝窝头吃已是满足了。这自称'仁者之师'的日本军队和特务的蛮横霸道，老百姓逆来顺受的处境实叫人无法忍受，我们惹不起难道还躲不起吗？从此无声无息，让世人把我忘掉，最好，最好。"我很支持他的隐居务农的主张。当时社会上流传着程砚秋实行"三闭主义"的舆论（即闭心、闭目、闭口），确实反映出砚秋那时的实际状况。

（选自《追忆砚秋生平》，载于《御霜实录：回忆程砚秋》，全国政协文史和学习委员会编，中国文史出版社 2015 年版，题目为编者加）

有吏夜捉人

果素瑛

陈叔通先生曾说砚秋隐居青龙桥是“身居乡野乐融融，趣在农民不觉苦”，这话是很确实的。这期间，他除了日出而作日落而息，与当地农民同甘苦，每日仍坚持练功，闲暇时读史学画，似乎是“其乐融融”了。其实他想了许多问题。

一次，他对我说：“我在舞台上辛苦了大半生，终年在国内奔波，从没有机会安静下来想想事。现在可真正有工夫把自己所经历的人和事从头想它一遍了，温故而知新啊！不论从民族、国家或是我们每一个人，都到了从头研讨的时候了。近来读明史，明太祖始至嘉靖均怀老慈幼，免水旱各税，祀天，莫不以民为宝。可是看一看民国革命至今，真可说到了最后阶段，种因得果到如此地步，少数野心家给亿万人造成了这样一个人间地狱。常见过去许多造乱者都是手拿念珠似赎罪恶，实是老虎戴素珠，假善人！民国二十、三十年来，所谓上层阶级人，莫不以私欲难满为怀，姨太太、鸦片、大房子为宝，人民焉得不穷困，国家如何了得，想起来就叫人痛心。社会人士听说我不唱戏还不太相信，我想唱到适可而止告一段落，与人回忆也极有味儿。我向不与人争论，也不请新闻界吃饭，不受他人利用，好坏自有公论。埋头多年研讨，今始大家公认，人说程某不唱可惜，我心极欣慰，不枉多年练习。”

……我因迫害纷至沓来极伤感，又深为砚秋的安全担心，他却反而劝我不要太悲观，语重心长地说：“你和老朋友们都不可太悲观，好戏尚在后头哩，墨索里尼暂时休息，希特勒也唱得累了，休息恐怕也不远矣。所谓‘仁者师’不知作何结束，看来不会太好吧！”我说：“你倒挺乐观呀！”他深沉地笑笑说：“人心如此，历来是得民心者得天下，失民心者失天下，这不是很明白的道理吗？”

砚秋多次要我出城去青龙桥看看，可是我因家务缠身总抽不出空去。记得一年秋后，我们终于去了。他一见面就幽默地说：“你这城里人可真难请啊。这次来算你赶上好时候了，大秋过后新粮刚下来，叫你尝尝我亲手做的玉米面贴饼子，这是跟老乡学的手艺。你们城里人不晓得吃自己种出的粮食的乐趣。自己做饭，从早到晚忙得不亦乐乎，吃完饭，洗碗，打扫完毕休息，真感到舒适。人真是应当每日勤劳才觉痛快，不然也不觉休息的愉快，这其中的趣味，城里住惯的人是没福气享受的呀……”

事后，砚秋把岳父、我的孩子们领到后院，见地上堆满新收下的黄玉米棒子。他亲手教大家怎样脱玉米粒，高兴地说这叫让城里人体会体会田园风光，好让大家知道每天吃的粮食是如何来之不易，还兴致勃勃地说：“明天就要开镰割黍了，收了黍子给你们蒸枣豆年糕吃……”我拦住了他的高兴说：“你知道最近日伪特务总来家里查户口，打探你的下落行踪，听说正调查你的什么事。前不久，日本宪兵队又抓人，你可得小心些才是！”

砚秋淡然一笑，说：“他们也来我这里了，还说程某人下乡种地叫人不信，没查问出什么，临走时还掀开笼屉看看，见是蒸的‘黄金塔’，咧着嘴说程某真的吃窝窝头吗？”他极感慨地叹口气说：“前日已读完《汉书》《宣和遗事》，徽、钦二帝经过惨状，宫人、公主、王妃均被掳去，青衣行酒真不如平民精神快活。亡国之惨，真令人目不忍睹。私通金邦的大官吏，真不知人间有羞耻事！现在却该轮到我们来做亡国奴了！别无选择似的非要你逆来顺受，所谓闭门家中坐，祸从天降来，煎好的螃蟹拣样挑，肥瘦任便！我没做什么亏心事，不怕！一切听其自便，我就在青龙桥等着了，哪里也不去，他们爱把我怎样就怎样，国破家亡，个人安危又算得什么！让他们来吧！”

听了他这话，我也不知如何是好，只是怀着忐忑不安的心情回到城内家里，但却总是预感到要发生些什么不幸似的。

搁下前次的话茬不久，我的二孩子永源学校刚放寒假，他出城去看望父亲。本来砚秋需用钱，想自己回城，孩子说交通不便，他骑自行车方便快捷，不必劳他父亲亲自出马。于是他就代砚秋进城取钱了。谁知就在那天的深夜，我的预感竟真的成了事实。

那一天是我永远也不会忘记的，它正是民国 33 年（1944 年）甲申二月二十五日。当日夜半，我养的一条大洋狗突然又吼又叫扑向前院去，接着就听到两个人跑进后院的杂乱脚步声。这是厨师傅老韩和另一位工友，他们急急忙忙敲着我住屋的窗子，急促地叫道："四奶奶可了不得啦，进来人了！"我问："谁给开的门？"他俩说："没有人开门，是跳墙进来的呀！"未及细说，二人就从北正房夹道狂奔到后院顺着煤堆爬上房逃走了。他们前脚跑了，后脚跟着就进来三四个人，大声吼道："快快开门！"

我正摸着黑赶忙穿衣服时，这些家伙早已等得不耐烦，抡起手枪柄就砸破了一块窗户的玻璃。我也顾不得扣衣服，更忘记了开灯，刚刚来得及把屋门闩卸下，他们就一窝蜂似的闯进了堂屋，其中一个人手拿手枪，用手电筒朝着我的脸上一照，就三步并作两步蹿进了卧室，把手电到处乱晃乱照。砚秋的一幅油画像正挂在卧室墙上正面，他们一眼看到了，忙喊叫道："就是他！就是他！"于是就动手到处乱翻，连我和我的女孩子的被子都翻查了一遍，把屋里的一切东西都抖搂了个底朝天，也没有找到程砚秋的踪迹。他们还不甘心，有几个爬上房顶去搜查，还不时同站在院子里的人用日本话说着什么，结果还是一无所获。这帮砸明火的——当时我认为这些不速之客是明火执仗的强盗——这时才开始盘问我，厉声喝问道："姓程的哪里去了？"我答说："我先生早到青岛去了。"看样子他们很失望，怔了一阵子又全都出去了。

不一会儿，这家伙又回来了，还跟着两个拿着白法绳的日本人。他们对我说："你先生没在家，那么你就同我们走一趟吧！"这时我也处之泰然了，穿了袜子准备同他们走。我的女孩子见此情景害怕得哭了起来，日本人一见像是想起来什么，忙问道：“你家里还有什么人在？”我答说：“还有两个男孩子住在西厢房。”其中一个人去把两个孩子带到我跟前。原来这两个男孩早已起来了，一时弄不清发生了什么事，正扒在门内向外面张望呢。特务问我的大男孩：“你爸爸在哪里？”他生气地答说：“不知道！”于是他们就抄起把水壶威胁他说：“你不说实话就灌你凉水！”这孩子很生硬地说：“灌凉水也不知道！”

他们见此仍无办法，又一窝蜂似的出去了，不大会儿工夫又匆匆返回来，看样子是跟大门口的什么人商量办法去了。这次却宣布把我们娘儿四个全关在西侧厢房，派一名荷枪的伪警察看守，听候发落，然后又都走了。那个伪内四区的警察问我道：“程太太，你先生是不是得罪了人呢？你先生到哪儿去了？”我见他是中国人，又是本地面上的，态度还算好，就反问他：“他们到底是什么人？”他悄悄告诉我这是日本宪兵队的，我这才知道不是砸明火的。

正说话间，那伙人又返了回来，把我单独叫到饭厅。一个穿黄呢军大衣、戴豆包帽的日本人，像是个小头目，操着不熟练的中国话说：“你的先生哪儿去了？你的实话的没有……”说着就要动手打我。旁边站着的那个中国人像是有点同情的样子，忙凑过来语气缓和地说：“你先生到底在哪儿，还是说了吧。”我问他们是什么人，那人说是日本宪兵队的。我又问：“有什么证据证明你们呢？”那日本人忙掏出证件说：“这有派司！宪兵队的派司！”我笑了笑厉声说：“是宪兵队的为什么不早说，我还以为你们是砸明火的呢。深更半夜跳墙强闯民宅，不是砸明火的强盗又是什么？我可以告诉你们，程砚秋哪儿也没有去，他就住在西郊青龙桥。你要早说你是宪兵队的，何必费此周折？”

这时，人们来来往往到各屋里瞎乱翻腾。有个东北口音的特务对我解释说：“你为什么这么横呢！我们也是奉命差遣呀。”我冷笑不答，只见这帮人在院子里来来去去折腾什么。这时，天色已经大亮了。最后，他们又叫我去问：“你这儿有中华乐社的无线电吗？”我说有。接着，他们把在顶楼储藏室早已搜出来的短波收音机、电唱机都拿到我面前，当场检查，发现是坏的，幸亏是坏了多年不能使用的东西，不然又不知造出什么借口呢。他们还问我有没有发报机，我脸色很坏地回答说不知道。他们把这些破机器全部拿走了，只留下一名日本便衣看着我们，此人看见满院晒的煤球，还嬉皮笑脸地对我说："你们还摇这么多煤球呢。"

等到日伪宪兵、警察全部撤走，已是次日中午 11 点了。我赶忙向青龙桥通了电话，亲自告诉砚秋家里发生的一切，并嘱咐他不要到别处去，就在青龙桥待着，否则"无私有弊"。据后来传到我耳朵里的消息，日本宪兵队深夜秘密逮捕程砚秋的事件几天之内已传遍了全北京城，很快全国都知道了。砚秋还真的在青龙桥家里坐等了几天，见再无任何动静，便自己回城里家中来了。当他了解了事件的全部经过之后，他表示要自己去日本宪兵队找他们讲理。我说："他们抓你还抓不到，躲还躲不及呢，你还要自己送上门去，你也太老实过了头！"这样他才作罢。

后来知道，那天日本宪兵队在整个沦陷区大抓政治犯和爱国人士，抓进宪兵队部，不问青红皂白先毒打一顿，然后投入牢房。不久，住在西城魏儿胡同的冯公度先生的四子去青龙桥看望砚秋，说来此专为给他道喜的，原来那晚日本宪兵队亦把其兄捕去，宪兵队划定他兄与砚秋关在同一个牢房号子里，然砚秋因隐居青龙桥，故而幸免此难。

砚秋曾记述此事件说："……'共存共荣'不应有此举动。所谓士可杀而不可辱，凡事调查清楚杀了完事，不应予人留有不良印象。幸昨日未入城，不然此戏不知演到何种地步。据说我从前与要人往来，并有在瑞士念书之子，有思想不良的嫌疑。此子虽十年前留学外国，瑞士至今尚保持中立国态度，若说与南方人有往来，岂止南方，可以说东南西北方的长官均晤过面，上至最高长官，下至贩夫走卒，据我眼光看法，并没有高低贵贱之分，均是要人，亦可均是贱人。世界等于大舞台，所有一切皆是与戏剧攸关，所谓要人，亦不过是一演员而已，民国三十余年这般演员并未更换。银行界中'请'去者甚多，把我亦列入够资格者之中，名之害人大矣。将入三月，恐噩运来临，也无法可想，所谓闭门家中坐，祸从天上来也。”

（选自《追忆砚秋生平》，载于《御霜实录：回忆程砚秋》，全国政协文史和学习委员会编，中国文史出版社 2015 年版，题目为编者加）

抗战胜利的喜与悲

果素瑛

日本军方的这次秘密逮捕虽然露了馅，可是事情并未就此结束，反正罪名是可以任意造出来的。打那以后，什么警察局啊，什么治安军啦，接二连三地去青龙桥“拜访”砚秋，搞得他实在不胜其烦，只得一大清早就躲出家门，在屋里桌上放一个大瓷果盘，凡来访未见者请掷名刺于内以备考，有时他干脆带着孩子沿着红山口、黑山扈的山间小道到山后头去遛弯，最远走到冷泉和象鼻子沟一带，在当地老乡家寻个歇处，住上几天再回来。

谁知这又惹出事故来了，日伪方面又放出空气说程某人在青龙桥种地一定有作用，不然郊外如此不太平他怎么敢在外住宿，更有离奇的舆论说砚秋种了好几十顷地，定是把所收的粮食接济了八路军……那年月私通八路军是要全家问斩的。砚秋回城对我讲，年终算账六十多亩地共收粮食六十袋，刚够地内工人开支，他和范师傅在青龙桥所需粮食全得从集市上买，至于供给城内家用更谈不到。他苦笑着说：“社会上说我种地接济八路军，实是可笑，辛辛苦苦一年连接济范兰亭夫妇都不够，真惭愧。名大过实太可怕，老子说‘逃名’，我想‘逃名’而不可能。”

这沦陷八年的亡国奴生活是太压抑了，实在令人无法忍受，砚秋常对我言及他总想大哭一场，可是又哭不出，真不知几时才能痛快地哭出来。所以当我们听到日本侵略军战败投降的消息时，那振奋的心情是可以想象的。砚秋高兴地对我说，“9 月 8 日、9 日，本是令中国人在街头默祷的两天，现在一变而成日本向中国降伏的纪念日了，极痛快！我的许多老朋友都要从南方回来了，八年离乱险些见不到面，不知再会面时又作何感想？”他曾代表国剧公会在广播电台上发表庆祝抗战胜利的讲演，多少把他在这八年中受的迫害和积压在胸中的怒气吐了一吐。

我和孩子们都听了他的广播，其中有一句话至今还记得清清楚楚，他说：“9 月 18 日虽说收复东北，这是表面而已，至今北平市尚未接收清楚，何况东北之远在边陲，奉告青年爱国志士，应有直捣黄龙心不止的意志，达此目的，那时才算是真胜利！”

他确实兴奋了一阵子。自此遂结束了他的“三闭主义”，并决定开始出山演戏，公开宣布从此要实行“开眼、开口、开心”的所谓“三开主义”。可是，在砚秋登台演出的一年半中间，他亲眼看到国民党接收大员的胡作非为、官僚政治的腐败、内战造成人民的颠沛流离和经济的紊乱，亲身经历了兑换金圆券、银圆券政策所强加给人民的损失和破产，这使他从最初的振奋又陷入了深深的失望。虽然他一心要为国为民出些力，做些好事，像为东北人还乡唱义务戏、赈济桂省灾民、为宋庆龄先生主办的儿童福利基金会筹款，但那终归是杯水车薪，仅尽了点个人的心意而已。

失望苦闷之余，他再次返回京郊青龙桥乡居，务农读书。可是多灾多难的祖国到底如何才能好起来，受尽压榨终日不得温饱的老百姓怎样才能得到解救，他也感到茫然了。但是，他不甘于无所作为，却总思虑着为青龙桥附近的贫苦农民做些什么有益的事。

（选自《追忆砚秋生平》，载于《御霜实录：回忆程砚秋》，全国政协文史和学习委员会编，中国文史出版社 2015 年版，题目为编者加）

慰问最可爱的人

刘斌昆 *

1947 年一别，直到 1953 年赴朝慰问，我俩才又见了面。在北京集中时，先见了一面。到了丹东市接待处又寒暄了一番。记得那天是听慰问团团长贺老总讲注意事项。到朝鲜新义州下车时，又碰了面。在平壤，同住在一个医院里。后来又一起到志愿军后勤慰问，后勤设在一个铜矿山的山肚里，里面有个剧场，我们即在这个剧场慰问演出。程先生演的是《三击掌》，是沈金波还是我家老二刘韵芳陪他演，我忘了。我陪梅兰芳先生演《贵妃醉酒》。完了戏，夜深了，程先生和我都好运动，就结伴上山打拳去。他打的是太极拳，我打的是少林拳，他还教我打太极拳。演了五场，打了五场。

一天打完拳，我俩边说边走地回住处。山上，又是冰，又是雪，我们只顾着聊天，一个不小心，从山上滑了下去。我们刚滑倒，就有两个志愿军战士跑过来，将我们扶起，还问："同志，摔着没摔着？" 程先生忙说："没摔着，没摔着。" 其实，因为我俩没穿棉袄，摔得够呛，他比我摔得还厉害。我奇怪地问："怎么这么巧？我们俩刚摔倒，你们俩就来搀啦。" 一个班长说："你们是祖国来

---

* 刘斌昆（1902—1990），原名桂虎，上海人，梨园世家出身。京剧丑角。青少年时拜郭春山、萧长华，以及昆曲名家徐凌云、汉剧名丑大和尚李春森等 10 人为师。他的表演幽默而不油滑，注重人物内心世界的挖掘，主张用"俊"的艺术手段体现"丑"，曾为周信芳、程砚秋等名家配戏，为海派丑角的代表人物之一。

的亲人。你们俩出来打拳，排长看见了，就派我俩暗地保护你俩。我们跟着你们，已经好半天了。”我们两人回到住处，商量说，好了，给人家添了麻烦，还派人来保护。咱们别打拳了。第二天领导分头找了我们，领导对我说：“现在外面很乱，南朝鲜特务很多，不要出去了。”

打那儿起，我俩不再外山打拳了，有空就一起谈谈戏。程先生很夸奖我家老二，说这个老生有货色。有时我们一起到温泉去洗澡，总是他先招呼我。温泉离居处十几里地，由干部陪着乘吉普车去。后来分队，程先生与梅先生、马连良他们为一队，上海京剧院为一队，这样我们就分手了，直到回到丹东，两队会合，大家重又住在一道。

（选自《情深谊长忆砚秋》，载于《御霜实录：回忆程砚秋》，全国政协文史和学习委员会编，中国文史出版社 2015 年版，题目为编者加）

失国格者，不见

胡天石

回溯起来，我和御霜相识较早，接触不算不多，相知也比较的深。1932年我在德国柏林，第一次见到御霜，至今已近半个世纪了。御霜当时任南京中国戏曲音乐研究院院长，兼任私立北平中华戏曲职业专科学校校长。他就是以这个头衔被派赴欧考察戏曲、音乐的，预定到法、德、意、英四国考察访问。他从北平出发经过苏联的西伯利亚、莫斯科到达法国，之后，来到德国首都柏林。他一到柏林，就持着国内国民党元老李石曾先生的介绍信，访问当时驻德公使刘文岛。同时，他还带有我友莫德惠先生给我的介绍信。这时，我正巧被驻德公使馆邀去任职。所以，刘文岛公使就让我协助他办理考察德国的戏曲、音乐事务。过了一些时日，我和御霜交往较前频繁、密切，在私下闲谈中，我才知道以酸涩悭吝、丑行罕见闻名的刘文岛公使跟御霜还曾有过一点不愉快。

据御霜说，刘公使接见御霜时，只是目不转睛地注视着李石曾先生那封介绍信下面的署名，似乎在审视签名的笔迹，显露出一种怀疑神态。

“我对德国情况不熟，这里有一位胡祥麟，他留德年久，对德国情况熟稔，交游亦广。我可替您介绍，托他协助您的考察工作。”刘公使假惺惺地对御霜表示好感说。

“胡先生，我认识。刘公使公事繁重，我的事，不用刘公使劳神为我费心了。”他笑嘻嘻地风趣地回答着。因为，御霜感到刘公使的怀疑有些失礼，侮辱了他的人格，损伤了他的自尊心；所以，他对刘公使鄙夷不屑，未免心里有点厌烦。

巧得很，正好有一天李石曾先生从巴黎来到柏林，被刘文岛公使知道，就下帖子邀请李石曾先生和御霜在驻德公使馆晚宴，同时，他也邀我作陪。刘文岛公使主观上认定李石曾先生一定是驱车前来的，料想不到李、程、我三人都是同乘地下铁去的，而公使馆门前正是最繁华的选帝侯大道地下铁车站的出口。下午6时许，暮色沉沉，霓虹灯的广告闪眨不停，时亮时暗，一辆一辆小轿车，驰来驰去，人行道上红男绿女，衣冠楚楚地接踵而过，真是好一派西欧国家的典型的繁华景象。当我们三人漫步走出选帝侯大道地下铁车站时，御霜目光灵捷，一眼就瞧见堂堂的中国公使刘文岛正神色慌张，右张左望，踱来踱去地在寻找什么似的。李石曾先生出站，我在其后，第三个是御霜。御霜看到刘公使当时这种情况，很不耐烦，觉得刘公使坍中国人的台，不成体统，立即怒气冲冲地拐转身向后转，单独回寓去了。李老嘱我下去到站台上去找，御霜被我追上，再三劝说，他仍坚持不肯参加这次宴会。

“不去，不去，这种有损国家声誉的人，怎能当国家的代表呢？我决不再上去。”声音干脆坚决，我无法挽留，只得单独去向李石曾先生汇报。从这件事上也可以看出御霜胸膛里的一颗忠诚热爱祖国的红心。当真，御霜直到离开柏林为止，再未见过刘文岛公使一次。

（选自《在欧洲考察的日子里》，载于《御霜实录：回忆程砚秋》，全国政协文史和学习委员会编，中国文史出版社2015年版，题目为编者加）

来访未晤，适公外出

王吟秋 *

1949 年的春天，是北平解放后的第一个春天，压在劳苦大众头上的三座大山被推翻了，整个北平万众欢腾，古都显得愈加娇美，春光也分外明媚。自从解放军进了北平，师父程砚秋先生的心情一直非常舒畅，长期以来沉默寡言的人变得谈笑风生，意兴勃然。一天师父格外高兴，原来晚上他要去怀仁堂演出《锁麟囊》。这是师父解放后的首次公演，怎能不使这位杰出的艺术家欢欣鼓舞呢！当日下午，师父于午睡后外出洗澡理发。

师父走后，师母在上房里屋料理家务，我在外屋温习师父昨晚教我的《文姬归汉》中“胡笳十八拍”的第十四拍的〔二黄慢板〕“身归国兮儿莫知随，心悬悬兮长如饥……”院子里非常安静，给我创造了良好的学习条件。我正一遍遍小声唱着“……四时万物兮有盛衰，唯有愁苦兮不暂移……”忽然师母养的小狗海利尖叫了起来，叫声冲破了深院的寂静，也打断了我学习的思路。师母从里房走出来，我立即走到她的身边，一起从玻璃窗望出去，只见屏风门旁的走

---

* 王吟秋（1925—2001），程派青衣，京剧表演艺术家。少小孤贫，12 岁进京投师求艺，得到王瑶卿等名家亲传，留居王瑶卿家中学戏。1943 年入马连良主持的扶风社。后从王瑶卿之建议，于 1945 年拜程砚秋为师研习程派，得程之喜爱，收养在身边。1951 年加入中国人民解放军，随贺龙元帅部队进驻大西南，任军区政治部京剧院主演。1955 年后历任中国京剧院四团、宁夏京剧团、北京青年京剧团、北京京剧院主演。

廊上站着三个身穿灰色制服的人，我不禁脱口而出：“糟糕，又是来占房的。”

为什么我对穿灰军装的人会产生这样的反感呢？事出有因，1948 年底，解放军包围了北平，国民党军队在城里见大房子就强占。我师父家的前院和后院饭厅也被占住了一两个月，有个小军官带了家属住在前院书房里，把墙壁搞脏，地板烧坏，弄得乱七八糟乌烟瘴气，给我们的印象极坏。所以这次穿军装的人来，我又当是来占房子的。

师母叫我出去看看。我开门出去，把他们让到饭厅，其中一位身材魁梧，黑发浓眉，双目炯炯的长官，问我：“程先生在家吗？”我回答：“我师父出去了。”长官对身边的一位年轻人说：“给他留个条吧。”年轻人马上打开手里的黑皮公事包，取出了一张小白纸条。这位长官俯身在饭桌上写了几句，便交给我，说：“程先生回来，请把这纸条交给他吧。”我接过纸条便把他们几位送出了大门。关上大门以后，回来把条子一看，啊！我惊呆了，我贪婪地一遍又一遍地读着这张纸条。三十多年来，我常常反复默读过这张纸条，因此能正确无误地记得上面写的：

砚秋先生：

来访未晤，适公外出，甚憾！此致！

敬礼！

周恩来

事后师母问我：“谁来了？”“您看，来的是解放军，是看师父的，这儿有个条子给您吧！”我连忙把纸条递给师母。师母接过来一看，直怪我：“哎呀，你也没有请他们坐会儿，喝点茶，歇会儿再走。”

不多时，师父回来了，看了这张条子，笑得嘴都合不拢来，接着就怪我：“你怎么连茶都没有招待招待？”我吞吞吐吐地向师父坦白承认：“我还以为他们是来占房子的呢！”师父听后哈哈大笑起来。说实在的，我那时对中国共产党并无了解，对周总理也并不知道，只觉得共产党的这位大官这么谦虚，那么平易近人，礼贤下士，我是连想也不敢想的，这在旧社会是根本不可能的事。

晚上6点，师父先去北京饭店参加周总理举行的宴会，席未终，师父便匆匆赶回家，做好准备，带我乘车到了中南海怀仁堂。接待人员把我师父迎进后台，我跟在师父身后，绕过走廊，来到一座花木扶疏，设有假山，古色古香，景色十分幽静的院子，由此进入后台。梳头的于师傅早已安排停当。师父稍息片刻，便开始洗脸化装。不久，周总理和邓颖超同志在张瑞芳同志陪同下来到后台，看望我师父。我一见总理进来了，心情很羞愧，很是忐忑不安。师父站起来，对总理说："对不起，我手脏（手上有胭脂），不能和您握手。刚才您来家看我，失迎得很！"总理笑着说："哪里。我给你介绍一下，这位是邓颖超同志，这位是张瑞芳同志。"大家含笑相互点头示意。师父说："后台乱七八糟，坐都没有地方坐。"总理说："你忙吧。"便同邓颖超和张瑞芳同志到前台去看戏了，师父目视送别，继续化装。接待员对师父说："今晚毛主席，还有很多位中央领导都要来看演出。"师父听了高兴极了！化装完毕准备出场，这时，我从后台左边旁门走到前台。舞台是旧式的，台口呈方形。我在舞台左边第一排的一个空位坐下。帷幕徐徐拉开了。

这一晚，师父演的是他的拿手戏《锁麟囊》，嗓子特别好，行云流水，抑扬顿挫，演得非常精彩，我看得简直入神了，直到现在回忆起来，心里还是甜滋滋的。因为我从这一场演出中，进一步领悟了我师父高超的表演艺术，又从这一天内发生的事情中，感受到周总理那种平凡而伟大的精神，更从周总理身上，认识到我们党的伟大。

（选自《难忘的回忆》，载于《御霜实录：回忆程砚秋》，全国政协文史和学习委员会编，中国文史出版社2015年版，题目为编者加）

巧遇首长

王吟秋

1949年夏末秋初，师父带我和雷三元（管理戏装的师傅）去京郊董四墓程家花园小住。当时，二弟永源常住在那里。一天午睡后，师父对我说："咱们到外边去遛遛弯，喊喊嗓子（平时照例是在家里喊嗓的）。"师父身穿黑色夹袄，足蹬布鞋，从程家花园出来，漫步来到了玉泉山的大门前。这儿一面是玉泉山的高墙，一面是流向青龙桥的小河，是个练嗓子的好地方。师父说："正好借水音和墙壁的回音练嗓。"我师父喊一声"衣"，我跟着也喊一声"衣"，师父叫我把牙再咬紧一点喊。师父喊一声"啊"，我跟着喊声"啊"，师父对我说："你把嘴再张大点喊。"师父就这样边教边喊。

这时，忽然从玉泉山大门口走来一位年轻的解放军战士，他说："请你们轻声一点，里面有首长在休息。"师父问道："是哪位首长在休息呢？我姓程，想进去看看他。"我忙插话介绍说："这是程砚秋先生。"这位战士看了我师父一眼说："请你等一等。"就转回去了。

不久，从大门里出来四五位解放军同志，其中一位年纪稍长的，看样子是位负点责任的，问我师父："您贵姓？"我师父说了自己的姓名，那位同志说："请进来吧。"我尾随在师父后面步入了玉泉山大门，解放军在前面领路。在爬山时，我们得知是任弼时同志在此地休养。待爬到山顶，解放军把我们引进一间四周全是大玻璃窗的长方形大厅。一位面容可亲的首长站在大厅里迎接我师父。

两位含笑握手后，任弼时同志让我们坐下，并问师父今天怎么有空到这儿来玩。师父说：“我就住在附近。我带我的学生王吟秋（我立刻站起来向任弼时鞠躬致意，任弼时同志含笑摆手表示叫我坐下）出来练功的。刚才我们在门口喊嗓子，听那位解放军同志说有位首长在里面休息，所以特地来拜望您。”任弼时同志说：“听说你抗日时期在这边种地。”师父说：“是的，日本人来了，我不想演了。”师父问任弼时同志身体好些了吧？任弼时同志微笑点头……临分手时，任弼时同志赠了师父两本书。当时我不知道是什么书。师父逝世后，我向师母提及此事，据师母说，这书是毛主席著作单行本。

（选自《难忘的回忆》，载于《御霜实录：回忆程砚秋》，全国政协文史和学习委员会编，中国文史出版社 2015 年版，题目为编者加）

第九章
速写群英会

太炎先生二三事

鲁 迅

前一些时，上海的官绅为太炎先生开追悼会，赴会者不满百人，遂在寂寞中闭幕，于是有人慨叹，以为青年们对于本国的学者，竟不如对于外国的高尔基的热诚。这慨叹其实是不得当的。官绅集会，一向为小民所不敢到；况且高尔基是战斗的作家，太炎先生虽先前也以革命家现身，后来却是退居于宁静的学者，用自己所手造的和别人所帮造的墙，和时代隔绝了。纪念者自然有人，但也许将为大多数所忘却。

我以为先生的业绩，留在革命史上的，实在比在学术史上还要大。回忆三十余年之前，木版的《訄书》已经出版了，我读不断，当然也看不懂，恐怕那时的青年，这样的多得很。我知道中国有太炎先生，并非因为他的经学和小学，是为了他驳斥康有为和作邹容的《革命军》序，竟被监禁于上海的西牢。那时留学日本的浙籍学生，正办杂志《浙江潮》，其中即载有先生狱中所作诗，却并不难懂。这使我感动，也至今并没有忘记，现在抄两首在下面——

狱中赠邹容

邹容吾小弟，被发下瀛洲。

快剪刀除辫，干牛肉作餱。

英雄一入狱，天地亦悲秋。

临命须掺手，乾坤只两头。

狱中闻沈禹希见杀

不见沈生久，江湖知隐沦。

萧萧悲壮士，今在易京门。

魑魅羞争焰，文章总断魂。

中阴当待我，南北几新坟。

1906年六月出狱，即日东渡，到了东京，不久就主持《民报》。我爱看这《民报》，但并非为了先生的文笔古奥，索解为难，或说佛法，谈“俱分进化”，是为了他和主张保皇的梁启超斗争，和“××”的×××斗争，和“以《红楼梦》为成佛之要道”的×××斗争，真是所向披靡，令人神往。前去听讲也在这时候，但又并非因为他是学者，却为了他是有学问的革命家，所以直到现在，先生的音容笑貌，还在目前，而所讲的《说文解字》，却一句也不记得了。

民国元年革命后，先生的所志已达，该可以大有作为了，然而还是不得志。这也是和高尔基的生受崇敬，死备哀荣，截然两样的。我以为两人遭遇的所以不同，其原因乃在高尔基行前的理想，后来都成为事实，他的一身，就是大众的一体，喜怒哀乐，无不相通；而先生则排满之志虽伸，但视为最紧要的“第一是用宗教发起信心，增进国民的道德；第二是用国粹激动种性，增进爱国的热肠”（见《民报》第六本），却仅止于高妙的幻想；不久而袁世凯又攘夺国柄，以遂私图，就更使先生失却实地，仅垂空文，至于今，唯我们的“中华民国”之称，尚系发源于先生的《中华民国解》（最先亦见《民报》），为巨大的纪念而已，然而知道这一重公案者，恐怕也已经不多了。既离民众，渐入颓唐，后来参与投壶，接收馈赠，遂每为论者所不满，但这也不过白圭之玷，并非晚节不终。考其生平，以大勋章做扇坠，临总统府之门，大诟袁世凯的包藏祸心者，并世无第二人；七被追捕，三入牢狱，而革命之志，终不屈挠者，并世亦无第二人。这才是先哲的精神，后生的楷范。近有文侩，勾结小报，竟也作文奚落先生以自鸣得意，真可谓“小人不欲成人之美”，而且“蚍蜉撼大树，可笑不自量”了！

但革命之后，先生亦渐为昭示后世计，自藏其锋芒。浙江所刻的《章氏丛书》，是出于手定的，大约以为驳难攻讦，至于忿詈，有违古之儒风，足以贻讥多士的罢，先前的见于期刊的斗争的文章，竟多被刊落，上文所引的诗两首，亦不见于《诗录》中。1933 年刻《章氏丛书续编》于北平，所收不多，而更纯谨，且不取旧作，当然也无斗争之作，先生遂身衣学术的华衮，粹然成为儒宗，执贽愿为弟子者綦众，至于仓皇制《同门录》成册。近阅日报，有保护版权的广告，有三续丛书的记事，可见又将有遗著出版了，但补入先前战斗的文章与否，却无从知道。战斗的文章，乃是先生一生中最大最久的业绩，假使未备，我以为是应该一一辑录，校印，使先生和后生相印，活在战斗者的心中的。然而此时此际，恐怕也未必能如所望罢，呜呼！

（选自《忆太炎先生二三事》，载于《藤野先生　沈从文先生在西南联大》，鲁迅、汪曾祺等著，人民文学出版社 2017 年版）

鲁迅忌日忆殷夫

阿 英*

为着想再写点什么来纪念鲁迅先生逝世二十周年，我又把《鲁迅全集》翻了一遍。当接触到有关殷夫（白莽）同志两篇纪念文字的时候，心里感觉着有些说不出的沉滞。我想，如果殷夫同志他还活着，现在已经是四十多岁，在政治上很成熟的人了。然而，竟还像鲁迅先生所说："他的年青的相貌就又在我的眼前出现，像活着一样。"在我的心里，他还是很年青。

鲁迅先生回忆他："热天穿着大棉袍，满脸油汗，笑笑地对我说道：这是第三回了。自己出来的。"而我，从这叙述里，却看到了这对面说话的两个人；他们的音容神态，如面对时那样地吸引着我。但他们离开人世，一位已经是二十年，一位是二十六个年头了。

殷夫同志，在我们中间是年纪最轻的，我们总是把他当"小弟弟"看待，非常地喜爱他。因此，他留给我们的苦痛也最深。牺牲了的同志很多，只有他是更多地出现在回忆之中。记得我和他的相识，是在第一次大革命失

* 阿英（1900—1977），安徽芜湖人，原名钱德富，又名钱杏邨，笔名有阿英、张若英、钱谦吾等，中国现代文学家、剧作家。1928 年与蒋光慈、孟超等人成立"太阳社"文学社团。1936 年创作剧本《春风秋雨》《群莺乱飞》，鞭挞国民党的卖国政策。1945 年创作历史剧《李闯王》。解放战争期间先后任华中文协常委、华东局文委书记，新中国成立后任天津市文化局局长、天津文联主席，兼任《民间文学》主编。

败以后，是 1928 年的春天。那时他在吴淞同济大学读书。

《太阳月刊》是这年一月开始出版的。就在创刊号发行不几天，我们收到了一束诗稿，署名是殷夫，我立刻被这些诗篇激动了，是那样充满着热烈的革命感情。从附信里也证实了他是“同志”。于是，我不自觉地提起笔，写了复信，约他来上海。还很快地，以非常惊喜的心情，告诉了光慈、孟超和其他同志。这就是发表在《太阳月刊》上的殷夫同志的第一组诗。

在约定的日子，他果然按时到了我指定的地点。我们见到他那样年轻，真是说不出的愉快。他内心也很激动，几乎一见面就要叫了起来。我们立即把他拉到邻近的一家广东茶座。他，和鲁迅先生所记一样，“面貌很端正，颜色是黑黑的”，中等身材，留着短发。这一天穿着西装，但并不新，是深色。

我们在茶楼谈的很多。在谈话中，他有时给我们以羞涩的感觉，就更衬托出他的年青和纯朴。从这次谈话中，我们知道他曾经被捕，现在学校的环境对他也不利，但他还是想坚持在这里学好德文。知道他和在蒋介石那边哥哥的关系，说他哥哥怕他革命，总想把他带在身边。更多地，是谈他的诗，他的写作生活，当时的文学活动。他说话时总是很沉静，声音相当低，像在秘密会议场子里一样。句子很短，很明快，也很诚恳。完全显示出革命者的朴素风格。情况，和鲁迅先生的初次会见迥不相同，这主要恐怕是由于党的关系吧。

从这时起，他就成了太阳社社员，经常地给我们刊物写稿。自 1928 到 1931 年，我们先办《太阳月刊》，被国民党查禁后，改名《时代文艺》，以后又改名《新流月报》，左联成立后办《拓荒者》，他都是经常的撰稿人。由于我实际负责编辑，和他的接触也最多。大约同济的环境对他愈来愈不利，到 1929 年，就离开了那里，回到团内工作。他参加了《列宁青年》的编辑。

他在《列宁青年》上发表的稿件很多，我所见到的有诗、散文、政论和翻译。当我见到他从俄文翻译过来的文稿时，我很惊奇，因为我知道他懂英文、德文，没有学过俄文。后来遇到他，才知道他又学了五个月的俄文，结果竟能进行翻译了。我感到他真是一个天才，几乎想把他抱起来。我很得意地把这情况告诉了很多同志。

我记得和他最后一次的见面，是在他被捕前不久，约当1930年的冬天。这一回约定见面的地点，大约是四马路一家书店。他这一回穿的是长袍，是深灰色的。天很冷，他把两手插在西装裤里，里面是套颈的深红羊毛衫。就这样，我们从四马路谈到五马路、六马路，又谈了回来，往返了不少次，我记得总有两小时光景。谈些什么，我已经记不起了，总之，彼此谈得很有兴致，中间还夹着愤慨。一直到两个人都走得很疲乏，才恋恋不舍地分开。

以后我就再没有见到他了。一直到他被捕后几天，才由他的好友柯涟同志来通知我。柯涟同志那时好像是在江苏省委工作，也曾给我们写过稿。他告诉我，殷夫同志那天由外面回来，看到冯铿同志留条，就按那地址去开会，走进去就被捕了。告诉我，殷夫同志的住处已被捕房找到了，留了人在那里监守。我急急地问他殷夫同志的原稿，他说没有拿出，有好几本诗集，里面有一本完全是为柯涟同志写的。我要柯涟同志通过房东去设法。但结果，没有办法能接近房东，不久捕房就把所有的东西拿走了。而柯涟同志，他的好朋友，也在不久以后，遭受到国民党的逮捕，被枪杀了。

殷夫同志牺牲的日子，是1931年2月7日（他生于1909年）。据我当时所听到他们牺牲的情况是这样：他们本关在上海龙华国民党警备司令部监狱里，这一晚他们突然被带到后园，逼他们背墙排立，残酷地用机枪向他们进行扫射，他们意识到是牺牲的时候，就英勇地喊着口号倒下去。以后就被埋在预掘的几个坑里。当时什么消息都没有透露出来。

鲁迅先生对殷夫同志他们的牺牲，从“忍看朋辈成新鬼，怒向刀丛觅小诗”的诗句里，是反映了他极度的愤慨。从回忆里，也可以看到他对殷夫同志的爱护。鲁迅先生爱殷夫同志，爱鲁迅先生的也莫不爱殷夫同志。我们的同志更无一不爱殷夫同志。在鲁迅先生的纪念日子里，来回忆一下殷夫同志，鲁迅先生死而有灵，当也是很欣慰的吧。

我们将永不会忘却鲁迅先生悲愤的诗句，和殷夫同志响亮的预言：

未来的世界是我们的，
没有刽子手断头台绞得死历史的演递。

——殷夫《一九二九年的五月一日》

（载于《怀鲁迅 我所见的叶圣陶》，郁达夫、朱自清等著，人民文学出版社2017年版）

叶圣陶与《文汇报》

叶至善*

1946年7月18日，《文汇报》被国民党当局勒令停刊一星期。在六天前，《文汇报》刊登了两封警察的来信。一封署名“一群警察”，说他们不愿意被人当工具，去压迫奄奄一息的人民；说6月23日，进京请愿的上海人民代表在下关车站被特务包围毒打，在场的宪警只做没看见，是“我们警察的奇耻大辱”。一封署名“本市一巡官”，要求免费发给夏季制服。反动派抓住这个把柄，由警察局定下“罪名”，说《文汇报》“捏造警察名义，离间上下感情；淆惑社会视听，意图破坏公共秩序”，勒令《文汇报》停刊一星期。

这一天到开明书店上班没见着《文汇报》，同人们都觉得奇怪，后来得到消息，大家感同身受，放下了手头的工作纷纷议论起来：大家都明白所谓的“罪名”不过是个借口，反动派早就把《文汇报》恨之入骨了。当时上海的日报、晚报有一二十种，可看的极少，而《文汇报》是大家每天必看的。同样的新闻，《文汇报》的报道看着让人舒服，能从字里行间看到内幕和真相，评论、特访、读者来信等更不用说了，句句说到了大家的心里，都是大

---

* 叶至善（1918—2006），江苏苏州人。著名少儿科普作家、优秀编辑、优秀出版工作者。22岁开始跟着父亲叶圣陶学习写作和编辑。1945年任开明书店编辑。新中国成立后，历任中国青年出版社编辑，中国少年儿童出版社社长、总编辑兼《中学生》主编，曾任第二届中国出版工作者协会副主席。代表作有《未必佳集》《古诗词新唱》《诗人的心》等。先后参与和领导编辑大型丛书《少年百科丛书》《中国历史小丛书》《儿童自然科学丛书》等。中国出版工作者协会首届“伯乐奖”获得者。

家心里想说的话。6月23日下关事件，国民党反动派完全暴露了他们死心塌地要跟人民为敌到底了。7月11日，李公朴先生被刺；7月15日，闻一多先生被刺；大家更加离不开《文汇报》了。反动派在这个当口勒令《文汇报》停刊，难道只为了那两封警察的投书吗？

大家越说越气愤，我父亲却不作一声。第二天，他一上班就给《文汇报》全体同人写了封信，信是这样开头的："被罚停刊，你们当然不颓丧。你们问心没有错儿，连罚你们的也必然自知是借端生事，你们为什么要颓丧呢？"又说一定要跟反动派"考较个明白"，不能白吃这个亏。"我国弄到这么糟，一半固然要怪那些为非作歹的，一半也要怪大多数人，大家存着吃了亏就算了的想头。"最后鼓励说："愿你们精进不懈，继续努力，在许多种无可看的报纸之外，永远有一种像模样的报纸。"

信写完就托人送去了，我父亲还是处理他的日常事务，他心里可没有就此平静下来，《文汇报》被迫停刊，《文汇报》的同人固然吃了亏，更吃亏的还是爱读《文汇报》的广大读者。当天晚上，父亲又给《文汇报》的主编柯灵先生写了封信，建议停刊满期之日"出一特刊。至少两版，专载读者投函，表明读者需要此报纸，与此报纸有片刻不能相离的感情。亦使反动派知所警惧，报纸后面原来有如此大力为之支持"。又说"急速发动，尚来得及"，"作者不必拉知名之人"，"最好各界均有，署名之上标明其职业地位"。"只要贵刊透露此意，各界必乐于从命。弟之店中同人均爱《文汇报》，必可有七八篇呈上。"

第二天上班，我父亲真个代《文汇报》组起稿来，要大家有什么写什么，简练明白，不说空话。一下子就收集到十来篇，马上给《文汇报》送去。我父亲想到的，其实许多读者都想到了，《文汇报》收到的慰问信、支持信早已不计其数。复刊以后，每天密密麻麻的一整版，登了三天也没登完，挤不进去的只好登个写信人的姓名和身份。父亲的那封信是在第一天——7月25日刊出的，开明同人的信只采用了周振甫先生的一封。周先生那时还没出名，在报刊上公开发表政治性的意见，在他还是头一回。

《凤凰城》始末

吴祖光*

到长沙我完全离开了家庭，从此开始了一个人的长途行路。这时父亲携同一家人已早离开南京去湖北武昌调换了新的工作，由主持湖北省政的张群和主持豫鄂皖三省军政的张学良安排他在湖北政务研究会和区政研究所做会长和所长工作。由于任务的性质，他掌握了一些国内形势的文字材料。我到长沙不久，就接到他从武昌寄来的挂号邮件，是一份关于东北抗日“少年铁血军”司令苗可秀被俘不屈殉国的史料，附有父亲的来信，说故事很感人，希望我考虑写一个剧本。

现在回想当年，父亲实在天真，也十分可爱；他怎么会想起他的儿子凭空就会写起剧本来？在这之前我写过什么？但是儿子也是糊涂胆大，收到父亲的信之后立刻就动起脑筋来，立刻就开始作分幕的结构。首先我觉得材料

---

* 吴祖光（1917—2003），江苏常州人，著名学者、戏剧家、书法家、社会活动家。其父吴瀛以仕途立身，以诗、文、书、画闻名，又是一位文物鉴赏家。良好的家庭氛围让少年吴祖光兴趣广泛，尤爱戏剧。1934 年发表处女作小说《宫娥怨》，1937 年任南京国立戏剧专科学校校长室秘书，同年创作抗日话剧《凤凰城》，随后几年创作了《正气歌》《风雪夜归人》等剧。1945 年主编的《新民晚报》副刊率先发表了毛泽东的词作《沁园春 · 雪》。1947 年在香港编导了《国魂》《莫负青春》《山河泪》《春风秋雨》等电影。1954 年后导演了电影《梅兰芳的舞台艺术》《洛神》《荒山泪》，为梅兰芳、程砚秋两位京剧艺术大师留下了极其珍贵的资料。1963 年与妻子新凤霞合作改编了评剧《花为媒》，该剧成为评剧舞台上的成功佳作。有《吴祖光选集》六卷本行世。

单薄了些，组成一个大戏还远远不够。我首先到学校图书馆收集材料，找报纸，没有什么收获。第二天我上街去逛书摊，真是好运气，一下子就看见一本薄薄的小册子《义勇军》，我翻了翻就买回来了，里面是十来个短短的小故事，全是描写“九一八”以后东北沦陷区人民的抗日事迹，正好弥补全剧的空白。这样我不太费力地把苗可秀抗日的全部故事编成了一个四幕剧：第一场是别家；第二场是战地的指挥所与敌人展开的激烈斗争；第三场写战败出走与群众的密切关系；第四场是被俘和负伤治疗中与朝鲜地下党接触，在义军攻入监管所拯救时因伤重牺牲，临终为铁血军接班人留下继续战斗的遗嘱。

戏都是在每天下班之后回到我那间楼上卧室去写的，一幕戏写一个月，用了四个月时间写完全剧。苗可秀战败死难的地方是辽宁的凤城县，地在丹东以北，当地人称“凤凰城”，正好做了剧本漂亮的名字。

凭我现在的记忆，在此之前我只在1935年应上海刊物“宇宙风”的征文，在林语堂、陶亢德主编的“宇宙风丛书”第一辑《北平一顾》中发表过我的具有忏悔录性质的第一篇随笔《广和楼的捧角家》；1936年春天在南京王平陵主编的《文艺月刊》上发表散文《睡与梦》。这个四幕剧的《凤凰城》应该是我的第三篇文章了。

剧本写好以后，第二天上班我就拿去给余校长看，因为在四个月中我从来没有对任何人说过我在写剧本，所以姑夫看到十分惊讶，说：“啊！你写了一个剧本！”他翻了翻，厚厚的，更加意外，我说：“很幼稚，你有空看看……”他说：“好，好。”说着，打开书桌的旁边抽屉放在里面，把抽屉关上了。

校长日常事务确实很忙，除了忙于公务，还要开会、上课、排戏……而我关心的就是盼着他看我的剧本，然而一天、两天、三天、四天过去了……我发现他竟然没有动过那个抽屉，他已经把这件事完全忘记了。于是我终于自己打开抽屉，把我的剧本取了出来，拿到隔壁房间的教务处，交给了曹禺先生。在长沙开学时，原任教务主任的陈治策先生已经离校，曹禺是新任的教务主任。

曹禺拿到剧本，和校长同样地吃了一惊，他翻开看了几页，对我说：

“现在最需要的就是剧本，我马上就看。”

第二天一早，曹禺就来找我了。他非常兴奋，说：“太好了，四幕每幕都有戏，正是我们最需要的。”他立刻把第一届毕业生刚组成的国立剧校校友剧团的负责人余师龙和汪德找来，叫他们赶快油印，定为立即排练上演的剧目。他连连对我说：“这是当前最需要的剧本。”这时全民抗日战争刚刚开始，抗敌救国宣传是当前最主要的任务，但是关于抗日战争的剧目在全国境内也还没有一个，上街头宣传的节目只有短短的街头剧：《放下你的鞭子》《香姐》《松花江上》和《流亡三部曲》……

当时的前线战争形势迅速变化，日军步步进逼，剧校再度西迁陪都重庆。1938 年《凤凰城》在重庆国泰大戏院上演，演出是十分隆重的，四幕戏的四个导演是：余上沅、曹禺、黄佐临、阎哲吾。黄佐临和夫人金韵之（后更名丹尼）刚从英国回来到剧校任教，金韵之扮演剧中夏川菊子，主演苗可秀的是蔡松龄，苗夫人扮演者夏易初，耿震扮演苗可秀的继承人赵侗，朱平康扮演苗可英，杨育英扮演小老韩，张生由郭兰田扮演，王卓然由陈永倞扮演，刘壮飞由何治安扮演，田大娘由沈蔚德扮演，朝鲜志士人见绢枝由赵韫如扮演。由于“文革”期间把保存了半个世纪的唯一一张《凤凰城》初演的说明书毁掉，其他的演员我不记得了。在重庆上演时，正值东北大学校长王卓然先生到达陪都，更巧的是中国少年铁血军苗可秀牺牲后继任司令员的赵侗也来到重庆。

首场演出王、赵登台和观众见了面，满场观众热烈鼓掌欢迎他们。演出当中发生了很有趣的现象，有一次在剧场门口，检票人不许我进去，我不得已告诉他我就是剧作者，他一笑说：“你是他的儿子吧。”正巧剧团来了人，作了证明，才许我进去了。我生来个子小，可能是不太像个大人，这使我苦恼。后来我对外人讲述自己或填写表格时都故意多报两岁，怕人家看不起我。不久生活书店出版了《凤凰城》剧本，两篇序言是余上沅和父亲吴景洲写的。很快地连续再版，我看到过第六版。我至今还留着唯一的初版本，封面只留下一半，头几页也残破了。经过“反右”“文革”，这个本子居然存在真是难得。国立剧专的校友剧团在四川地区进行了广泛的巡回演出。当时交通梗阻，但我却得到上海业余剧人协会旅行剧团在香港演出的消息，著名的演员陶金、白杨、施超等都参加了演出。由于国立剧校的演出开了头，《凤凰城》迅速在前线、后方未沦陷的国土上，以至港、澳、东南亚，广大的地区普遍上演，之所以造成这样的情况，近年来我多次回答记者的采访时说了以下的话：

1937 年曹禺先生是审阅初稿的第一人，立即进行上演的决定也是曹禺的作用。没有多久，剧校的一位同学郭兰田（已故，曾任中国戏剧学院教授）告诉我，曹禺在学校讲“编剧”课时，曾讲到《凤凰城》男主角苗可秀一人贯穿全剧，而四幕剧每幕都有一个女主角，构思独特，全剧“剧情强烈”。这四个字他也对我说过。我认为苗可秀的素材本身就很感人，而那本小册子《义勇军》几个人物和事迹亦充满生活气息，这是“剧情强烈”的主要原因。然而另外两个重要因素是：一、全民抗日战争形势的宣传极需这个题材。二、所有当代的写剧大家还都来不及创作这样的剧本，因此给了我 20 岁的小青年一个“投机、取巧”的机会；投全民抗日战争之机，取大剧作家还不及创作抗日战争题材剧目之巧。

抗战八年中写作甚丰的著名戏剧评论家刘念渠曾在战后作过统计：《凤凰城》是八年中演出最多的剧本。还有一个情况，就是当代剧作家竟没有一个写过描写抗日战争的剧本，因此《凤凰城》是唯一的。在战争中以至战后，不止一次、两次，新结识的朋友在听到我的名字时，对我说：“我演过你的《凤凰城》……”1946 年我在香港第一次见到画家黄永玉时，他说：“我演过《凤凰城》的小老韩……”

（选自《〈凤凰城〉始末》，载于《撞击艺术之门》，方正、刘剑编，中国文史出版社 1997 年版，有删节）

我和《我的祖国》

刘 炽*

1955年冬，长春电影制片厂导演沙蒙约我为他执导的电影《上甘岭》写全片音乐。

“刘炽，你的音乐我是了解的，这部电影有一首插曲。我希望这首歌要写得家喻户晓、妇孺皆知。若干年后电影不演了，人们一唱起这首歌还会想起《上甘岭》，想起电影中的场面……”

我对沙蒙说：“世界上的神枪手有两种：一种是指哪儿打哪儿，另一种是打哪儿指哪儿。我恐怕属于后者。老伙计，你提的要求太高了，我试试看吧。”

在这之前，我已写过了四部电影音乐：《人民的新旅大》《陕北牧歌》《走向新中国》《祖国的花朵》。《人民的新旅大》插曲《柔和的阳光》，《陕北牧歌》插曲《崖畔上开花》，《祖国的花朵》插曲《让我们荡起双桨》和《我们在大地上栽种鲜花》已在全国流行，是很受欢迎的电影歌曲，所以沙蒙向我

* 刘炽（1921—1998），原名刘德荫，陕西西安人，著名电影音乐人。自幼随民间艺人学习鼓乐。九岁时父亲失业，为减轻家庭负担，他到西安三仙庙打扫佛堂，跟随庙里的古乐队学起唐代古乐，师从富振中，学习箫、云锣、全部打击乐器和佛曲领唱。1936年参加工农红军。1939年考入延安鲁迅艺术文学院音乐系第三期，成为冼星海学生，学习作曲和指挥。后来历任中央戏剧学院歌剧团作曲兼艺术指导、辽宁省歌剧院副院长兼艺委会主任、中国煤矿文工团总团长兼艺委会主任等。代表作有《我的祖国》、电影《英雄儿女》主题歌《英雄赞歌》、电影纪录片《祖国的花朵》插曲《让我们荡起双桨》。

提出了这样过高的要求。

我拿来歌词一看，大意是：祖国啊，我的母亲，您的儿女远离您在朝鲜，但心中时刻想念您，为您而战斗……

这样自由体的歌词产生不了旋律，即使写出来也难以传唱，更达不到沙蒙“家喻户晓，妇孺皆知”的要求。于是，我建议沙蒙请乔羽写词。因我已和他合作过《让我们荡起双桨》。

乔羽写出来了，就是我们现在唱的《我的祖国》的词。“一条大河波浪宽，风吹稻花香两岸……”大家都满意。

我着手写歌了。我把自己关在长春电影制片厂的“小白楼”里（这“小白楼”是一栋精制的建筑，是长影高级招待所，供专家创作时住宿）。我想，要想让人民喜欢你的歌，你首先要知道你的人民都爱唱些什么？我首先从 20 世纪 30 年代在全国人民中流行的民歌、创作歌曲中，精选出 10 首来。这 10 首是：《二月里来》（星海曲），《江南三月》（星海曲），《纺棉花》（沙莱曲），《对面山上的姑娘》（青海民歌），《五哥放羊》（榆林小曲），还有《小放牛》以及用《小放牛》改编的《卢沟问答》……

我用笛子吹啊唱啊，我终于从这些在全国极流行的歌曲中获得了灵感，找到了创作的“动机”（或叫作“种子”或“主题”）。我把《卢沟问答》中的第一句做《我的祖国》的种子：

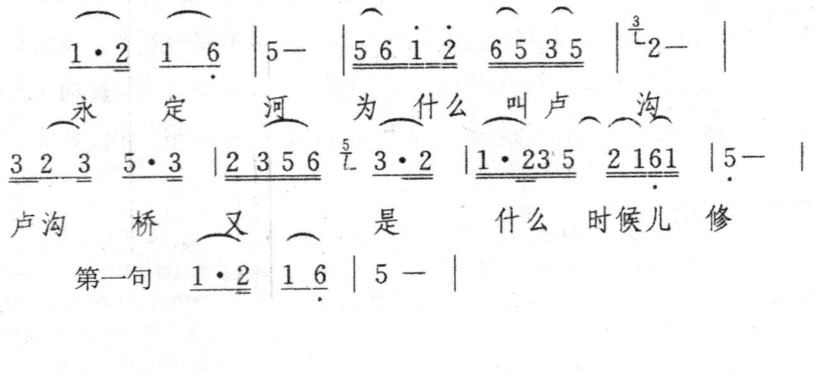

我稍稍变动一下变成

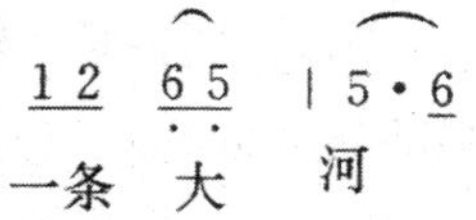

“种子”找到了，接下来是如何将它开展下去？无数中国人民志愿军在朝鲜，为保卫祖国为支援朝鲜人民而浴血奋战。他们在面临牺牲时，在生命弥留之际，痴情地怀念着祖国、故乡和亲人。他们的心灵深处纯洁、深情、火热、淳朴，我的歌就是以这“纯洁、深情、火热、淳朴”八个字为蓝图。在旋律的结构、和声的配置，合唱和乐队的烘托，我着力追求两点：1. 民族风格；2. 时代感情。

总体方案明确后，我将自己整个身心、感情投入创作之中。写这首歌独唱部分时，临牺牲的七连指导员的形象一直浮现在我眼前：当时他的呼吸已很急促，脑中闪现的是“艄公的号子”“船上的白帆”，此刻，他多想再看一眼家乡的稻浪，再看一眼那滚滚的长江啊。但他已看不见了，只好请求护士小王“再唱一遍”《我的祖国》，小王流着眼泪抽泣着为指导员唱着，指导员就这样，心紧紧贴在祖国的怀抱中，含笑离开人间。

写副歌时，我自己仿佛就在坑道里，同战士们同声歌唱着：

“这是美丽的祖国，是我生长的地方，在这片辽阔的土地上，到处都有明媚的春光。”

这时的祖国就在我们身边，在我们心中，我感觉到全国人民同战士们在坑道里一齐歌唱。

在音乐上我是这样处理的：

它的独唱部分共三段，每段五句。为了使这五句结构、乐意上对称平衡，我运用了中国古典诗词韵脚配调的规律，“承、起、转、合”到第四句，“听惯了艄公的号子”句，不让它舒展，而作为插入的过渡句，把结束感较强的乐句放在第五句上，让第四句以节奏短促，以F大调主和弦的

典范进行：1 2 2 3 5 5 | 1̇ 6 5 | 给第五句的调式转换作了准备，使第五句的 5 6 1 2 | 4 · 6 的出现就显得较新颖。紧接着，乐句又回到终止的主和弦上来 5 6 3 2 | 1 −，这样，独唱部分全部完成。你要是用普通话来朗诵，音乐和你朗诵的四声基本上是一致的，这就是旋律的美和语言的美结合起来了。

1 2 2 3 5 5 | 1̇ 6 5
听惯了 艄公的 号子

只有这句“听惯了”的“听”字，旋律违背了四声的语音，但它给下面的高潮让路，这是合理的违背，在作曲上是可以的。

我的歌容易流传，这是其中的原因之一。

副歌部分，从内容和音乐形象上，需要将前面的田园风光、抒情画面变为壮美的大幅浓烈的油画。从前面对祖国、故乡、亲人的深切的怀恋，升华为感到祖国的伟大、可爱。在旋律上我采用了舒畅的长音，节奏上采用了弱起，使下面的长音、强音更有气势，更博大，调式上，我把前面出现过的乐句 5 6 1 2 | 4 · 6 变为 F 大调的典型进行，5 6̣ | 1 2 | 3 −，并在副歌结束时把它转入属调上的完全终止，也就是运用中国调式转换方法达到调性变化效果，即：把 5 6̣ | 1 2 | 3 − 移位为 2̇ 3 5 6 | 7 2̇ 6 7 | 5 − 这一转换很新鲜，不会产生重复单调的感觉，全句结束时，由 F 大调五级、三级到主和弦。

电影《上甘岭》不仅有一首《我的祖国》，还有一首主题歌大合唱《英雄颂》，全片有 24 段器乐。《我的祖国》在影片中仅仅是首插曲，《英雄颂》才是主题歌，这是一首管弦乐加钢琴的大合唱，用在影片开始的片头和结尾，它是一首壮烈雄伟的男性美的合唱，它表现了我们志愿军气贯长虹、惊天动地的风貌，表现了中国人民、中华民族的气概！

录音完了，沙蒙紧握着我的手说：

“刘炽老弟，感谢你，我们全体摄制组都感谢你！我所要的，你给了我；我没想到的，你也给了我。这音乐和歌曲简直太好啦！”

电影上映后，一位艺术界前辈对我说：

“我听出来了，刘炽，你在《上甘岭》阵地上找到了一个深情柔美的女儿，那就是《我的祖国》。你又找到了一位英勇顽强的儿子，那就是《英雄颂》。”

“是的，”我感动了，他能理解我的苦心，“你太理解我了，我很感激。”

（选自《歌唱祖国和人民》，载于《撞击艺术之门》，方正、刘剑编，中国文史出版社 1997 年版，题目为编者加）

赞歌唱英雄

刘 炽

1964年，长影的两部重点片《英雄儿女》《兵临城下》，都约我作曲。

《英雄儿女》影片的音乐，我接还是不接，我犹豫着。因为这之前，我已写了抗美援朝为题材的电影《上甘岭》音乐。《上甘岭》的音乐受到了广泛欢迎和较高评价，同样的题材再去写它，我怕超越不了自己。

正在犹豫当中，辽宁省委书记周桓给我打来电话，“下命令”让我一定要接《英雄儿女》，我向周桓书记说了自己的顾虑。

“刘炽，我相信你准能写好，准能超越自我！”

周桓是我国早期参加革命的高级领导人。1955年第一批被授衔上将，任东北大军区政委、中央委员。1959年的庐山会议，他受到严厉批评，说他对彭德怀的批判“软弱无力”，而彭德怀却充满感情地说：“周桓是个大老实人。”

庐山会议后，周桓被降职下到地方上，任辽宁省委书记，主管文艺方面的工作。

他是个很懂文艺的高级领导人，在苏联养病时，常常愿和一些苏联的大艺术家、名导演交往。回国后，他亲自参与一些剧目的排演，被文艺界誉为“全国总导演”。

周桓主管辽宁文艺后，为了使辽宁文艺振兴，特派省委宣传部部长安波、省文化厅厅长兼辽宁人民艺术剧院院长洛汀到北京，动员一批北京的专家到辽宁来。我也正是这个时期被动员调到辽宁歌剧院的。周桓还让洛汀、安波把正在黑龙江监督劳动的著名女高音歌唱家张权也调到辽宁。由于张权是被《人民日报》点名批判的“大右派”，安波、洛汀没敢去调，怕找麻烦。后来，周桓一直耿耿于怀：“为什么不把张权调来？右派怎么就不可以唱歌了嘛？”

到辽宁后，周桓对我特别厚爱，为我创造了在当时难得的创作的宽松环境。当时已是反右派、“反右倾”之后，我又是戴着“右倾”大帽子“紧箍咒”的人，周桓却处处护着我，关照我。

来到辽宁，我想把在北京中央实验歌剧院已基本完成的大型歌剧《阿诗玛》最后完成并在辽宁歌剧院排演，马上得到周桓的支持。他亲自给我批了经费，我和编剧李坚、郦子柏，女主角顾正兰等人赴云南，深入到撒尼人生活的圭山石林，体验生活。后来又给我批经费、假期，让我到西安老家潜心写管弦乐总谱。1963 年 1 月 1 日，我的歌剧《阿诗玛》终于在周桓的大力支持和亲自参与排练下，在沈阳的艺术剧场上演。

《阿诗玛》上映后，观众反映十分强烈，新华社为此发了报道，文中说：

> 作曲家刘炽在这部歌剧中运用了序曲、间奏曲、舞曲、独唱、重唱、伴唱、合唱等各种歌剧的表现手法。这是一部从头唱到底的歌剧，作曲家创造了大量宣叙调，剧中只有极个别地方用说白。
>
> 这部歌剧风格新颖，以抒情见长，它采用了民族音乐的语言并大胆借鉴了西洋歌剧的多种多样的手法，来塑造人物和表现戏剧冲突，这对发展中国的新歌剧事业，是很有意义的探索。

中央广播电台国际部还录了音向外国播放。

生活上，周桓对我更是照顾得无微不至，当时正值三年困难时期，辽宁供应十分困难。周桓经常派他的联络员张志新来我家看望，派人送些烟、酒、茶和副食品。

1993年10月27日，周桓在301医院病逝。病危时我和老伴李容功赶到医院，周桓已不能讲话了，但是清醒的，他紧握我的手直点头，我的妻俯下身，把他另外一只手轻轻托起，贴在她泪流满面的脸上……

周桓“下命令”，我哪能不领命？他又是这样信任我，认为我在写军队，写抗美援朝的题材，如《上甘岭》，并不是顶点，我能够超越自我。

我答应了武兆堤的约请，让他把本子拿来，我先看看本子。

导演武兆堤把本子送到我手中，我只读了一遍，就被故事情节和这一群姓王的英雄——王芳、王成、王文清、王复标吸引住了。还有数不清的英雄：炊事员老王、老李，小通讯员，朝鲜的金大爷……这些英雄激励着我，使我有了灵感，进入了“角色”（即创作前的作曲状态）。

也许有人会说，你尽讲些废话，不是的，这都是正经话。怎么能想象，一个作曲家，他不进入规定的情境，那些他要描写的人物、表现的人物，不在作曲家灵魂深处萦回缠绕，只凭所谓的技巧，就能写好你要表现的人物和剧情？拿起笔就写，写出来再看，这叫盲目施工。

这部电影共写了四首声乐：主题歌《英雄赞歌》，王芳的说唱《歌唱英雄的炊事员》，大合唱《向我开炮》和大合唱《宣誓》。还写了二十七八段器乐。

主题歌我原请的仍是乔羽来写词，乔羽也答应了，但到时候，不知什么原因不来了。武兆堤催得紧，我立即找了在长春吉林师大的公木同志，请他来为我写歌词。

我向公木提出我的想法：1. 不是挽歌，是颂歌。2. 不是用眼泪，用儿女情长，而是用英雄的痴情和博大胸怀，来歌唱顶天立地的英雄。3. 不是公式化、概念化的说教去教训观众，而是以心灵的高尚和纯美的感情去感染观众，呼唤人们正气昂扬，继续前进。4. 一定要写中华民族、当代人物的英雄气概，绝不是拿破仑式、马特洛索夫式，也不是岳飞、郑成功式的英雄。

公木同志很快写出了三段歌词：

风烟滚滚唱英雄，四面青山侧耳听。晴天响雷敲金鼓，大海扬波作和声。人民战士驱虎豹，舍生忘死保和平。英雄猛跳出战壕，一道电光裂长空。地陷进去独身挡，天塌下来只手擎。两脚熊熊蹚烈火，浑身闪闪披彩虹。一声呼叫炮声隆，翻江倒海天地崩，双手紧握爆破筒，怒目喷火热血涌。敌人腐烂变泥土，勇士辉煌化金星。

这词写得深情博大，壮丽磅礴，我读了歌词，按捺不住创作的冲动了。

用什么素材？总之，得有个适合此情此景，与王成、王芳人物相近的种子。

1940年，我随内蒙古文艺考察团到伊克昭盟，我的一个蒙古族干妈妈家，她是远近闻名的歌手，她会唱好多好多民歌，她给我唱的歌，还有其他一些歌手唱的歌，我都记了谱，一部分用在了我1940年写的、我的第一部歌剧《塞北黄昏》中。老妈妈给我唱过一首《巴特尔陶陶乎》，“巴特尔”是蒙语的“英雄”，“陶陶乎”是人名。即“英雄陶陶乎”，这是伊盟乌审旗的民歌。

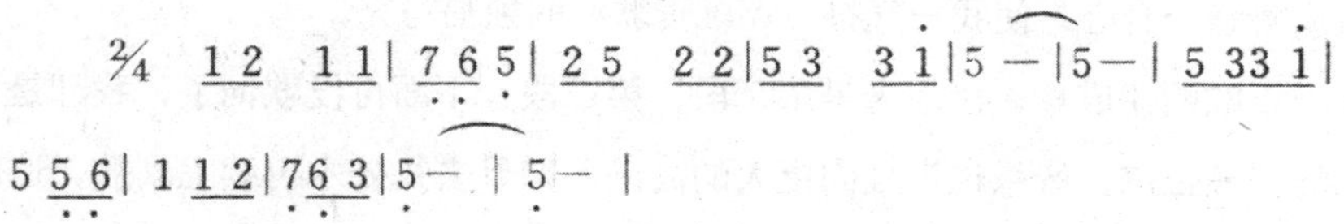

在草原上，用四胡、三弦、笛子（还有大正琴）伴奏着，我的干妈妈十分动情地唱着它，使我对“陶陶乎”这位蒙族英雄崇拜敬仰之至！从此，这首《巴特尔陶陶乎》深印在我的脑中，入了我搜集的民间音乐旋律的“宝库”。

1942年，在延安，一个音乐会上，我们鲁艺的大提琴教师张真黻，他也是我们鲁艺的小提琴教师，他教过我。张真黻演奏了大提琴独奏曲《黄昏的景色》。此曲开始的第一句：

4/4 5 — 3 1̇ | 5. 4 3 5̣ 1 4 | 3 — 2 7̣ 24 | 6. ♭6 5 —

《英雄陶陶乎》的旋律有着草原英雄勇、壮，却缺少深情。而《黄昏的景色》有着深情的部分。这两首乐曲一个有 5 — 3 1̇ | 5 —，另一首有 5 3 3 1̇ | 5 —，这两句音型相近。我选用了这二句相近的音型，做我《英雄赞歌》的种子，稍稍变动了一下，成为：

5. 5 3 1̇ | 5. 6 3 2 1
风 烟 滚 滚

以上就是我写《英雄赞歌》的两个起因的根据。音乐种子确定了，紧跟着来的应是如何延续它，发展它，使它成为乐句，乐段，然后形成完整的作品。采用什么方法，造成什么结构，体现出什么感情和人物形象，这些在伏案前已一一解决了。在写作的时候，是纯感情的，一群志愿军的英雄包围着我，占据着整个身心，使我一气将《英雄赞歌》的独唱写完，

正歌顺律成章，接下来是第二段、第三段，下面再没歌词了，我却是言未尽、意正浓，音乐也没推向更大的高潮。如果去找公木再续上副歌，这时他已回吉林师大了，等找到他，我创作的激情也过去了。

于是我自己续上了四句，作为副歌部分：

为什么战旗美如画？/英雄的鲜血染红了它。/为什么大地春常在？/英雄的生命开鲜花。

写出了这四句词后，我立即作曲。副歌，也称为叠句，这种形式起源于宗教歌曲，后来运用到军队歌曲，五十几年前逐渐运用到群众歌曲和合唱歌曲中。它经常是把前面一段或几段歌词中最精华的部分，加以提炼和升华，

而后在情感更高水平上出现，有时可以与前面形成强烈对比，如《我的祖国》《让我们荡起双桨》，都是属于造成强烈对比的。在《英雄赞歌》里，它只是升华再升华，把志愿军的英雄气概，用浪漫主义的手法，把它推至情感的高峰，使唱者听者对英雄的崇敬和热爱达到极致。

后来，我找到公木，唱给他听，公木对全歌很满意，尤其认为我续的四句副歌“比较精彩，意料之外，情理之中”。

从1964年至今，《英雄赞歌》经受了30年的考验，它也成了人们喜爱的歌曲，凡重大节日或晚会，是女高音抢手的曲目。1994年，龚七妹（全总文工团女高音歌唱家）告诉我：“我们团庆祝国庆45周年，《我的祖国》团里指定由我一直唱着，其余四个女独唱演员全报的《英雄赞歌》，团长没办法，只好让她们四位每人唱一遍，让大家评选。”

这种情况我所在的团也发生过。

电影一出来，我收到了好多好多信，有人说，他看了十来遍，就是为了听这部电影音乐。“二十一世纪华人音乐经典评选”的发起人王石，还有北京电视台的编导陈大利、周星，北京教育局的许志矛等好多好多人，他们来我家一谈起《英雄儿女》的音乐就激动得不得了，他们甚至把我电影中的器乐部分（二十七八段）都能背着唱出来。北京电视台搞了一个关于百部爱国主义影片大赛的节目，其中一项：播放了三段《英雄儿女》的器乐曲，问题是影片哪几个场面的音乐。四个代表队，全答正确。当时请了我，让我宣布答案。我真没想到，这四个代表队竟然能知道每段音乐在影片中哪个场面出现，从这四个代表队队员的年纪来看，1964年我写这部片子时，他们大多还没出生。这大概是我的音乐还有点魅力吧。

不少人对我说：“刘炽老师，您的《英雄儿女》的音乐比《上甘岭》还深情，还博大，您在抗美援朝为题材的这两部电影中，实现了自我超越。”

（选自《歌唱祖国和人民》，载于《撞击艺术之门》，方正、刘剑编，中国文史出版社1997年版，题目为编者加）